日本の起源

日本の起源　目次

［凡例］

・本文中に書名を掲げる場合は、書誌情報を省略した。
・巻末の注には特色ある先行研究（学説）のみを挙げ、学界の共通認識と言える通説的事項の場合は、注記を省略した。
・史料を引用する場合、漢文体のものは読み下し、また現代仮名遣いとした。
・人物（邦人）の敬称については「さん」を基本とし、物故者の場合は原則として省略した。
・歴史書の常として人権意識の未成熟な時代を扱っているため、本書には、現在では差別・偏見ととられる史料上の用語が含まれる。それらを容認するものではなく、史料の歴史的な制約という限定のもとに、あくまでも批判的に分析する対象としての引用・使用である点を了解されたい。

まえがき

久しぶりに、学生に戻ったような気持ちになりました。

本書は、いま私たちが生きている時代の起源を探して、「邪馬台国から（第二次）安倍内閣まで」の日本史を、東島誠先生と語り合った対話の記録です。いつから私たちは「こんな国、こんな社会」に生きているのだろう。どうしてそれは変わらないんだろう。そんな問いを一度、歴史学の知見から徹底的に掘り下げてみるために、古代から戦後までを六つの時期に区分して、時代順にたどる構成としました。両名の著作になじみのない方でも平易に読めるよう、学術的な事項や概念には語釈を振り、また本文で言及できなかった参考文献については、巻末に注としてまとめてあります。

しばしば誤解されがちなのですが、歴史研究者とは単に過ぎ去った時代を骨董品のように修復し、愛《め》でていればよいという仕事ではありません。むしろ細くあえかにではあっても、今日のわれわれへと確かに続いている過去からの糸を織り直すことで、〈現在〉というものの絵柄自体を艶《あで》やかに変えてみせることにこそ、その本領がある。本書は、粗っぽい力技で「中国化」なる雑駁な模様を編み出すのが精いっぱいの駆け出し職人である私が、「江湖《ごうこ》」というひ

第三章 近世篇 129

とすじの糸から数々の繊細なイメージを織り上げてきた東島さんに弟子入りして、いっしょに二〇〇〇年分の日本史を仕立てなおした過程の記録です。

「道場」へ入門にうかがったのは、あの暑（熱）かった二〇一二年の八月。みなさんももうお忘れかもしれませんが、そのころはまだ民主党という政党が政権の座にあり、反原発デモが毎週万単位と言われる人数を官邸前に動員して、総理大臣とも面会したことがニュースになっていました。過去から続く糸すべてをばさりと断ち切って、日本という国の絵柄を丸ごと変えるんだという期待が、最後の輝きを放った瞬間でしょうか。いっぽう、野党だった自民党は当時、TPP（環太平洋経済連携協定）交渉参加を模索する政府与党を「国益を損ねる」ものだと強く批判、尖閣・竹島で火を噴いた領土問題とあわせて、「弱腰外交」に激高する世論のボルテージもまた、日増しに高まっていた時期でした。

かように緊迫した季節に卑弥呼まで遡《さかのぼ》って、丸二日間も日本の歴史を「先生に質問」していたのだから、職業病とは恐ろしいものですが、たいへんなのはそのあとでした。起こしたテープに手を入れる過程で、つたない発言をしていると東島さんの厳しい指摘がつぎつぎ入る。先生から真っ赤に朱を入れてレポートを返された学生よろしく、出された「宿題」に答えようとしているうちに、あれよあれよと年も、政権も、時代の空気も変わってゆきました。いまやにわかにひもときがたい〈歴史〉が、もういちど私たちの目の前に姿を現している。そんな折だからこそ、この対話をまさしく「江湖に問う」意義を感じています。

〈現在〉のもりあがりだけで日本の未来を大きく変えられるという、ここ数年来の夢は、「政権を変えれば変わる」「原発を止めれば変わる」あたりからすり減りはじめて、「憲法を変えれば変わる」くらいで打ち止めになりそうです。むしろ遠い過去から今日へと続く、細いながらも強靭な一本一本の糸のはじまりを見極め、その絡まり合いを解きほぐしてゆくことでしか、この社会の図柄は変わらない。だけどくじけることはないよ、それが有史以来、われわれの先人たちが繰り返してきたことなのだから――。

そんなメッセージを添えて、あの夏の片隅でひっそりと開かれていた歴史学の教室に、みなさんをご招待させていただきます。道場を開設してくださった太田出版の落合美砂さん、宿題の提出を辛抱強く待ってくださった同社の柴山浩紀さん、何より一貫して鋭くも優しい師範役を務めてくださった東島先生に、厚く御礼申し上げます。

二〇一三年五月　憲法記念日に

與那覇　潤

第一章　古代篇

起源の天皇は女帝だった

與那覇――私はかつて『中国化する日本』という書物で、現在の日本社会の起源を江戸時代に置くかたちの通史を叙述しました。座標軸の両極に「中国モデル」と「日本モデル」の二つの社会類型を置いて、まず前者が、大陸では宋朝の時代に成立したと位置づける。日本でも中世のあいだは、それを導入しようという動き（＝中国化）があったのだけど、戦国時代にその流れが反転して、むしろ中国の「皇帝専制下の競争社会」とは一八〇度正反対の幕藩体制が、日本独自のモデルとして定着する（＝江戸化）。だから、今日の私たちにとって「日本の伝統」「日本らしさ」と感じられる文化的な価値観や社会構造の起源は、じつは中国化という選択肢を抹消した江戸時代に作られたのだ、というストーリーです。

しかし、著者本人が言うのもどうかと思いますが、この見立てにはいくつかの問題もあって、まず、古代史をまったく扱っていない。中国モデルの出発点を、内藤湖南《ないとうこなん》（戦前の中国史家。京大東洋史学の祖として「宋代以降近世説」を提唱）にしたがって宋朝の成立（九六〇年）に置くところから議論がはじまるので、原理的にそれ以前は扱えないわけです。また、天皇の問題にせよなんにせよ、個別のトピックスを取り上げて「それは本当に江戸が起源なのか？」と疑い出せば、むろん議論の余地はいくらも出てきます。「それよりも前からあったぞ」というものや、逆に「いや、もっと最近の産物だ」という要素もあるかもしれない。

元来、起源と呼ばれる時期から一切変化なく、ものごとが続くなどということはめったにありません。さらに言えばそもそも起源なるものはおしなべて、あとの時代になってから、みずからの過去を振り返って見出され、歴史のなかに読み込まれてきたものでしょう。その意味では本書の探求の対象も、日本の〈起源〉とでも称したほうが正確なのですが、煩瑣《はんさ》となりますのでさしあたりはベタに、カッコなしの起源と表記することにします。

この対談では東島先生の知見をお借りして、今日の日本の起源をわれわれはどの時代に求めるべきなのか、より緻密な議論ができればと思います。

東島――最初の話題はやはり、天皇の起源の問題でしょうね。世界史的に見ると、そもそも王統の継承が血縁者になされるというのは、かならずしも自明ではありません。たとえば中国史で言う「禅譲《ぜんじょう》」というのは非血縁者への継承です。いちおう有徳者への継承ということにはなっているのですが、これは実質的には王統の断絶、交替と言ってよい事態です。いっぽうの日本史の場合は「万世一系」であって禅譲も革命もない。一般にはそんなふうに考えられているのではないでしょうか。

しかし、継承が血統にもとづいてなされるものだという観念にも歴史がある、つまりは歴史的な起源があるわけです。ならばそれはいつ、どのようにして創り出されたものなのか。こう考えた場合、最初の天皇、起源の天皇は、じつは推古《すいこ》天皇（在位五九二―六二八）だった。そんな歴史像がくっきりと浮かび上がってくることになります。

どうしてそう言えるのかという疑問についてはのちほど詳しくお答えするとして、まずは、最初の天皇が女帝であった、あるいは父方と母方の双方を対等に見る「双系制」の社会であった。こんなふうに考えることについて、與那覇さんはどう受けとめられていますか？

與那覇―疎い分野ですが、アナロジーとして興味深いと思うのは朝鮮半島の事例です。歴史学にせよ人類学にせよ、朝鮮の親族原理も元来は双系（共系）だったというのが標準的見解だと思います。そこに、あとから儒教的な父系継承の論理が入ってくる。朝鮮王朝（一三九二―一九一〇。いわゆる李氏朝鮮）が朱子学を採用したことから、統治者階級である両班《ヤンバン》が自己の権威を正当化するために、儒教原理に沿うかたちで父系（男系）の族譜に切り替えはじめ、その慣行が時代をくだるにつれて、だんだん民衆化していったと考えられています[1]。一般庶民の「両班化」という概念で分析される場合もありますね。

東島――歴史的には、日本でも平安時代以前は双系制であると考える人が多いですね。そこであらためて、女帝推古が天皇の起源だとする学説[2]を紹介しますと、かつては津田左右吉《つだそうきち》（戦中、その記紀研究が有罪となり、戦後は天皇制擁護に転向）が唱え、現在は東京大学の大津透さんによって唱えられている説[3]ですね。律令国家の完成期である天武《てんむ》・持統《じとう》朝（七世紀後半）に天皇が誕生したと見るか、大化前代の推古朝の時代に誕生したと見るのかでは、歴史像は大きく違ってきます。

　大津さんが新・推古朝説を立てるにあたって重要な論拠とされたのが、義江明子さんによる、天寿国繡帳銘系譜《てんじゅこくしゅうちょうめいけいふ》（聖徳太子とその妃橘大女郎《たちばなのおおいらつめ》とが「欽明にはじまる王統」と「稲目にはじまる蘇我氏」とに何重にも両属することを語る系譜）の研究[4]です。国宝・天寿国繡帳は断片しか残っていませんが、銘文のほぼ全体が飯田瑞穂によって復元されており、そこには「天皇」号が四度出てくるんですね。

『天寿国繡帳』中宮寺蔵

そして義江さんが天寿国繡帳銘の系譜を分析した結果、繡帳銘系譜は推古朝の成立である蓋然性が最も高いとされたわけです。しかもその銘文が、推古およびその王統の始祖と位置づけられた欽明《きんめい》にのみ「天皇」の称号を用いていることは、天皇号成立がこの時点であることを示す、明らかな根拠となりうるわけです。大津さんはこの義江さんの研究を、銘文の史料性そのものを解明した点で、「大きな意味を持つ」と言われています。

與那覇―天皇号の成立は、後述する「日本」という国号の成立と並んで、わが国の起源を探る際にかならず論争となるポイントですね。

いっぽうで天皇という呼称の初出がいつかという問題と、のちに天皇制と呼ばれるような王権のシステムの成立がいつごろかという問題がしばしば混同されるせいで、なかなか最新の学説が伝わりにくいところがあるように思います。

東島――ついでに言えば、本書では推古以後の天皇を○○天皇というように説明していくことになりますが、これはすべて便宜上のことです。天皇の没後の称号には諡号《しごう》（生前の功績を賛美する美称）と追号《ついごう》（居住地・陵墓名など、賛美の意を含まない号）があり、諡号にも和風と漢風があります。どういう号が贈られるかは一様ではありません。にもかかわらず歴史の教科書には、誰でも「漢風諡号（または追号）＋天皇」で記しているわけですね。

近世天皇研究の第一人者である藤田覚さんが非常にわかりやすく解説されていますが、これは、一九二五年にときの政府がそう決めたからで、その歴史はきわめて浅いものです。事実、「漢風諡号＋天皇」という称号の付け方は八八七年以後中絶し、天皇号自体、九三〇年以後中絶しています。天皇号が再興されるのは江戸時代も終わり近い一八四一年閏《うるう》正月のことで、それゆえ藤田さんはじめ専門家のあいだでは、光格《こうかく》天皇の画期性が議論されているわけです。[5]したがって、たとえば後醍醐《ごだいご》天皇（『神皇正統記』）なる人は江戸時代の『雲上明覧』には見えず、北朝的には後醍醐院という「追号＋院」で呼ぶべきところですが、本書では便宜上、「漢風諡号（または追号）＋天皇」号で述べていくことにします。

豪族チャンピオンとしての大王

東島――さて、かつて新聞紙上を賑わしたように、たしかに天武朝時代の天皇銘木簡《もっかん》や、最初の貨幣と考えられる「富本銭《ふほんせん》」の出土などの〝物証〟は、天武朝の画期を示していますが、それは律令国家の誕生という画期と見ればよく、かならずしも国家の誕生と天皇の誕生とを同期させて考える必要はない――それだけでも大津説は重要な知見を示してくれます。ですが私がより重要と考えるのは、大津さんの唱える新・推古朝説に立つほうが、この間議論されてきた、「継体《けいたい》朝（六世紀前半）以後」の画期性との関係が見えやすい、ということです。

　継体朝というと、かつては水野祐らによって王朝交替論で説明されてきました。[6]『日本書紀』に言う武烈《ぶれつ》天皇（五世紀末から六世紀初頭）――当時はまだ天皇号が成立していませんから大王ですが――は、「妊婦の腹を割いて、胎児をご覧になった」[7]以下の数々の暴虐行為で知られています。それを事実ととるにせよ、新王朝による創作ととるにせよ、武烈の死後（五〇七年か）に王朝の断絶・交替があり、応神《おうじん》の五世孫と称する越前の男大迹王《おおどのおおきみ》が大和王権に迎えられて即位するも、反対勢力によってなかなか大和入りできなかった――これが継体大王のよく知られたプロファイルです。さらに継体以後も混乱が続き、古くから喜田貞吉《きたさだきち》の「辛亥の変」説[8]や林屋辰三郎《はやしやたつさぶろう》の「継体・欽明朝の内乱」[9]といった学説が唱えられてきました。

ただ近年は、こうした王朝交替論はあまりはやりません。双系制を前提とすれば、継体の即位は仁賢《にんけん》のむすめ手白香皇女《たしらかのひめみこ》の単なる婿取りとして説明できることになりますし、継体以後の安閑《あんかん》・宣化《せんか》朝、欽明朝も、二つの王統の対立を強調するよりも、兄弟継承、世代内継承として整合的に説明するのが一般的です。

與那覇――そうか。そもそも継承原理が後世とは異なるのだから、当時の論理からすると、継体が王位を継いだこと自体は、とくにスキャンダ

推古天皇にいたる略系図

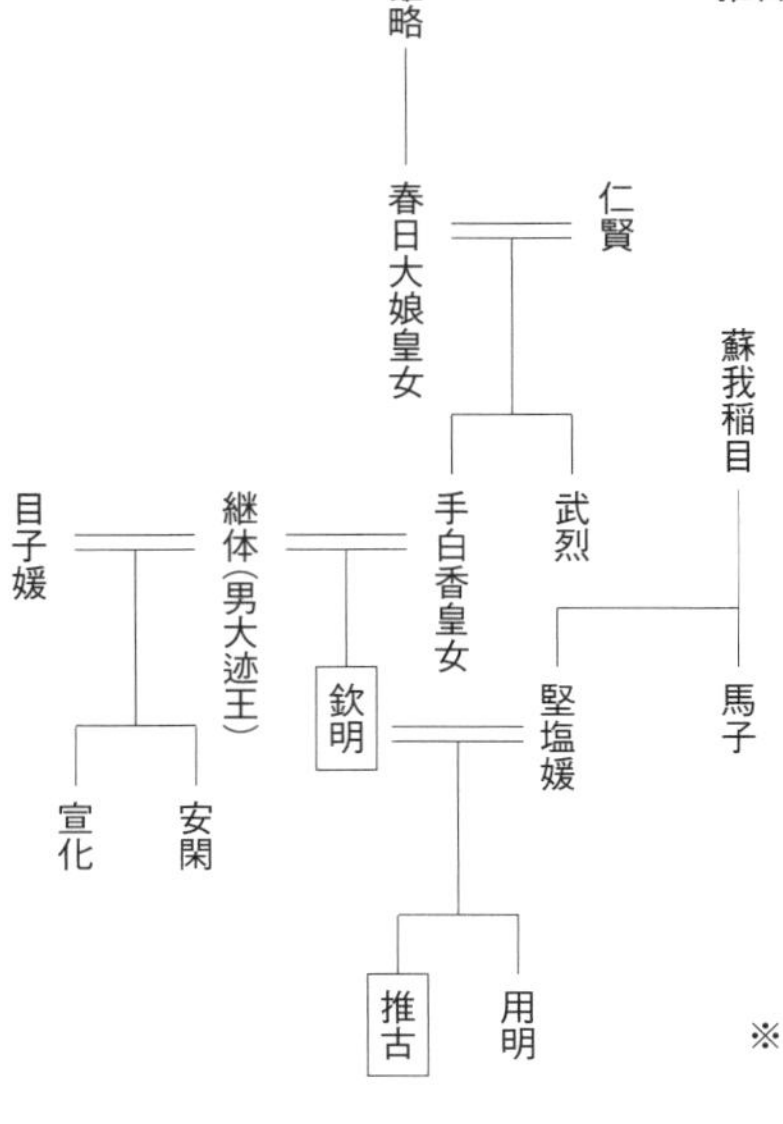

※すべての大王・天皇を表示してはいない

ラスな事件ではなかったわけですね。

東島――そうです。ではこうした近年の学説によって明らかとなる継体大王の画期性とは何かと言いますと、従来のように継体即位を新王朝のはじめと見るのではなく、むしろ継体即位を旧システムの最後に位置づけるところにあると言ってよいでしょう。義江明子さんが『古代王権論』のなかで学説史を明快に整理されていますが、もともと三世紀の卑弥呼の時代にも五世紀の倭の五王（中国南朝に朝貢し冊封《さくほう》を受けた五人の王）の時代にも、いまだ血縁継承は成立していないんです。では誰が王になるかというと、豪族連合の盟主の地位を実力で勝ち取った者が、王として選出され、「共立《きょうりつ》」「推戴《すいたい》」されてきたわけです。[10]継体自身もまた豪族の大伴金村《おおとものかなむら》らによって推戴されたわけですから、要するに従来どおりの即位方法だった。しかしながら継体以後は、血縁継承によって王位が世襲されていくことになる。つまり、ここに初めて「世襲される王権」が誕生したのです。

　王朝交替論は、王位が血縁世襲されていることを前提とした議論です。けれども継体即位の時点では、まだそんなものはなかった。応神五世の孫というような血統の遠さは問題にはならないわけですね。そこがこの議論のキモです。血縁継承、世襲王権は、いわゆる「継体・欽明朝の内乱」を勝ち抜いた継体の王統が創出したシステムだったのです。そしてこの内乱を最終的に勝ち抜いた欽明を祖として、そのむすめ推古朝のもとで「天皇」の起源が語り出されたとするならば、推古天皇を最初の天皇とする大津説は、天武・持統朝説をとる通説よりも、はるかに見通しがよいと思います。

與那覇――いまも一般には、「皇室は万世一系だ」と主張する人々に対して、「いや、継体のときに断絶している」と反論するのが古代天皇制をめぐる論争だと思われていますが、それはかなり古い理解なのですね。つまり「継体で断絶した」と主張する側も、それ以前から血縁継承的な「別の王統」が存在していたと思い込んでしまってきた。

しかし、正しくは継体・欽明朝の内乱が起きるまでは、天皇は豪族チャンピオンにすぎなかったわけです。そのときにいちばん強い人間を、みんなで推してリーダーにする。そういうやり方でやっていたら、『日本書紀』にも「頻《しき》りに諸悪を造《いた》し、一善も修めたまはず」と書かれるほどの、とんでもない天皇（大王）が出てきたというのが、継体の直前の武烈だった。そのせいで大混乱になった結果、これはまずかろうということで、従来とは違う皇位継承の規範（血縁世襲）が成立したという意味で、推古朝は天皇制の起源としても捉えられる、と。

つまり、世代を越えてひとつのシステムとして継承されてほしいという発想自体が、最初はなかったということですよね。力を持っている大王が死んだら、みんなで話し合ってまた選出しようというのが、もともとは自然なあり方だったということになる。

東島――天皇以前は「大王」と呼ぶわけですが、大王とは、文字どおり「王」よりも大きな王ということです。これは「オオヤケ」の語源が「宅《ヤケ》」よりも大きな「宅」だ、というのと同じです。つまりは並みいる豪族連合のなかで超越した力を持つことのできた大王が、中心になるという運営システムでした。ですから、多少できのわるい息子でも親父の血を受け継いでいることを根拠に王位を継承できるというのとは、まったく異なります。

江田船山《えたふなやま》古墳出土大刀銘や稲荷山《いなりやま》古墳出土鉄剣銘でおなじみのワカタケル大王（倭の五王の「武」、『日本書紀』の「雄略天皇」に相当）の時代は、「治天下《あめのしたしろしめす》」という概念もセットで創出されますから、大王確立の画期と見なされています。しかしワカタケル大王が死ぬと再び大和王権は混乱し、その挙句に継体の大王推戴という、旧システムの最終段階を迎えるわけです。

與那覇――大王が死んだら、一回リセットして仕切り直しという発想のほうが本来普通なのに、システムとしての継承を考え出すことが、「文明」のはじまりになるということでしょうか。少なくとも、歴史意識のはじまりとは関係がありそうですよね。

そもそも血縁で世代間継承するというかたちになったこと自体が大きなチェンジであり、不自然なやり方だった。なので「最初から、ずっとこのやり方でやってきたんだ」と嘘でも言わないと、抗議する人が出てきてしまうから、『古事記』や『日本書紀』を作り、本当は毎回選び直されていた大王をあとからひとつの系譜につないで、王統を作為してゆくと。

東島――ちなみに、世襲制の起源にかんする従来の常識への批判は各分野で進んでいまして、たとえば地方豪族が任命された「郡司《ぐんじ》」[11]の場合もそうですね。律令《りつりょう》の令に終身官として規定される郡領《ぐんりょう》職は、伝統的な郡司氏族が代々世襲してきたと理解されてきました。しかし須原祥二さんの研究[12]によれば、実態として郡司は頻繁に交替しており、郡司層の複数の有力者たちが順ぐりに郡領職についていたと指摘されています。つまりここでも、世襲制でないのがア・プリオリなんですね。

それではいったいどうして血統が根拠になるのか。これは統治の技術として、新たに発明されたとしか言いようがない。ここが中国との違いでしょう。中国であれば孟子《もうし》の易姓《えきせい》革命の思想によって、徳のない君主は「放伐《ほうばつ》」されてしまいます。最初に述べた禅譲が平和裡に行なわれる非血縁継承だとすれば、放伐は文字どおり革命（王朝交替）です。ところが日本（倭国）は血縁継承を選んだ。

　このため、中国的な易姓革命が日本社会ではいかに実現不能だったかという論点は、丸山眞男の『忠誠と反逆』をはじめ、戦後の民主化に学問的に取り組む人々のあいだでは根本テーマのひとつでした。歴史学の分野では、日本社会の強固な「種姓《しゅせい》（カースト）観念」を問題とする村井章介さんの議論[13]が代表的です。しかしながら血統原理はあくまで発明品であって、最初からそうではなかったのだとすれば、もっと簡単な説明が可能だということになりますね。

與那覇―たしかに、直系継承というのが本来非常に不自然なので、それに対する反発が丸山ふうに言えば「執拗低音（記紀神話以来、歴史上繰り返し観察される日本人の思考パターンを指す比喩。論文「歴史意識の「古層」」で用いた）」として出てくるのだと考えると、整合的になりそうです。王が死んでもみんなで選び直すのではなく、特定の系譜のものだけが継いでいくのは人間の自然の情に反するので、「なんであいつらだけがいい思いを」という反発がかならず出てくる。それを抑えるためには、なんらかの正統化の原理が必要で、そのひとつが「高貴な血を引いている」ことを根拠にするやり方だったと。

　いっぽう、権力独占を正当化しえるもうひとつの原理が「徳の高い政治（徳治）をしているからだ」というものですが、こちらは君主が徳を失なったり、「もっと徳の高い人物」が民間に出てきたりしたときは、そちらに王朝を譲るべしということになる。これが儒教的な易姓革命論のロジック（徳治主義）ですが、こちらは、日本では中国ほどには定着しなかった。そのように考えるなら、日本型と中国型のプロトタイプの成立を、古代にまで遡《さかのぼ》らせて議論することができるのかもしれません。

「聖母卑弥呼」は存在したか

與那覇──古代史家の吉田孝さんは政治的な実権者と、宗教的な権威を持つ人間とを別に立てるような構造の起源として、卑弥呼を捉えていますね。吉田さんは人類学から複式王権という概念を借りて議論されていますが、天皇を議論する際にしばしば言われる「二重王権」のようなものは、吉田説にしたがえば女性が祭祀《さいし》を司り、弟（男性）が実際の政治を取り仕切った卑弥呼のころからあったと。[14]

それが正しいとすれば、最初は天皇が全権だったけれども、それが摂関政治（一〇－一一世紀に藤原氏が天皇の外戚となって実権を握った政治）や武家政治（一二世紀の平氏政権から一九世紀の江戸幕府まで）の影響で、だんだん二重化されていったという通説的な見解は、正確ではないことになりますね。むしろ権力は、最初から二重だったことになります。

東島──ただし、いわゆるヒメ・ヒコ制（古代国家成立以前の兄弟姉妹による二重支配体制）やヒコ・ヒメ制（天武と持統のように、天皇・皇后が政治を分担する体制）で邪馬台国連合の問題を説明しようとすると、どうしてもジェンダーの問題にぶつかりますね。男は「外」、女は「内」、言い換えれば「俗権」を男性に割り振り、「聖権」を女性に割り振るというような前提が吉田さんをはじめとする通説にはありますが、じつはこうした発想自体、近代に創られたものだ――と、これはさきほども言及した義江明子さんが『つくられた卑弥呼』で書かれています。

義江さんのご本で興味深いのは、なぜ卑弥呼は見えなかったか、もっとはっきり言えば誰から見えなかったのかという話ですね。『三国志』魏書東夷伝倭人条《ぎしょとういでんわじんじょう》には、「王となりしよりこのかた、見ることある者少なく」と書かれていますから、そこだけ読むと、さも神秘的なシャーマンとしての女性像を考えてしまいがちです。ところが義江さんによると、それは単に、当時の王が外国の使者に姿を見せなかったということでしかない。義江さんが援用された田島公さんの研究[15]によれば、男性のワカタケル大王でさえ、外国の使者には会っていないわけです。しかもワカタケルの場合、呉人《ごじん》接待の饗宴《きょうえん》の様子を本当は見たくて仕方なかったので、舎人《とねり》に見に行かせ、そのときの様子を臣下に同じコスチュームで再現させたりもしていました。外国の使者との接触をもともと避けていたのであれば、魏の使者には卑弥呼があたかも「内なる聖」であるかのように見える。そのことが、卑弥呼の姿を「見ることある者少なく」と記述する魏書東夷伝の表現につながったというのが、義江さんの斬新な着眼点です。

與那覇　―卑弥呼は王だから異国からの使者に会わなかったのであって、女性だからではないと。実際に平安末の日宋貿易の時代でも、天皇が中国商人に直接会うのはタブーだったわけですよね[16]。つまり、「太古の女の聖性」とはなんの関係もない。

東島――そう。だから邪馬台国をどう理解するかというだけで、その人の歴史観が試される。さきほどの王の共立の話で言えば、そもそも「邪馬台国」なんて言っているようでは時代遅れでして、三〇国からなる「邪馬台国連合」ないし「倭国連合」と言う必要があります。このあたりは、さすがに現行の教科書では正しく書き換わっていますね。しかしながら、「女は内をつとむ」といった、近代に作られた役回り（ジェンダー）については、専門の研究者でさえ、相当理解が遅れていたわけです。

この点、石母田正《いしもだしょう》（戦時中の著『中世的世界の形成』は戦後歴史学のバイブル的書）がすごいと思うのは、一九七一年に公刊された『日本の古代国家』の卑弥呼像には、すでにウーマン・リブがちゃんと入っているんですね。親魏倭王《しんぎわおう》たる卑弥呼は、国を代表して外交する「開明的な王」であると明言し、つまりは、「女は内をつとむ」は間違いだ、という視点がしっかり織り込まれているんです。石母田の卑弥呼論はどういうわけかあまり言及されないのですが、内政担当が卑弥呼の弟で、外交や国家を代表する表向きの顔を持っているのが卑弥呼だとする点では、通説の卑弥呼＝内、弟＝外という構図を完全に逆転させている。そのうえで石母田は、卑弥呼という王の身体の二重性、すなわちシャーマンとしての禁忌によって共同体の成員から隔離された存在でありつつ、積極的に外交する女王としての相貌を描き出すわけです。曰く、社会の内部構造は「未開」でありながら、首長は対外的には「開明的」たりうる、というように。

義江さんの本が出た今日からすれば、シャーマン説については疑問符もつけられるわけですが、それでも一九七一年当時の石母田の卑弥呼像の先鋭さは、いまもって恐るべし、です。

ちなみに今日では、卑弥呼には正式の夫はいなかったものの、パートナーの男性はいたと推論されています。それは、魏書東夷伝倭人条に「ただ男子一人あり、飲食を給し、辞を伝えて居処に出入す」とある取り次ぎの男性で、例の「男弟」とは明確に書き分けられているんですね。卑弥呼をめぐる議論は、現在根本的に書き換えられつつある。その立役者が義江さんですね。

與那覇―なるほど。これまで日本文化論では長らく、一元的にすべての権力を握る代わりに責任もとる「男性的」なリーダーが日本では出てこない理由を、「母性原理」に求める傾向がありましたよね。しかし、そういうイメージを古代の女性にまで投影するのは、明らかなアナクロニズム（時代錯誤）であると。

上山安敏さんのヨーロッパ思想史に描かれているように、[17] 厳格な規律に人々をしたがわせて成熟を要求するキリスト教の「父性原理」に疲れた欧州知識人が、紀元前の地母神《じぼしん》信仰みたいなものを母性原理と見なして救いを求める傾向は、一九世紀半ばのバッハオーフェン（スイスの法制史家・人類学者）くらいからあって、これがとくにユング心理学に流れ込む。「俺が示すモラルにしたがって、俺と同じになれ」と押しつけてくるお父さんと違って、お母さんはすべてを包み込んであるがままを肯定してくれる存在だというモデルです。「本来は後者こそが、素直なわれわれの姿なんだ」というかたちで過去を形象化する傾きは、ヨーロッパでも日本でもあって、地下から発進した母親の記憶の宿るロボットで、天空から降りてくるキリスト教的な「使徒」と闘った『新世紀エヴァンゲリオン』はその末裔ですね。

ユング経由でこのイメージを日本に定着させた立役者は、一九七六年に『母性社会日本の病理』を出した河合隼雄ですが、六〇年代半ばに江藤淳が書いた『成熟と喪失』も事実上、同じ話です。明治の黒船にせよ戦後の進駐軍にせよ、外国という強力な「父親」に脅かされて自己形成したというトラウマがある日本人は、そこまで権力を集中しなくても和やかに暮らせた前近代に〈失なわれた楽園〉を求めて、それを母性だと呼んできた。だから、古代には女性の地位が高かったとか、権力は男性が握っても権威は女性がサポートしたみたいな話を聞くと、ついつい「女の根源的聖性」のようなイメージに飛びつきがちだけれども、これはかなり間違った態度だと。近代以降のジェンダー観を古代に持ち込んで、勝手に起源を女性化（母性化）していただけだったのですね。

ただし、二重王権の問題自体は残ります。「トップが全権力を握る代わりに、すべての責任をとる（失敗したら革命で放伐される）」という中国式のやり方ではなく、「役割分担したうえで、双方の顔を立てながらなぁなぁにやっていく」スタイルが最初から日本にあったとすると、女性や母性といったメタファーで捉えるのは誤りだとしても、そのこと自体は興味深い。

科挙を生まなかったマルチタレント登用

東島――いっぽうで、古代に女性の天皇が多かったことは事実です。[18] 推古天皇にはじまる女性天皇の歴史は、奈良時代末の称徳《しょうとく》天皇でいったん途切れ、平安以降、戦国・織豊《しょくほう》時代までのあいだはひとりもいません。江戸時代になって、明正《めいしょう》と後桜町《ごさくらまち》という二人の女性天皇が出ますが、奈良時代末までと江戸時代では背景事情が相当違います。江戸の場合、二人とも未婚で、成人しても摂政《せっしょう》が置かれ続けたこと、江戸時代の天皇でこの二人だけ泉涌寺《せんにゅうじ》に肖像画がないことなどの特異性から、やはりつなぎ役の性格が強いとされています。[19]

注意しなければならないのは、こうした江戸の女帝や、いわんや近代以降に作られた制度をもとに古代の女帝を見ると、問題を見誤ってしまうということですね。たしかに奈良時代は政変に次ぐ政変で血塗られた時代、疫病で藤原不比等《ふじわらのふひと》の四人の子が死んでしまう激変の時代です。そうした事情から、かつては古代の女帝についても、しょせんは危機を乗り越えるための中継ぎ、つまりは例外だろうなどと考えられていました。しかしながら今日では、日本が男性中心社会になるのは平安時代中期以降というのが、女性史研究の一般的な見解です。それこそ女性が夫以外の男性と交わることはOKで、そもそも「密通」するという観念自体、それ以前はなかったわけですから。

與那覇──対照的に、中国だと女帝は唐代の則天武后《そくてんぶこう》（六九〇年に国号を「周」と改め、即位）だけで、しかも本来ありうべからざる例外中の例外という扱いですよね。ここで、「すべての責任をとる代わりに、トップに全権を委ねる」中国式のほうが元来、非常に無理のあるしくみだと捉えると、拙著が中国的なシステムが完成する画期と見なした科挙《かきょ》の導入も、わかりやすくなってきます。

母性原理とは呼ばないにせよ、普通の状態であれば人間はなぁなぁで生きていたいので、強力な指導者を推戴して彼に全権を集中するなどということは、自然の情に反する。逆に言うと、それでもやると言うなら、「ああ、これこれのゆえんがあるからこそ、このお方にすべてを任せていいのだ」と、人々を得心させられるだけの理屈が必要になるのですね。王統の系譜づけにせよ、歴史書の編纂《へんさん》や起源神話の作為にせよ、そういうかたちではじまって、中国の場合は権力集中の度合いが高い分、正統化の原理もより純粋化されて、儒教道徳に基づく科挙制度に至ったと。

相当無理があるしくみでやっているので、儒教古典を読み解く試験で選ばれた「聖人君子」を政治家にしないと、人々が納得しないわけです。池田信夫さんに教えていただいたのですが、フランシス・フクヤマは近著である *The Origins of Political Order* で、なんと「中国化」と同じような話をしている。同書でフクヤマが出してくる分析概念が、まさにアカウンタビリティ（納得させる力、説得可能性）なんですね。

文字どおりに剝《む》き出しの暴力だけでは支配は安定しないので、政治的秩序が成立するには、アカウンタビリティがないとだめだと。そして、西洋世界の議会政治や法の支配というのは、あくまでアカウンタビリティの一種であって、ぜんぶではない。中国の場合は、モラルだけに依拠したアカウンタビリティ＝徳治で一貫しています。議会政治や法の支配がないのに、統一された国家がずっと中国で続いてきたのは、徳治支配というモラル一辺倒のアカウンタビリティがそれだけ強いからだ、というのがフクヤマの見方です。だから、合理主義的な実務能力を測る計算テストみたいなものではだめで、儒教道徳の体得度を問う科挙でなくてはならなかった。

中国のように、まず女性はだめで皇帝は男しかなれず、かつ二重王権ではなく、皇帝が権威も権力もすべて握るしくみを納得させるには、天壌無窮《てんじょうむきゅう》の道徳の権化だからそれが許されるのだ、という強烈なアカウンタビリティが必要になる。そうやって儒教国家・朱子学体制に入っていったという見方はできる気がします。

だとすると、気になるのは女性がナチュラルに即位できた古代日本の事例です。たとえば女帝のときのほうが、家父長的に家系が続いていく社会とは異なる可能性が芽生えていた、というようなことはあったのでしょうか？

東島――あるとすれば、称徳天皇のときでしょうね。『公卿補任《くぎょうぶにん》』で七六六年当時の公卿の名簿を確認しますと、トップにいるのが太政大臣道鏡禅師《だいじょうだいじんどうきょう》、この年、参議《さんぎ》から中納言《ちゅうなごん》、大納言《だいなごん》を経て右大臣まで昇ったのが吉備真吉備《きびのまきび》です。ちなみに遣隋使・遣唐使で海を渡った人の多くは、名前をグローバル・スタンダード（中国名）に改めています。小野妹子《おののいもこ》は「蘇因高《ソインコウ》」、高向黒麻呂《たかむこのくろまろ》は「玄理《ゲンリ》」というように。ですから真吉備ではなく「真備」と書いたときは「シンビ」と読むべきでしょうね。

公卿の上位に道鏡や真備がいるのは、やはり相当に異様です。藤原氏という門閥がすべてではなく、個人の才能が評価された時代と言えなくもない。とくに吉備真備は、儒学・法学から天文・音楽・兵法にいたるまでの諸学に通じた、当代随一のマルチタレントですよね。地方出身で一学者にすぎない吉備真備のような人が活躍できたというのは、（学者出身ではのちに菅原道真《すがわらのみちざね》がいるとはいえ）やはり珍しい時代でしょう。
しかし重要なのは、そうした個性的人材の登用も、あくまで女帝とのパーソナルな関係においてなされているわけですから、科挙をインパーソナルな制度として備える中国の場合と、決して同じではないということなんですね。吉備真備は東宮《とうぐう》学士として皇太子時代の女帝の先生でしたし、恵美押勝《えみのおしかつ》（藤原仲麻呂《なかまろ》）の乱での兵法の冴えが、女帝側に勝利をもたらしもしたわけです。いっぽうの道鏡については、女帝の病を宿曜《すくよう》秘法で治し、よく知られるように、女帝の性的パートナーでした。平安時代以降、その点がやたらと強調されて、田中貴子さんの言われる称徳＝悪女観[20]が増幅されていくことにもなります。ですので、おっしゃるような「可能性」、言い換えればメリトクラシー（実力主義）の可能性を見出すには、いささか物足りない。

ただそうは言いながらも、称徳女帝を最後とする奈良時代末期は、前代とは別の指向性を持っていた、というぐらいのことは言えるのかもしれませんね。たとえば青木和夫は、漢籍と仏典によって新しい世界が開かれた、いわゆる「天平文化」にあって、『万葉集』の歌風に変化が生じ、次第に「個我の自覚」につながる要素が拡大していくと論じていました[21]。奈良時代末期の第四期の歌には、「近代小市民的な感覚」すらある、とさえも。ですから、女帝だから非・家父長制的になる、というのではなく、女帝があたりまえにありうる時代は、同時に「個」が目覚め、「個」がクローズアップされうる時代でもあったというぐらいのほうが、穏当のような気がします。

與那覇——女帝時代には家柄ではなく個人の実力による登用も見られたが、科挙のような制度化はされなかったと。君主が個別にお気に入りを登用するに留まって、持続的なリクルートメントが可能なしくみ（メリトクラシー）にはならなかったのですね。その結果、時代がくだって家系社会、身分制社会が確立されてしまうと、「いや、あれはふしだらな女帝が愛人を優遇しただけの、逸脱・例外的状況だ」として、かつてのわずかな可能性まで封印される。

はやり歌による革命と桓武天皇の純血作戦

東島——とはいえ、称徳女帝がパートナーである道鏡に皇位を継承させる可能性が高まるや、それをなんとしても阻止し、称徳をもって現在の皇統を廃絶させなければならない、という力学が相当強く働いたのは事実です。結果、道鏡は宇佐八幡宮神託《うさはちまんぐうしんたく》事件の一連の顚末を通じて最終的に排除され、称徳女帝の没後、右大臣吉備真備は天武《てんむ》天皇の孫文室浄三《ふんやのきよみ》を皇太子に推すものの、藤原百川《ももかわ》は左大臣藤原永手《ながて》・参議藤原良継《よしつぐ》らとこれに反対して、白壁《しらかべ》王の立太子を強行。白壁王は同年即位し、これが光仁《こうにん》天皇です。[22] 世に言う、天武系から天智《てんち》系への皇統のチェンジですね。

鎌倉初期の説話集『古事談《こじだん》』には、称徳女帝の死因を、道鏡との性交渉に満足できない女帝がヤマノイモで自慰をした結果である、とするスキャンダラスな説を載せていますが、これはいかにも、武烈大王を暴虐な王として描く『日本書紀』の書きぶりを想起させるものです。ですので、称徳以後を断絶と捉えない学説もそれなりに有力なんですね。瀧浪貞子さんのように白壁王立太子を称徳の「遺宣」であるとする『続日本紀《しょくにほんぎ》』の記事を重視し[23]、堀裕さんのように皇統のチェンジを認めない見解[24]がその代表です。

しかしながら天武系から天智系への交替を正当化する物語は、平安時代はじめに書かれた景戒《きょうかい》の『日本霊異記《にほんりょういき》（日本国現報善悪霊異記）』のなかに出てきますね。ちょうど下巻の末尾に「吉凶の前兆がまず現れて、のちにその吉凶が実現した話」というのがあって、出来事の前兆が天下に回りめぐってやがて「歌」となって人々に示され、天下の人々はその歌を聴いてさらに歌い広めていく、というスタイルで、歴史が物語られていきます。七五七年の橘奈良麻呂《たちばなのならまろ》の変から七六四年の恵美押勝の乱に至る経緯も、「道鏡法師が皇后（＝称徳天皇）と同じ枕に交通《とつぎ》し」た経緯も、称徳天皇の没後、光仁・桓武《かんむ》天皇が即位した経緯も、すべて人々が歌謡に歌ってはやらせたことが、のちになって実現したのだというわけです。『霊異記』に言う「天の下こぞりて歌詠《うた》いし」というのは、要は、天命、天の意思とは、「民の視、民の聴く」（『孟子』）ことを介して示されるものであるという、それでしょう。だから日本版易姓革命と言えなくもない。

與那覇―おもしろいですね。昨今のポピュリズムの民意ではないですが、日本の場合、政権の正統性の根拠が理屈よりも「物語」に置かれがちというか、どこかふわふわしている。中国のように儒教経典の体系を築き上げて、がっちり論理と道徳で「はい、だからこの人の王権が正統、それ以外はだめ！」と割り切るやり方と、どうも違う気がするのですが、とにかくこの時点で、王統が天智系へと変わったと。

東島――では皇統チェンジの完遂のために、新皇統の二代目、桓武天皇は何をしたのか。服藤早苗さんはこれを、「純血大作戦」と呼ばれています。[25] 系図を見てもらえばわかりますが、兄弟姉妹婚なんです。ここまでやるかというくらい、息子と娘を婚姻させています。

與那覇——これは驚きですね……。

東島——学生にこの系図を見せると、つい自分に置き換えた場合を想像して「気持ちわるい」なんて言うわけですが、当時は通い婚で子供は母方で養育されましたから、母親が違えば育った場所も違ってきます。だから、いまの時代に兄妹、姉弟が結婚するのとはわけが違う。桓武天皇は中国皇帝型の統治を目指したなどと言われていますが、女帝称徳天皇の時代を、ここまでして徹底的に否定したかった。それが純血主義になったんでしょうね。

與那覇——たとえば今日の皇室主義者の、女帝・女系忌避の起源はそこになるのでしょうか。

東島——そこはどうでしょう。称徳女帝でいっ

桓武天皇の純血作戦

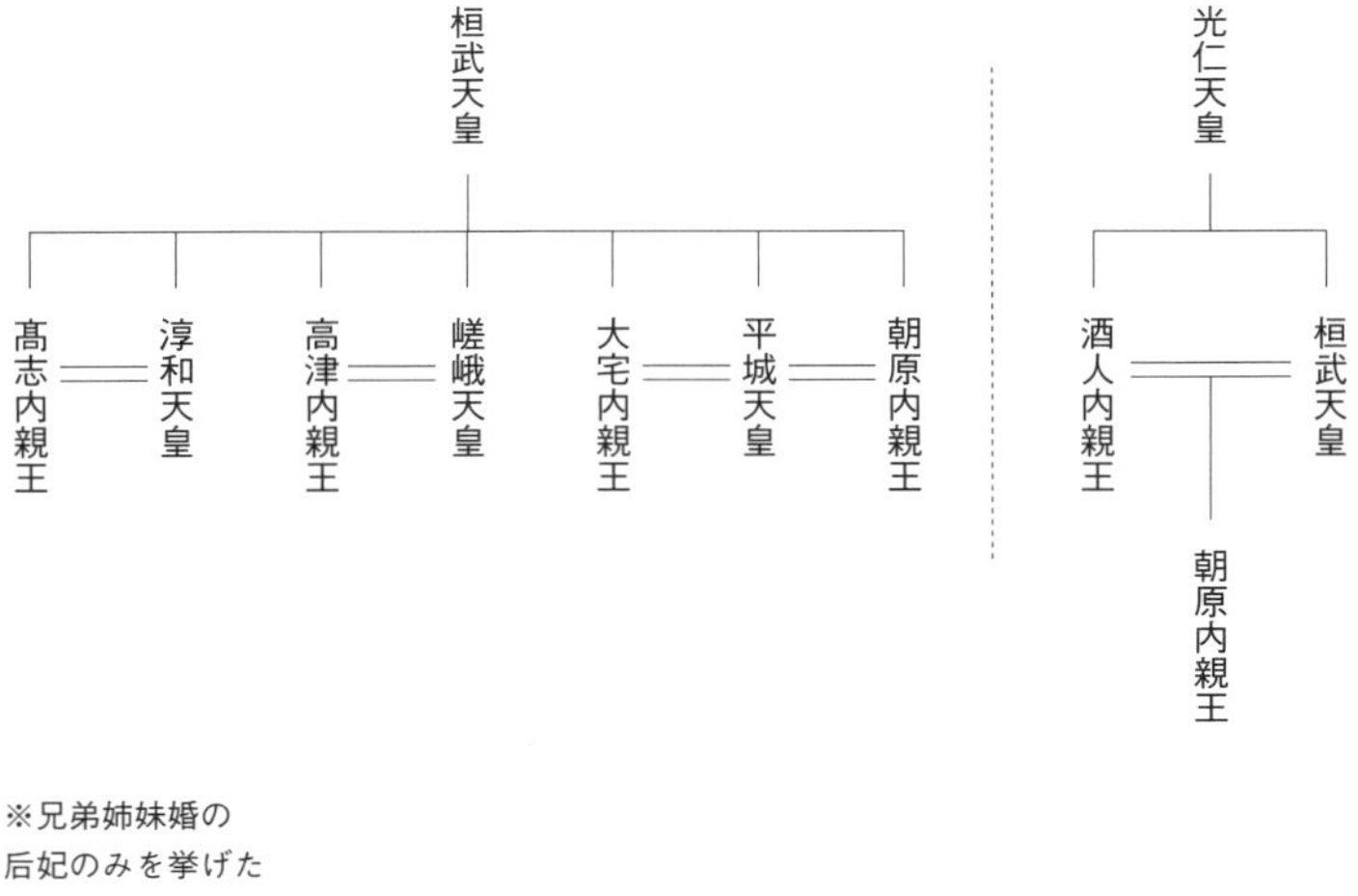

※兄弟姉妹婚の
后妃のみを挙げた

たん女性天皇の歴史は閉じますが、また江戸時代に復活するわけですからね（笑）。
じつは新しく誕生した天智系皇統でも、初代の光仁天皇の政治と第二世代の桓武天皇とではずいぶん違うんです。まあ、新政権の誕生時というのは大概そうなんですが、光仁天皇の治世は一言で言えば「人々に優しい政治」です。民政重視で地方行政への関心も高い。ところが桓武になると今度は一転して「人々に厳しい政治」を断行していきます。軍制改革を行なって対蝦夷《えぞ》戦争を遂行し、さらには、長岡京に平安京と、本格的な都を二度も造ってしまいます。これには莫大な費用がかかりますから、地方の収奪はいきおい強化されることになる。
ところが桓武天皇はその最晩年の八〇五年に、「天下の徳政」と題するディベートを藤原緒嗣《おつぐ》と菅野真道《すがののまみち》の二人の参議にやらせ、あたかも徳治主義者として振る舞うわけなんです。「方今、天下の苦しむところは軍事と造作なり。この両事を停《とど》むれば百姓《ひゃくせい》安んぜん」[26]と論じた緒嗣の説を支持し、みずからはじめたはずの「軍事」と「造作」をやめさせてしまう。

與那覇――ものすごいマッチポンプですね（笑）。だとすると、そのあたりで桓武が目指した「古代版の中国化」路線が、ボタンの掛け違えになっていったのでしょうか。
つまり女帝時代を払拭して、強権的な皇帝という側面では中国の王権に似せていこうとするものの、むしろ「家系図の整除をきっちりしろ」という方向にドライブがかかってしまう。その結果、「才能ある人にはみんなオープンだよ」という、やがて宋朝の下で科挙官僚制に結実するタイプの中国らしさは、失なわれていったと。

東島――なるほど、與那覇さんの見方では、本来「中国化」路線は称徳時代に花開きかけていたのに、桓武天皇のときに軌道修正されてしまった、ということになるんですね。ちなみに桓武天皇の母親（高野新笠《たかののにいがさ》）は百済《ひゃくさい》系渡来氏族の和氏《やまとうじ》（百済武寧王《ぶねいおう》の子孫と称する）ですので、天皇みずから「百済王《くだらのこにきし》らは朕の外戚なり」[27]と言っています。つまりは渡来氏族を支持基盤とする政権であったわけですが、にもかかわらず、グローバル・スタンダードの思考にまでは至っていないということでしょうか。笹山晴生さんの言われる「平安初期の政治改革」[28]を引き継いだ嵯峨《さが》天皇の場合も、「脳内＝中国、身体＝日本」というような、チグハグ感がありますね。

唐物グローバリズムとクールジャパン政策の起源

與那覇―平安時代と言えば、遣唐使廃止と国風文化の話はよく誤解されますよね。大学教員の側はいまや誰も信じていないのに、学生さんが全員前提にしている知識の典型でしょう。

東島――遣唐使の廃止によって、外国から何も入ってこなくなったから国風文化が花開いたというのが、世間一般の常識になってしまっていますね。けれど、実際には中国の産品はどんどん日本に入ってきていて、「唐物《からもの》」は重宝され、人事に影響力を持つ有力者に贈る賄賂としても好まれた、いわばブランド品でした。むしろ平安時代中後期に「メイド・イン・ジャパン」が前面に出てくるのは、いっぽうで「メイド・イン・チャイナ」がはやっていたからです。言い換えれば、もし唐の文化がシャットアウトされていたら、いわゆる「国風文化」なんて生まれなかったでしょう。
ついでに言えば、そもそも「国風文化」なんて言い方は、言葉遣いとして間違っていますから、そろそろやめたほうがいいですね。平安時代に「国風」と言えば「土風」と同義で、つまりは地方のお国柄という意味です。決して「日本風」という意味ではありません。藤原明衡《ふじわらのあきひら》の『新猿楽記《しんさるごうき》』のなかに、商人《あきびと》の主領、八郎真人《はちろうのまふと》が扱っている物品のリストがあって、「唐物」はこれこれ、「本朝の物」はこれこれというように書かれていますから、自国文化を指す場合は、「本朝文化」とでも言ったほうがよいかと思います。

與那覇―中国大陸の王朝の存在を意識するからこそ、本朝と言っていたのだと。本来、菅原道真の「白紙（八九四年）に戻す遣唐使」だって、自分が行く気が起きないからぐずぐずしているうちに沙汰《さた》やみになっただけで、明示的に廃止を決めたという史実はない。[29]

さらに踏み込んで言えば、日本に影響を及ぼしている中国というのは、往々にして日本人が頭のなかで創り出した「中華」という幻影のほうだから、現実の中国との交流の有無とはかならずしも相関関係はない。

東島――つまり、中国というのは文明国の代名詞であって、かならずしも中国である必要はない。たまたまそこに存在する文明国が中国だったということですね。

與那覇―隣国に「グローバル・スタンダード」があって、そちらのほうが、国内の未成熟な政治や文化が出してくる中途半端なものより信頼されているという現象だと。それなら、古代に限らずよくある話ですよね。日本のアーティストが洋画や洋楽のほうがホンモノだということを前提に、どうやればそれと対等な「本朝物」が作れるかと悩んでいたのは、そんなに昔のことじゃない。

東島――自国ブランドを立ち上げようとする際の対抗意識のさきにあるものが、時代によって「唐《カラ》モノ」であったり、「洋モノ」であったりするわけですね。じつは、「唐」という言葉は時代を越えていて、唐が滅んで以降もずっと中国の呼称として用いられる言葉なんですね。それどころか大航海時代の波に乗って一六世紀にポルトガル人がもたらした産品だって「唐物《トウブツ》」というわけです。「唐」というのは要するに「外国」の代名詞であって、「唐物」はMade in China というより imported goods、舶来品なんですね。ちなみに室町時代の「唐人」という言葉には、明《みん》の人たちばかりでなく、当時おびただしい数の高麗版大蔵経《こうらいばんだいぞうきょう》を日本にもたらした、朝鮮王朝から来た人たちも含まれていました。これは関周一さんによって指摘されています。[30]

肝心の自国ブランドの呼称ですが、「本朝」はともかく「日本」という言葉には相当抵抗があったわけでして……。神野志隆光さんの言われる、嫌われる「日本」号という問題です。[31] もともと古代の人々のアイデンティティの拠り所は、「ヤマト」という言葉のほうにあって「日本」にはない。平安前期ぐらいまでは、「日本」という言葉はなお、中国から見て「東夷の極」というネガティブな意味が強かったんですね。遡って、記紀神話の世界で『古事記』が『日本書紀』と違うのは、いまだ中国を知らない、したがって「日本」を定義する必要のなかったころの世界が描かれているところだというのは非常にわかりやすい説明でして、中国がなければ日本は出てこない。だから『古事記』には「日本」という用語が出てこないし、日本ブランドの起源は日本誕生と同時ではないわけです。この言葉には当初、かなりの抵抗があった。

では国号としての「日本」の誕生はいつか。吉田孝さんは、七世紀の天武天皇のときに、天皇号とセットで誕生したと考えておられますが[32]、すでに述べたように天皇号は日本号より先行するわけで、両者をセットで説明する見解はとりえません。それどころか神野志さんは、公式には七〇一年の大宝律令《たいほうりつりょう》（公式令詔書式）で、国号が「日本」と定められたと言われています。これは、七〇二年の遣唐使とセットで理解しようという考えです。しかし、そこで決まった国号は人々に嫌われて容易に受け容れられず、「日本」という言葉がネガからポジに転じるには、じつに平安中後期までかかったわけですね。

與那覇――神野志先生の説では元来、「日本」とはおそらく「中国から見て東に日が昇る地だ」という意味の漢語にすぎなかった。それなのに、たまたまこの「日本」という言葉があったせいで、日本人は相当な誤解をしてしまって、「太陽は日本の象徴だから、日の丸がシンボルだ」とか、「天照大神が太陽神だから日本なのだ」とか、そういう議論が出てくる。あとの時代の人間が、本来は中国の目線から与えられた国号に、過剰な意味を読み込んでいったのですね。それこそ母性原理の話と同様で、それだけ古代という起源に仮託したい何かがあったということかもしれません。

東島――古代に何かがあったと思いたいというのは、たとえばドイツ観念論におけるギリシャ哲学の位置づけがそうだろう、なんて言い方も、いっぽうではできるでしょうけどね[33]。乱暴に言えば、ヨーロッパ近代史はだいたいそれで説明できます（笑）。

それはさておき、京楽真帆子さんは、ズバリ「寝殿造《しんでんづくり》はなかった」という論文を書かれていますね。[34]もちろん、「寝殿」という、貴族邸宅の母屋を指す言葉自体は普通に史料に出てくるし、遺構もあるわけですが、われわれが教科書なんかで目にする、寝殿が庭園に向かって南面し、その左右に東の対《たい》・西の対をシンメトリーに配置する「寝殿造」なる様式は、じつは平安時代の遺構が見つかっていません。呼称自体も一八四二年、『家屋雑考《かおくざっこう》』を著した沢田名垂《さわだなたり》の造語で、そのもとになった図面のひとつに一五二四年の事書《ことがき》があることから、こうしたイメージが創り出されたのは、せいぜい遡って室町時代だろうというわけです。つまり、室町時代の戦火にさらされ、衰微した貴族たちが、「かつての貴族はこんなにすばらしかったのだ」と思いたい、そうした幻想が、寝殿造のイメージを創り上げたのだというんですね。

藤田勝也さんなどは、もう左右対称にこだわるのはやめよう、と言われるわけですが[35]、われわれにとって興味深いのはむしろ、実態とかけ離れたイメージがどうやって捏造されたか、ということのほうなんです。

平安京荒廃が生んだ「かのように」の論理

與那覇―平安時代の京都は、都の半分が荒廃して大内裏《だいだいり》すらないようなありさまだった。京都が中心地だったはずなのに、戦禍や飢餓でさんざんひどい目に遭い続けている分、あとの時代になってから「本当はもっとすごかったはずだ」という幻想が喚起されていくということでし

中世化する平安京

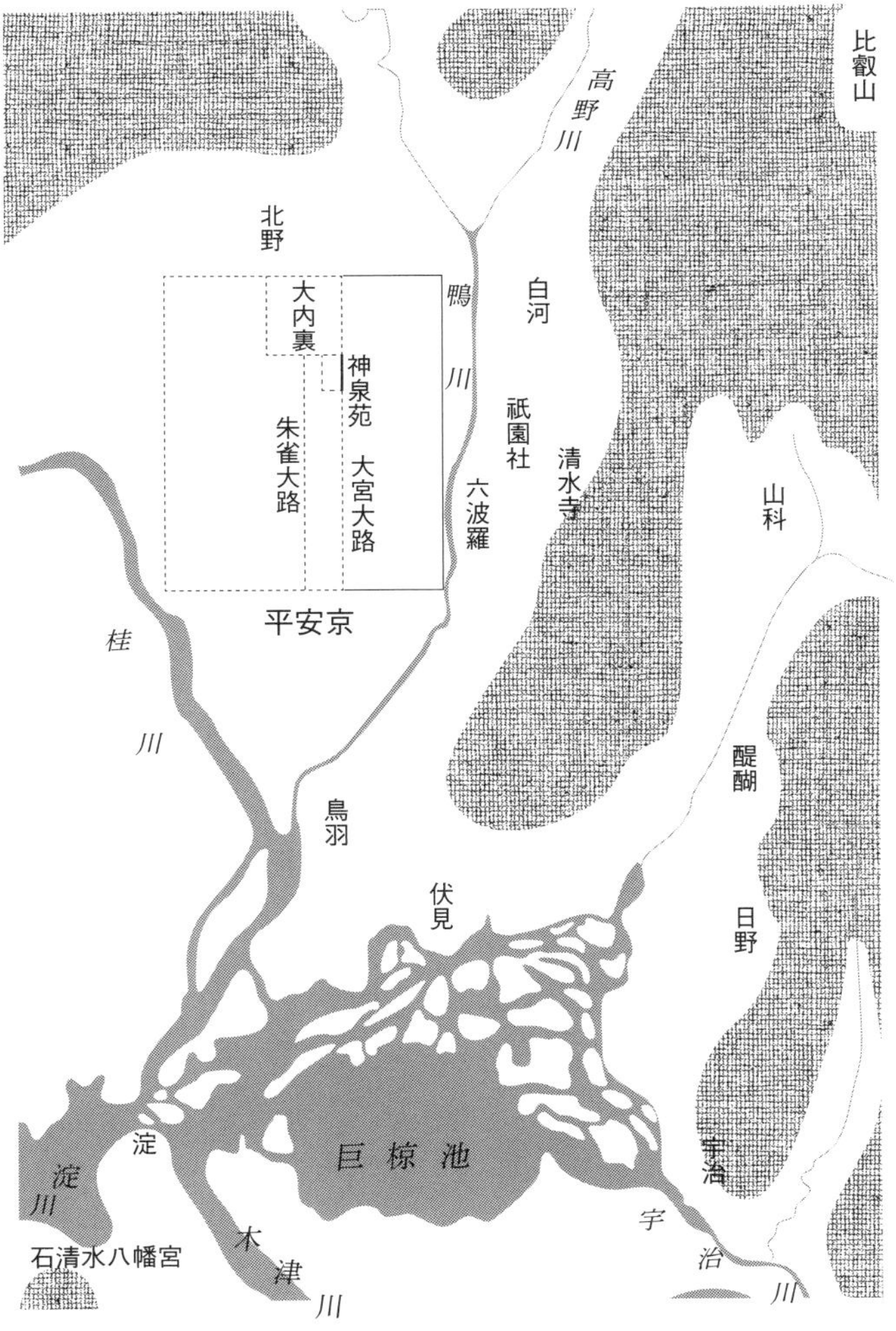

※佐竹昭広・久保田淳校注『新日本古典文学大系39 方丈記 徒然草』
34頁の付図3を参考に、加筆・修正を加えて作図

ょうか。

東島――そう、平安京がその半分以上を失なったのは、戦国時代どころか、平安中期のことですからね。九八二年に書かれた慶滋保胤《よししげのやすたね》の『池亭記《ちていき》』の有名な書き出しは、「われ二十余年よりこのかた、東西二京（左京と右京）を歴見《へみ》るに、西京人家ようやく稀にしてほとほと幽墟にちかし。人は去ること有りて来ること無し」です。

平安京の中心にあるはずの平安宮（大内裏）は、九六〇年以降、平安時代に何度も焼亡し、鎌倉時代には結局再建をあきらめてしまいます。そのため平安宮の外に造られた御所、いわゆる里内裏《さとだいり》を、公式にも使用するようになっていくわけです。「〇〇門の代《だい》」、つまりは「ここには〇〇門があったということにしましょう」というふうに、バーチャルに脳内補正して朝廷の政務が行なわれていたんですね。

一四世紀に後醍醐天皇が大内裏を復活させようとしますが、失敗に終わります。室町時代になると大内裏のあったあたりは「内野《うちの》」と呼ばれ、その東端から南に降りる大宮大路《おおみやおおじ》が、洛中・洛外の境界ラインでした。要は、都の過半部分が廃墟あるいは田園化している、そういう都なんですね。その代わり、院政期には鳥羽・白河など鴨川より南側・東側に都市域が拡大していき、たとえば平家が拠点を置いた六波羅《ろくはら》は、そのあと鎌倉幕府が六波羅探題を設置するという具合に、発展していきます。

與那覇――中国では考えられないことですよね。よく言われるのは、日本の天皇家ほど質素な王家はないと。いまの天皇も徳川幕府のお古を借りて、江戸城の焼け跡を王宮に使っているわけですから。どうしてそうなるかの起源も平安時代まで遡れて、もともと平安京自体が唐モノに憧れた背伸びをして、中国の真似で造っただけだったからかもしれない。だから寂《さび》れてしまっても、まぁしょうがないか、とあきらめられる。

しかし、国の実力的にはそれでしょうがないとわかっていても、幻想としてはもっとすごかったと思いたい。なので、あとの時代になってから「脳内補正」がかかって、現実よりも美化されたイメージが創られていく。これも中国を「グローバル・スタンダード」だと読み替えれば、日本史上何度も反復されるパターンの原型です。「戦後民主主義の輝き」だって、残念ながら実態はそんなものでしょう。実際のところはアメリカからの借り物民主主義でも、吉田茂と白洲次郎がGHQと戦って勝ち取ったという話がウケる。

東島――大内裏も代用品ならば、銭も代用品でした。一般に「中世」と呼ばれる時代に日本で流通していたのは中国銭（宋銭、元銭、明銭）です。この間、朝廷も幕府も貨幣を発行していません。だから、「中世には国家的信用を生み出すだけの国家が存在しなかった」という説明には一理あるわけです。唯一の例外は一四世紀の後醍醐天皇で、大内裏再建の財源調達のために貨幣発行を計画しますが、これは失敗に終わります。

仮に発行したとしても、たぶん使ってもらえなかったでしょうね。取引の現場で相手が受け取ってくれるのは、グローバル・スタンダードで通用する中国銭だったわけです。この大内裏をめぐる問題と銭をめぐる問題が非常に似ている、ということを最初に指摘されたのは桜井英治さん[36]ですね。銭だけなら経済で説明がつきますが、大内裏の問題もあわせて考えるなら、なぜ「代用品」でいいのか、なぜそこを誰も突っ込まないのかという、もう少し深いところに根っこがある。

與那覇―近代史の側から連想するのは、森鷗外の『かのように』の論理ですね。身も蓋もないですが、この論理もまた平安時代に、本当に貧乏だったからはじまった。理想の王権や本物の大内裏はすぐ壊れてしまうので、いまもあるかのように振る舞いましょうというかたちでやり続けるしかない。

東島――現実の身の丈を知りつつ、それをいかに「かのように」演技するか。ならば先行する奈良時代、平城京の場合はどうだったかというと、『続日本紀』には「万国の朝する所、これ壮麗なるにあらざれば、何をもってか徳を表さん」なんて大仰に書かれていますが、[37]「上古《じょうこ》は淳朴《じゅんぼく》にして、冬は穴にすみ、夏は巣にすむ」という言い方からすると、いかにも背伸びしている感じです。

地方統治にしても、国府《こう》（国衙《こくが》）の遺構は整然としており、平城宮のミニチュア版として造られたことを物語っていますが、郡家《ぐうけ》（郡衙《ぐんが》）の遺構は、現地の秩序をそのまま追認したために規格外だらけです。畿外の人々を畿内の王権に服属させる儀礼というのは、いかにもバーチャルなところがあって、律令にわざわざ「郡司が国司に出会うと下馬《げば》の礼をとらなければならない」[38]なんて規定があるのは、いかにも張り子の虎です。

與那覇―都の壮麗さによって人々を帰依させるというのは、王権のあり方としては普遍的ですよね。しかし、実力がともなっていないから虚勢になってしまうというのが、日本の個性なのかもしれない。いまだと、北朝鮮でも平壌《ピョンヤン》に凱旋門を持っているような感じでしょうか（笑）。

東島――そう、それでも奈良時代は、政変に次ぐ政変のなかにも、しょっちゅう都を変えるだけの体力はあったんです。しかし平安朝では、嵯峨天皇のときに、もう都を動かさないと決めた。桓武天皇のときに浪費したせいもあるでしょうが、その代わりに、唐風の衣冠《いかん》を着し、宮廷儀礼を唐風にし、平安宮内の殿閣《でんかく》・諸門《しょもん》の号を唐風に改めるなど、文字どおり〝中国服を着込んだ天皇〟と言ってよい。外見上の「中国化」を目指したあたり、いっぽうでは限界も見えていたんでしょうね。

『芋粥』に見る官治国家の起源

與那覇―どうして、中央での見た目だけは美しくして「ぼくが天下の支配者だ」と虚勢を張るのみの、張り子の虎的な王権になってしまうのか。畿内の政権に地方から税を実効的にとれる能力が、どれだけあったのかという問題は大きいですよね。

東島――それだから平安時代、受領功過定《ずりょうこうかさだめ》と呼ばれる各国の受領（国司）の勤務評定は、「朝《ちょう》の要事」、朝廷にとっていちばんの大事だったわけです。[39] その際、「功」績があったか「過」失があったかの判定の場では、律令の規定にしたがって徳治をしたかどうかよりも、きちんと税を持ってきたかどうかが重視されたわけです。

與那覇―本当に中国並みの国家を経営するには、国土のサイズが小さすぎたのかもしれません。

当時は中国も日本も、地方官吏に税金をごまかされてもチェックしようがない状態でやっているわけですが、中国くらいの膨大な国土を持っていれば、薄く浅くでも広くとれるから、都をブラッシュアップできるくらいの収入にはなる。

しかし日本はそこまで国土がないうえに、稲作も江戸の初期くらいまで全国規模では普及しないわけですから、たいして豊かでもない。現実問題として、開設当初の都の権威をずっと持続させるだけの、税の調達機構は作れなかったということになりますか。

東島――実際には平安時代、徴税システムはとことん現実追認に傾いていくんですね。本来人民は決まった土地にいて、そこで生産活動をすることを前提に税制が組まれています。ところが力のある人たちは、剰余分をとられないために浮浪《ふろう》逃亡するわけです。だから「富豪浪人《ふごうろうにん》」なんて言い方が現にある。こうなると古い戸籍・計帳《けいちょう》なんて有名無実化しているので、その名も「浮浪人帳《ふろうにんちょう》」という、思いきり現状追認の帳面が作られたりもしたわけです。

浮浪によって、本来そこにいるべき人に税がかけられなくなったら、その土地で現に耕作している人を把握して課税するしかない。これがいわゆる「負名《ふみょう》体制」です。加えて、それまでの租《そ》・庸《よう》・調《ちょう》といった複雑な税制を「官物《かんもつ》」に一本化し、ほぼ一定比率（段別三斗《たんべつさんと》）で徴収する「公田官物率法《こうでんかんもつりつぽう》」が導入されます。さらに仕上げとして、受領のトップひとりに権限と責任とを集中します。とにかく都に税を持ってこさせるために、受領にかなりの裁量権を与えたわけです。

だから芥川龍之介の『芋粥』で有名な越前守《えちぜんのかみ》藤原利仁《としひと》のような、いかにも裕福な受領の姿が、

『今昔物語集《こんじゃくものがたりしゅう》』などの説話集に登場するわけです。九八八年の尾張国郡司百姓等解文《おわりのくにぐんじひゃくせいらげぶみ》は、尾張守藤原元命《もとなが》の苛政を上訴したものとして有名ですが、納入された上質の生糸を中央に納めずに私物化し、代わりに他国の粗末な糸を買って中央に納入したりと、まあ好き放題やっていたわけですね。

地方がこういうふうに回り出すと、実入りのいい国の受領はいつまでも続けたい（重任《ちょうにん》・延任《えんにん》）、ということで、人事に影響力を持っている中央の有力者への人脈作りのために、賄賂が横行したりするわけです。いっぽう、中央の有力者は有力者のほうで、自分の子弟や息のかかった者を実入りのよい国の受領に推薦するということになっていく。これがいわゆる「知行国《ちぎょうこく》」ですね。

與那覇——それもまた、今日の日本の起源かもしれません。制度面では律令制というかたちで、システム化されたパッケージを背伸びして導入するんだけど、運用するうちに結局、個々人のカオやコネでしか動かないパーソナルなしくみに変容してしまう。近代に入って欧米風の議会や政党を作っても、結局はムラの寄合《よりあい》のような派閥政治や元老《げんろう》支配になっていったように。

中世史の用語では、「統治権的な支配を樹立しようとしても、最後は主従制的に運用されてしまう」ということかもしれませんが、これは次章で詳しく議論したいポイントです。

院政がリセットした「二五年間同一内閣」

東島――摂関政治の末期に、じつに二五年間にわたって、関白左大臣、右大臣、内大臣、権大《ごんだい》納言《なごん》と、公卿のトップが入れ替わらなかったときがありました。現代で言えば内閣の閣僚メンバーが二五年間不動であるというのと同じです。これを超安定と言っていいのか、それとも佐々木恵介さんの言われるように、[40]停滞のほうを見るべきなのか。

與那覇――おそらく世界史的に見ても奇異ですよね。そんなに政変がないのは……。

東島――『公卿補任《くぎょうぶにん》』で一〇二一年と一〇四六年を比較すると一〇二一年に六五歳だった太政大臣藤原公季《ふじわらのきんすえ》が途中七三歳で死没したほかは、藤原頼通《よりみち》は関白左大臣のまま三〇歳が五五歳になり、藤原実資《さねすけ》は右大臣のまま六五歳が九〇歳に、藤原教通《のりみち》は内大臣のまま二六歳が五一歳に、藤原頼宗《よりむね》は権大納言のまま二九歳が五四歳に、藤原能信《よしのぶ》は権大納言のまま二七歳が五二歳に、という具合で、要は昇進がないわけです。公季と実資以外はみな道長《みちなが》の子息ですが、年齢だけ高齢になり、名誉職の太政大臣以外は、ポストがあかないという状況です。

與那覇――なるほど。たまたまみんなが長生きしてしまったから、結果的にそうなった。しかし、それを受容できた国家体制というのはいったいなんなのか。

東島――何が問題かというと、この間、天皇は後一条《ごいちじょう》、後朱雀《ごすざく》、後冷泉《ごれいぜい》と変わるわけですね。この時代の天皇は若死にが多かったせいもありますが、天皇は世代交代するけれど、大臣たちは変わらない。

與那覇―だとすると、もうほとんど象徴天皇制ですよね。天皇は「虚器《きょき》」であって、実権を持った君主ではない。

東島――天皇が誰であっても動くということでしょうか。これら三人の天皇については、みな摂関家とがんじがらめの関係で、藤原道長は威子《いし》を後一条に、嬉子《きし》を後朱雀に、頼通は嫄子《げんし》を後朱雀に、寛子《かんし》を後冷泉に、教通は生子《せいし》を後朱雀に、歓子《かんし》を後冷泉に、それぞれ入内《じゅだい》させていますからね。

與那覇―天皇が「空虚な中心[41]（日本文化論の用語で「意味が付与されない記号」の意。ロラン・バルトが創案）」と言われることの起源は、そこまで遡るかもしれないと。いっぽうで、役職についていた貴族の面子がずっと変わらないのは、まだイエ制度が生まれていないので、隠居しなかったからだという理解でよいのでしょうか？

東島――道長自身に関して言うと、一〇一七年に、前年着任したばかりの摂政《せっしょう》も、藤氏長者《とうしちょうじゃ》も退いて子の頼通に譲っていますので、亡くなる一〇二八年までは、おっしゃるところの隠居状態で実権を握っている、という言い方はできますね。ちなみに頼通が弟教通に関白を譲るのはもっとあとの一〇六八年ですね。ですから一〇四六年の段階では、隠居せずに現役です。いちばん高齢の実資だけは、頼通たちとはイエが違って、同じ摂関家でも、「揚名《ようめい》（名ばかり）関白」として知られる小野宮流《おののみやりゅう》の実頼《さねより》の養子（実孫）です。いかにも斜に構えた辛口の日記『小右記《しょうゆうき》』が有名ですね。男子がなく甥の資平《すけひら》を養子にして小野宮家を継がせますが、九〇歳で亡くなるまで現任の右大臣でした。

ただ当時の感覚として、自分がお仕えする天皇は一代で、務めが終われば隠居するという考えはあったようでして、河内祥輔さんは、頼通が「心を二君に分かつべからず」として、後三条《ごさんじょう》の立太子に反対したことを取り上げられていますね。[42] というのはこの時代、後一条－後朱雀、後冷泉－後三条というように、天皇位が親から子ではなく、兄から弟へ横にスライドする傾向が強かったんですね。後冷泉と後三条は九歳違いですが、系図のタテ方向ではなく、ヨコ方向に継承されると、それだけ世代交代のペースが遅くなるわけで、いきおい同世代の二君、三君に仕えることになってしまいます。実際頼通は、一〇六八年、後三条の践祚《せんそ》直前に隠居して、教通に関白を譲ったわけです。

もっとも、「心を二君に分かつべからず」というのは、正直のところやめるための方便だったと思いますけどね。だって、摂関家にとっては、系図が横にスライドしたほうが天皇の外戚の地位を多重に確保しやすくなるはずですから。後三条の母が皇女で、頼通が外祖父になれなかったので、そんなふうに言ったとしか思えない。もっとも河内さんの言われるように、後三条の父方祖母は姉の彰子《しょうし》だし、母方祖母は妹の妍子《けんし》ということで、どこまで行っても後三条は、系譜上、頼通から逃れられない位置にはいたんですが、それでも頼通が外祖父になれなかったのは大きいと思いますね。だから後冷泉の死、後三条の即位を期に隠居したわけです。

天皇の短命、摂関家の人々の長寿こそがたしかに摂関政治の権力構造の源泉だった。しかしその権力構造自体が後三条の新政、ひいては院政期を用意したわけです。

摂関政治関係略系図

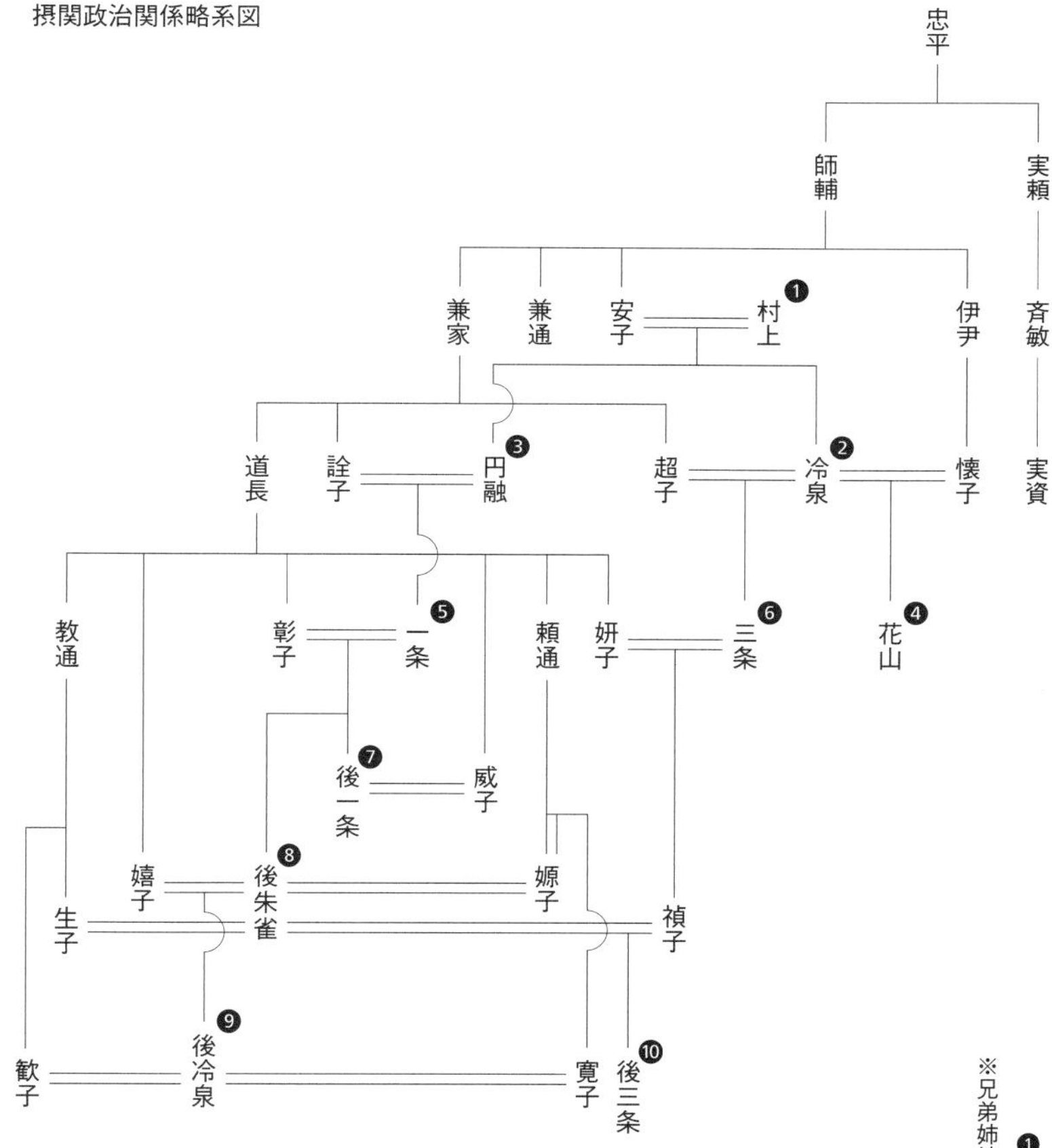

❶〜❿は系図内での即位順

※兄弟姉妹の配列は生年順ではない

與那覇—摂関政治とは、藤原氏としては自分の娘が生んだ子を天皇にしたいから、なるだけ天皇家を世代交代させずに、兄弟のあいだで皇位を回させる。そうして、同世代の天皇たちはバタバタ死んで入れ替わっても、外戚である藤原氏のほうは寿命の続くかぎり、いつまでも権力者であり続ける、というしくみだったのですね。

だとすると、隠居というものは天皇家にとって、ひとつの知恵ですよね。母方の親戚（藤原氏）とは関係なく、父から子へと継承されてゆく家長の地位こそが重要なのだというラディカルな発想の転換のもとに、「死ぬ前に息子に譲位しちゃって、ただし実権は確保する」という手法の発明だった。

東島——その知恵の最初のピークが院政期ということになるでしょうね。摂関家スパイラルからある程度自由になって、特定の血筋との婚姻から解放されると、不思議というか当然というか、比較的長寿の天皇が出てくるんですね。でもって、退位して太上《だいじょう》天皇となってのちも、「治天《ちてん》の君《きみ》」（天皇家の長）の地位を確保した状態で権力を握るというのは、おっしゃるとおり発明だったでしょうね。権力の源泉が家父長権にあるというのは、まさにイエの問題です。

與那覇—まずはイエが成立しないと、そういう発想は出てこない。

東島——だから通常、院政期を中世の開始と見なしているんですね。そもそも「中世とは何か」というと、いささか喧《かまびす》しい議論があるわけですが、とりあえずいまは、石井進が言うところのイエ支配をメルクマールにしようというのが最小限の合意点ですね。そう考えると、摂関政治末期の超安定というのは、いまだ家父長権ではなく、あくまで外戚関係をベースにしている古い権力構造の、完成形にして末期症状でもあるんでしょうね。

與那覇——貴族本人が死なないせいで、二五年間同じ閣僚というところまで安定すると、新しいことをやる余地がなくなってしまう。状況が煮詰まってきた結果、特権だったはずのものがむしろ足枷《あしかせ》として感じられるようになるというダイナミクスは、普遍的にありそうです。

時代は飛びますが、桜井英治先生による室町期の贈与慣行の研究も、そういうものではないでしょうか。[43] 日本中世のモラル・エコノミーのコアにあるのは「相当」の感覚で、なにかを贈られたらかならず同等のもの（ただし、身分差に応じて割引あり）を返さなければならない。贈与したら返ってくると前提にできるのは一種の権利だし、将来の予測が確実にできるようになって、当初は便利だった。しかし、やりすぎると先例に縛られて採算が合わなくなったり、厚意にタカられて返礼を求められないための工夫がすごい手間になったりして、みんながバカバカしいと思うようになる。ルーティン化が煮詰まって、権利が負担にしか感じられなくなった結果、慣行の全体が崩壊して新しいシステムに移行する。

安定とは予測可能性が高いということですが、日本社会の秩序は、おそらくは諸外国に比してもかなり大きな部分が「予測可能性を高める」ことで成り立っている。しかし高まりすぎると、かえって人々が先例の囚人になったような不自由さを感じはじめて、壊してしまう。その繰り返しが、日本史の本質なのかもしれません。

「空虚な中心」を囲んだ家産官僚

東島――せっせと娘を入内させる摂関政治のやり方は、近い将来天皇の外祖父の地位につけるという予測可能性を高めるには最適の方法だった。結局のところ、何が権力の源泉となるかと言うと、物理的に天皇に近い場所をいかにして占めるかという点に尽きているわけです。招婿婚《しょうせいこん》、通い婚のもとでは、皇子女が養育される母方の祖父の存在はやはり絶大です。

ただ、藤原氏が一方的に天皇に近い位置をねらってそうなったのではなく、政務の構造自体が、どんどん天皇に近いところで決裁されるようになっていったことが大きいという論点のほうがより重要でして、ひとつの画期として考えられているのが九世紀ですね。八世紀までの政治の場は朝堂《ちょうどう》（大内裏の中央南寄りに立地）や太政官《だいじょうかん》（朝堂の東隣に立地）でしたが、これが内裏（天皇の居住空間、大内裏の中央東寄りに立地）の正殿、すなわち、より天皇に近い場所で行なわれるように変化します。同様に摂関の政務の場所も、職御曹司《しきのみぞうし》（内裏の北東隣に立地）から内裏内の殿舎《でんしゃ》に置かれた直廬《じきろ》（藤原道長の用いた飛香舎《ひぎょうしゃ》は藤壺《ふじつぼ》の通称で知られる）へと変化していくわけです。

さらに、太政官符《だいじょうかんぷ》のような官僚機構を通じた命令よりも「宣旨《せんじ》」、すなわち天皇による命令の比重がぐっと増大します。諸司《しょし》・所々《ところどころ》（天皇の必要に応じて新設された「〇〇所」という名の役所）・諸寺《しょじ》の掌握を令《りょう》制の統属関係によらず、宣旨で別当《べっとう》を任命して行なわせる別当制、五位以上の特定の官人に天皇が宣旨を下し、内裏の殿舎で天皇への近侍《きんじ》を許す昇殿制《しょうでんせい》といった新制度の導入も、政務の構造がますます天皇との距離の近さにおいてなされるようになった、変化の証左と考えられています。

與那覇―シャーマニズムめきますが、「空虚な中心」とはいっても、天皇とはそこから支配の正統性があふれ出す源泉みたいなものだから、物理的に近くにいることが大事だと。そこで藤原氏は当初、皇室に嫁がせた女性を天皇の「母親」にすることで、空間的な近接性を獲得して権力を得ていた。しかしこれが、イエ制度が天皇家で確立されてくると、むしろ天皇の「父親」が持つ近接性に追い抜かれてしまった。それで、院政に取って代わられてゆく。

しかしこれだといつまでも、制度としての統治機構ができないような気がします。道鏡や吉備真備のような「天皇のお気に入りで、いつもお側にいるから偉い人」のポストが、子孫に世襲されていくだけという感じがする。だから科挙が入ってこなかったのかもしれない。

東島――唐に倣《なら》って律令による国家を創り、官僚制を導入したけれど、法や機構・制度といった、ヴェーバーの言うところのインパーソナル（非人格的）な支配というのは、どうも日本社会では動かしづらいところがあって、君主によるパーソナル（人格的）な支配は残さざるをえなかったわけですね。

こうした、天皇の人格を媒介とする支配を、律令制以前の遺制と見たのが石母田正です。戦後歴史学の課題は、端的に言って、日本社会が天皇制や軍国主義を支えた「伝統的支配」を克服していくことであり、石母田は、日本社会における「合法的支配」と民主主義的意思決定の困難さを先鋭に意識しながら、古代国家論を展開しました。[44]これに対して近年の古尾谷知浩さんの研究[45]では、こうした問題意識を継承しつつも、パーソナルな支配を律令制以前の古い制度と見るのではなく、時代の推移に即して絶えず「再生産」されてきているものだ、と強調されています。

さらに佐藤全敏さんが前進させた平安時代の別当制の研究[46]は、太政官制とは別ルートの官僚制の作動の仕方を明らかにしたもので、別当とはその統括機関内部の職員ではなく（たとえば検非違使庁《けびいしちょう》の別当は検非違使ではない）、天皇に直属する存在であり、重要な案件にのみ外部から関与するだけで、それ以外の政務は各機関内部の構成員によって処理された、と言われます。にもかかわらず別当はその機関の代表であり、最終責任者であったとするその議論は、日本史上の権力構造、あるいは責任の取り方のひとつのパターンを示すものとして、非常に刺激的です。

ところが、です。このように説明すると、あ

家産制的官僚制（ヴェーバー）

近代的官僚制 （⊂合法的支配）の官僚	契約による任命、自由な選抜 ＝非人格的に機能
家産制的官僚制 （⊂伝統的支配）の官僚	君主の人格的支配下にある非自由人 ＝階層制的に組織されることによって、 形式的には官僚制的に機能

たかも天皇が既存の官僚機構を無視してワンマン政治をはじめたというふうに誤解されそうですが、じつはそうではないんですね。天皇のパーソナルな支配の局面が増大するというのは、言い換えれば天皇が直接掌握できる範囲、信頼の置ける範囲はここまでだという線が、かえって浮き彫りになっていくということなんです。

與那覇――主従制の原形と呼んでもいいのでしょうか。近代社会を生きるわれわれとしては、法令（当時は律令）の定めによってこれこれの権限を与えられていますというかたちで、誰にどこまで権力があるのかが明示されているのが、公的機構だと思っている。しかしそうではなく、「俺とおまえの仲じゃないか」というプライベートな紐帯《ちゅうたい》が権力の源泉で、そういう人脈関係が切れるところで、おのずと権力の適用範囲も切れるのだと。

ヴェーバーの中国論である『儒教と道教』では「人間関係優先主義」と呼ばれたもので、今日の中国研究に言う、法治社会ならぬ「人治社会」ですが。[47]

東島――問題は、そのプライベートな紐帯が、政治という公的場面にあらかじめビルト・インされていることのほうなんです。プライベートというとあたかも私曲《しきょく》というか、本来の形態を踏み外して私物化したかのようにとられそうだけど、そうではなく、もともとの形態が人脈依存なんですね。だから、プライベートではなくパーソナルな関係といったほうが、より的確ですね。

そのパーソナルな関係を強化するいちばん確実な方法は何かと言えば、まさにそれこそ、「俺とおまえの仲じゃないか」、つまりは男色関係ということになる。平安貴族社会、とりわけ院政期の貴族社会を理解するには、男色を抜きにしては考えられない。これは東野治之さんや五味文彦さんの研究が有名ですね。[48]

それはさておき、院政期社会のころといえば、婚姻形態が高群逸枝《たかむれいつえ》（「婦人戦線」の運動家から女性史研究の泰斗となる）の言うところの純婿取婚《じゅんむことりこん》から経営所婿取婚《けいえいしょむことりこん》へとシフトしていきます。[49] 生家に婿をとるのではなく、いったん他家へ養女となってから入内するような場合が出てくると、外戚の影響力が及びにくくなり、摂関家は天皇に近い場所を占められなくなっていく。代わって強化されてくるのが父権というわけです。

それでは、院政期には誰が天皇に近い場所を占められるかというと、院の近臣、とりわけ養育者たる男性の「めのと」（「乳父」「乳夫」等の字が宛てられ、「傅《ふ》」もこう訓《よ》むことがある）だということになります。後白河の乳母の夫、藤原通憲《ふじわらのみちのり》（信西《しんぜい》）が、その代表選手ですね。

與那覇――中国でも皇帝を影で操る存在はいたでしょうが、幼少期に皇帝の生活の面倒をみたから、という理由のみによっているということはなさそうです。少なくとも、科挙に受かった側近の場合は全然違う。結局、日本では古代の段階から政治というものが、天皇家の「家政」から自立しないでずっとここまで来たということですね。

東島――官僚制を導入しても、結局はヴェーバーの言う、家産制的官僚制のほうが使い勝手がよいということになってしまう。君主とのパーソナルな関係で登用され、君主の意のままに動く官僚たちです。したがって、近代の官僚制や中国の科挙制度のように、選抜というインパーソナルなフィルターをくぐりぬけて官僚になるシステムとはまったく違います。

與那覇―それはやはり、フクヤマの言うアカウンタビリティを充分に導入していないからですよね。近くにいたやつが、なんとなく権力を握ってしまう。それ以上の説明原理は必要ない。

東島――ただし、パーソナルな家産制的支配だけでは文明国の仲間入りができないことも充分承知していて、だから相当背伸びをして律令制を導入したんですけどね。「天皇」が創出された推古朝の時点では「十七条憲法」のような人倫規定（パーソナルな支配）だけでよかったのですが、「集権国家」の創出を目指す天武・持統朝の段階では、「律令」（インパーソナルな支配）が不可欠だったわけです。

一点だけわかりやすい例をあげますと、石母田正の『日本の古代国家』には、「古い型の省と新しい型の省」という、有名な一章があります。いわゆる二官八省の「八省」は、一見横並びですが、じつは二つのタイプがあって、大化前代からの天皇の家産制的組織を国家の一行政機関に編成した「古い型の省」三つ（宮内《くない》省・中務《なかつかさ》省・大蔵《おおくら》省）と、伝統から自由な「新しい型の省」五つ（式部《しきぶ》省・治部《じぶ》省・民部《みんぶ》省・刑部《ぎょうぶ》省・兵部《ひょうぶ》省）とを、区別して論じたわけです。律令というグローバル・スタンダードを受け容れつつ、既存のパーソナルな秩序にどう〝継ぎ足し〟をしていくかという問題を考えるうえでは、非常に明快な議論です。

令外官の増設は温泉旅館形式

與那覇―これもおもしろい。天皇家の家政として、天皇個人とのパーソナルな近接性で権力が配分されるコアの部分は、つねに最後まで温存され続ける。ただし、さすがにそれだけで国家の全体を覆うのは無理だから、その外側にゴテゴテと張りぼてのように、律令制的な統治機構がくっつけられていったと。

さらにそのあとで出てくる令外官《りょうげのかん》（律令の職員令に規定されていない官職）にしても、律令自体を新時代に合わせて書き換えるのではなく、外側に新しいものを作って切り抜けようとするダイナミクスは一貫していますよね。温泉旅館形式と言いますか、萎《しな》びた本館を建て替えずに、にわかづくりの「新館」「別館」ばかりがつぎつぎできる。

中世に入っても、まずは将軍というものを外側に作り、途中からは執権というものをさらにその外側に……と、延々と建て増していくかたちの進化で、もとからあったものを廃止はしない。私の指導教官である三谷博先生の授業では、「拡大首長制」という概念で説明されていたのですが、そもそもどうしてそうなるのでしょうか。

東島――首長に特化せず、官職一般でお答えするなら、平安中期以降に見られる「官司請負制」がヒントになりますね。ある特定の家が特定の官職を代々伝統的にやるというルールができてくると、それを取り上げちゃうわけにはいかないんでしょう。

與那覇―新しいことをやりたかったら、別ポストを作るしかない。

東島――そうですね。平安初期の令外官に話を戻せば、検非違使庁（京都の警察・裁判を司る令外官）をわざわざ創らなくても、本来、弾正台《だんじょうだい》（律令制下で官人の綱紀粛正や非法違法の摘発を行なう監察機関）もあれば刑部省《ぎょうぶしょう》（律令制下での刑罰・司法の中枢機関）もあるわけですよ。にもかかわらず嵯峨天皇は検非違使を作ったわけです。「本館」では旅館経営がうまくいかないので、うまく機能する「別館」が必要だったわけですが、使ってみるとなかなかいい！　というわけで、そのうち京都の市政を預かる京職《きょうしき》の機能までも吸収してしまいます。

同じく嵯峨天皇のときに創出された蔵人所《くろうどどころ》（機密文書および訴訟を司る令外官）もそうですね。藤原薬子《ふじわらのくすこ》の変という政治的危機に対応するために、意のままに動かせる秘書官が必要だったわけです。最初は危機対応だったのが、気づいたときには、もはや蔵人なしには国政が動かないというレベルにまでなってしまった。

與那覇―高校で習うときなど、いつも不思議に思いますよね。専門の人たちがもういるのに、ほかにあれもできました、これもできました、と書いてある。

結局は主従制でしか動かせないから、そういうものを作っていくということですか。部局構成の全体を新しいシステムに再編して合理化するより、社長子飼いの特命チームにやらせたほうが早いと。

東島――ただ、会社組織だったら、問答無用のリストラもありうるでしょうけどね。そこは〝省庁〟のお話ですから、既得権の合理化は進まない。

それにしても、嵯峨天皇は「弘仁格式《こうにんきゃくしき》」を作らせることで、律令制をなんとか維持しようとした、なんて説明は、いまでも教育現場で行なわれているんでしょうかね？　さきほども言いましたように、たしかに嵯峨天皇の脳内は「中国化」がマイブームなのですが、実際創り出したものは「中国化」と逆行していて、むしろ律令制の破壊者と言ってよい。なぜなら、令外官によって天皇と直結する内廷の新しい機構が誕生し、天皇の近臣＝家産官僚が特権集団を形成するような、人脈で動く政治のリニューアルされた起源ともなったからです。

與那覇―やはり、日本史においては普遍的なダイナミクスですね。制度を作り替えることで時代に適応するのではなく、人脈の力で動かせる部分をアドホックに作って対応する。律令制で行き詰まったら令外官を作る。明治憲法下で行き詰まると、元老のような制度外の存在に頼って、最後は重臣会議を作る。

現在だと、いまの縦割り省庁のしくみではうまくいかないから、経済財政諮問会議だとなる。小泉改革が機能したのは、既存の機関どうしの合議というしくみをとらなかったからだと言われますよね。最後はトップの権限で「令外官」に命令したから、うまくいった。

要するに法律や（家産制的ではない）官僚機構のような、「誰がユーザーになってもうまく動くシステム」を作っていこうという発想がない。とにかく天皇につながる人脈の系譜がまずあって、国を動かすにはそいつらに訓示を垂れて人材の質を高めるのが第一という思考法だから。二・二六事件の「君側《くんそく》の奸《かん》を討て」は、「俺たちもそのパーソナルなつながりにコネクトしたい！」という叫びだったわけだ（笑）。自民党の改憲案が、統治機構はほとんどいじらないくせに、「十七条憲法」よろしくよりよき国をつくるには、国民は道徳的存在たるべしみたいな説教ばかり書いているのも、古代から連綿と続いているのですね。

東島――古代に話を戻せば、どうしても人脈がベースの世界ですから、律令制の初期インストールにつまずき、その後もパッチを当て続けている。ただ、無理して導入した律令制があとになって意外と効いてくるのは、文書《もんじょ》の作り方のような、統治技術の方面ですね。

古文書が語る『文字禍』の世界

東島――朝廷の統治技術については、本郷和人さん・本郷恵子さんの議論が参考になります。[50] 文書によって支配するノウハウをきっちり持っているのが朝廷で、武家政権がそのことに気づいたことが、朝廷や天皇が存続することができた重要な要件になっていると言うんですね。

いざ命令をするというときに、武家社会内部だったら実力行使だけで充分なわけです。ところが武士の世界の外に出た場合、それこそルソーの言うところの「最も強いものでも、自分の力を権利に、(他人の)服従を義務にかえないかぎり、いつまでも主人でありうるほど強いものでは決してない」[51] わけでして、石母田の古代国家論がそうであったように、支配の正当性をどうやって調達するかを考えなければならなくなるわけです。そうした場合の統治の技術として、武家の側も文書の力に目覚めた、ということでしょう。本当にそれでしたがってくれるかどうかはおくとしても、したがわざるをえない雰囲気を持った文書が出せるような、統治技術の習熟が必要になってくる。

與那覇―それは重要ですね。中島敦の『文字禍《もじか》』の世界ではないですけど、文字というものにあたかも霊力があるかのように、文書を握って操れる人間だけが、同時に政治的な権力をもコントロールできる。中国の場合は出版技術の発展や科挙制度の導入によって、文字にアクセスできる人自体が民間に増えていったけれども、日本ではそうもいかない。
文字技術は長らく朝廷の秘伝として独占され、そのことが結局、天皇・朝廷につらなる人脈による支配を永続させてきたという話になりますか。

東島——じつはそうでもないんですね。古代王権が文字文化を独占していたわけではないんです。すでに一九九〇年代には、徳島県の観音寺遺跡や長野県の屋代《やしろ》遺跡群など、地方の官衙《かんが》遺跡から、七世紀に遡る『論語』の一節を記した木簡が出土しています。つまりは律令制以前から、「阿波」や「科野《しなの》」の国造《こくぞう》氏族が、漢字文化と儒学を受容していたことがわかっているんです。このため、木簡研究の第一人者である佐藤信さんは、中央集権国家を受け容れる素地《そじ》がすでに地方にあったと言われています。[52]

ただ問題は、地方の誰がそれを書けたのか、言い換えれば中間層のリテラシーの問題になってきますね。一〇世紀の「尾張国郡司百姓等解文」の段階でさえ、「百姓《ひゃくせい》」というのは、単なる一般農民ではありません。ただ、全員が字を書けたわけではないからこそ、中間層は地方社会においてヘゲモニーを維持できたわけですね。

與那覇—そうなると、宮嶋博史先生の「東アジア小農社会論」ともつながってくる気がします。[53]
中国では、宋のころから江南地帯で小農経営が定着していって、非常に豊かな稲作文明ができる。そうして生まれた前近代版のミドルクラスが、やがて科挙にトライして士大夫《したいふ》を出す層に成長して、儒教国家のシステムをかたちづくっていく。
しかし日本の場合は、稲作に基づく安定した小農社会は江戸時代までできない。したがって、

「朝廷がすべて独占」と「地方農民まで文字が行きわたる」の中間を埋めていた、文書のフォーマットやその処理に精通したごく一部の特殊技能の持ち主だけが、地域社会を文字の力で治める秩序の担い手になれる。豪族、武士や上層農民に相当する勢力ですね。

そして、文字の力にすらまつろわぬ外部の民に対しては、剝き出しの武力による実力行使で治めてゆくしくみだった、というふうに理解できるかもしれません。

東島――戦国時代になると、村や寺など、地域レベルで自分たちの歴史を書き残そうとする、いわゆる「年代記」がたくさん出てくるんですね。非常に常識的な歴史観で説明すると、村請《むらうけ》によって村にプールできる分が出てきて初めて文字の習得が普及した、ということになりますが、それではいかにもつまらない（笑）。むしろ年代記には、とかく飢饉・災害・戦乱といった、その地域の苦難の歴史といった記述が多いんですね。[54] たとえば甲斐国の『常在寺衆中年代記《じょうざいじしゅうちゅうねんだいき》』（『勝山記』『妙法寺記』などの写本名で知られる）には、そうした苦難が「ツマル」という印象的な言葉で表現されています。地域のアイデンティティが苦難を通して創出される過程、それが戦国時代だったということでしょう。

與那覇――内藤湖南の「応仁の乱以降が今日の日本」説[55]も、そういう時代性と重ねて読むことができますよね。古代・中世の段階では京都に閉ざされていたにすぎなかった文化が、応仁の乱以降の混乱のなか、公卿が全国に散っていくことによって、初めて国民文化になったと。それにともなって「文字の霊力」も、天皇をシンボルとする秩序感も、やっと全国化する素地ができた。

一方で非農業民に注目すれば、戦国以前の中世日本にもそういうノウハウを持っていた人間は大量にいたのだ、というのが網野善彦の歴史観ですよね。偽文書だったものも含めて、何代前の誰それ天皇にこういう文書を賜ったから、われわれにはこういう特権があるのだと称して、リテラシーを武器に商業や流通に食い入って生きてきたノマドが相当な数いたのだと。[56] その結果として文書の極端な物神化が生じ、文書さえ手許にあれば書かれている他人の権利まで手に入るという倒錯まで生じたことを、桜井英治さんは菅野文夫氏の言を借りて中世日本の「文書フェティシズム」と呼んでいます。[57]

内藤の「応仁の乱が日本史の転機」に対して、網野は「南北朝が文明史的な転換期」という言い方をして、しかし両者の異同については明示的に説明しないのですが、文字を操る技術の担い手をどこに見出したか、という角度からアプローチすると、わかりやすくなるかもしれません。

第二章　中世篇

バッファーの多すぎる国

與那覇──第一章にも卑弥呼の時代から、日本は二重王権だったという話題が出たわけですが、一般にはその起源を、中世に見ている人が多いように思います。院政期には「治天《ちてん》の君《きみ》」（上皇）と「在位の君」（天皇）、さらに武家政権成立後は「朝廷と幕府」として、王権の二重性という統治のあり方がずっと反復されてゆく。

だとすると、現代の象徴天皇と総理大臣も、そのパターンの延長線上に理解できるのでしょうか。実際、そういう状態だからこそ、いまだに「どちらが元首か」を云々《うんぬん》したがる人がいるわけですが。

東島──[1]八五八年にわずか九歳で践祚《せんそ》した清和《せいわ》天皇、つまり幼帝出現が象徴天皇のはじめだなんて考え方よりも、はるかにおもしろい捉え方だとは思いますが、二重王権という問題と「象徴天皇」という問題は、いったん分けて考えておくべきです。そもそも象徴天皇をアメリカの占領政策の産物と見ずに、太古の神話の時代からそうだった、というように、超歴史的なものと考えようとする人たちは、河合隼雄をはじめ、これまでも数多《あまた》いたわけです。そうした議論というのは、どんなに独自性をよそおうとも、ほぼロラン・バルトの「空虚な中心」というところに尽きており、その引力圏外に大きく出るものではありません。

ところがいっぽう、これを歴史的に説明しようとする人はと言えば、今谷明さんをはじめとして、やれ権威と権力の分離だの天皇不執政の歴史だのと、ひたすら支配者側の権力構造を追っているだけ。「国民統合の象徴」的な部分がすっぽり抜け落ちていて、これでは象徴天皇制の半分も解明したことにならない。それならまだ、バルトを流用した議論のほうが、「空虚な主体」というような、日本人の責任の取り方の曖昧さを問題にしている分、はるかにましという状況です。

　では「空虚な中心」を超歴史的ではなく、あくまで歴史的に論じることができるのかと言えば、私自身、これは「空虚な中心」と言うほかあるまいと感じている時代があって、それはズバリ中世後期なんですね。[2]ですので、王権が二重化しているという問題に、いわゆる「空虚な中心」みたいな問題が、中世後期にどのように絡んでくるのかを明らかにできるといいですね。ということで、まずは王権あるいは統治システムの二重性についてですが、それ自体は別段、特殊日本的というわけでもないように思うのですが。

與那覇―なるほど。たとえば中世ヨーロッパにおける教皇と皇帝のように、むしろ分かれているほうが普通だと考えてみるわけですね。単なる聖俗の役割分担なら、天皇制以外にもいくらでも事例は探せる。逆に、中国のようにどちらも独占してしまう人が出てくるほうが、じつは特殊なケースなのだと。

東島――日本史で一般に「中世」と言えば、いわゆる武家の政権が誕生した時代で、武家の政権を、天皇を頂点とする国家の一部と見る見解（権門体制論《けんもんたいせいろん》）から、天皇を頂点とする王権と並び立つものと見る見解（東国国家論《とうごくこっかろん》）まであるわけですが、天皇と将軍の関係を問う以前に、武家政権自体、そもそも内部的には二重構造になっているわけですね。

武家の政権が誕生して間なしのころは、二頭体制、つまり政権の機能をトップ二人に分けておくほうが都合がよいのですが、それは対立の火種にもなりうるわけで、政権が安定段階に入ったら、ひとつにしないと不安定要素になってしまう。だから源頼朝は弟の義経を討ち、足利尊氏は弟の直義《ただよし》を滅ぼすわけですね。三鬼清一郎さんのように、豊臣秀吉と甥の秀次《ひでつぐ》の関係もそうだなんて言う人もいます。[3]

與那覇――天皇と将軍、教皇と国王のような機能分化のほかに、武家政権の内部でも二重王権的な状況は「二頭制」としてしばしば生まれるわけですね。実際に山室恭子さんは『中世のなかに生まれた近世』で、戦国時代の西国大名の特徴は、代替わりの際に二重統治の時代があることだとしています。父とその後継者とで共同統治をして、だんだん父が隠居していくのだと。

父親が全権力を独占して、パタッと死んで、後継者の息子が全権力をまた独占するというのは危ないわけですよね。両者の継受の瞬間が権力の空白状態になって、すべてがひっくり返る恐れがあるから。そこで、いわばバッファー（緩衝帯）として、やがてこの世を去る人と、これから家督を握る人とが半々くらいで権力を持ち合う期間が必要とされる。近年の北朝鮮などを思い出しても、それ自体はわかりやすい。

しかし武家政権の成立過程を見ると、こういう父（先代）と息子（当代）のように時間軸を重ね合わせてバッファー期間を作るのではなく、頼朝や尊氏のように、同世代の二人の有力者（兄弟）で役割分担をすることがある。これはむしろ、天皇（大王）さえ最初は有力豪族の輪番制《りんばん》だったと見られるとおり、人間が権力集中を嫌うことの表れかもしれない。いきなりひとりがぜんぶ独占すると反発が来るので、二人で分掌《ぶんしょう》して相互に牽制しているから大丈夫ですよというかたちでごまかして、だましだまし統合しつつ最後は片方を切り捨てる。そういうタイプのバッファー機能もあるように思います。

中国であれば、儒教の理念と科挙《かきょ》の競争原理で徹底的なアカウンタビリティを構築しているから、皇帝単独支配でも問題ないのですが、日本ではそうはいかなかった。「なぜ武家政権ができても天皇家は滅ぼされないのか」という定番の疑問も、同様の角度から考えられるのではないでしょうか。いわば天皇そのものが、ずっと日本の社会制度のなかでバッファー状態になっていると。

東島――バッファー状態というのは、非常に有効な見方だと思いますね。ただし、親子や兄弟のような血縁継承のバッファーと輪番制や互選のような非血縁のバッファーとは、区別しておく必要があるように思います。

イエ制度は自然ではない

東島――中世の問題を考える場合に重要なのは、やはり血縁継承におけるバッファーですね。前章でも見たように、兄弟という、系図で言えばヨコの関係で担保されていたバッファーを、親子というタテの関係に付け替えていったのが、一一–一二世紀の院政期なんだと思います。

つまり、この流れは武家よりも先んじているわけですね。
河内祥輔さんは、院政期における「直系継承」のイエの形成過程をたいへんおもしろく説明されていて、直系は父が決める。それゆえ父の意思に反して直系たろうとする者は父の死後反抗を開始する、その繰り返しなんだと言うんですね[4]。

これはいささかわかりにくい表現なので、後三条《ごさんじょう》と白河《しらかわ》父子を例にかみ砕いて説明しますと、まず親父である後三条天皇は、息子貞仁《さだひと》（白河天皇）を皇位後継者として即位させる際、お節介なことに、その次の後継者までも自分で決めてしまうわけです。具体的には別の息子、つまりは弟実仁《さねひと》を立太子《りったいし》させるんですね。おまけに二男実仁即位後は三男輔仁《すけひと》を皇太弟《こうたいてい》とすることが後三条の遺志だった。皇位が横に継承されるという点では、第一章で述べた摂関政治の末期と似てはいるのですが、摂関政治が外戚関係を多重に形成するために横の継承関係を作らせたのに対し、院政期の場合は、院が引き続き親父として君臨するために三代目も息子なんです。で、二代目白河はどうするかというと、親父の後三条が生きているあいだはじっと耐えていて、親父が死ぬと、今度は自分が親父になる番で、亡父の決めた三代目実仁の病没後は輔仁の立太子を阻止し、自分の息子善仁《たるひと》（堀河《ほりかわ》天皇）を立太子させ、同時に天皇位まで譲ってしまう、というわけです。

摂関政治のもとで編み出された、系図をヨコにスライドさせてバッファーを確保する方法は、結果的に世代交代を遅らせますから、今度は隠居したはずの院が長生きすることによって父権を振りかざす余地が生まれてくる。院と天皇が共存するタテのバッファーができるということ

後三条～後白河院政略系図

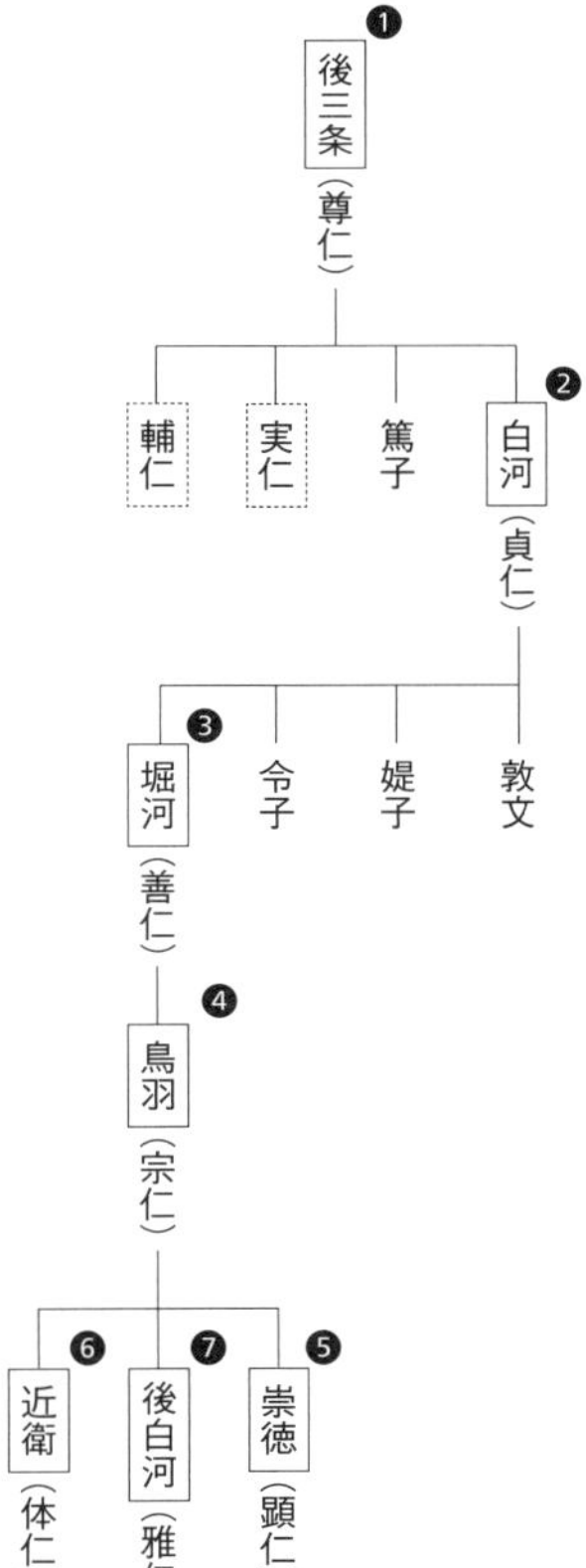

❶～❼は系図内での即位順
※兄弟姉妹の配列は生年順

ですね。

與那覇――イエ的なものが完全に確立される以前のほうが、個人主義的というか「自分」を中心に置いて考える発想だったということでしょうか。後三条の立場からすると、「孫よりは次男のほうが、親等《しんとう》としてもつきあいの長さとしても、俺に近い」と。

東島――そう、いったんはタテに継承させながら、自分がイエの長（治天の君）になった瞬間に、やっぱりヨコに継承させようという発想が頭をもたげてくるわけですね。

與那覇――完全に直系で世代をくだって権力が継承されていくほうが、われわれは一見自然だと思ってしまう。しかしイエ制度成立以前の感覚では、不自然なことかもしれません。孫より次男のほうがよく知っているから託しやすいと思うのは、たしかにわかりやすい。

東島――以後も、後三条‐白河父子ほどシンプルには説明できないものの、鳥羽《とば》天皇も祖父白河に、後白河天皇も父鳥羽に、それぞれ父祖への反抗を通じて歴代の治天の君は親父として君臨していくんだ、と河内さんは言われるわけです。

與那覇――イエ制度の根幹にあるのは、自分はやがて消えるけれども、自分が属するイエが世代を超えて続いてゆくことに価値を見出す、柳田國男が「家永続の願い」[5]と呼んだ発想です。しかし、それは古代から日本にあったわけではなく、中世への過渡期において、途中から創り出されたということになりますね。

東島――中世の武家のイエでも、はじめは分割相続だったのがやがて長子単独相続になっていく、というのはおなじみの議論ですね。

次なる問題としては、日本の歴史のなかでも、バッファー状態が有効な時代とそうでない時代とがあるかもしれない、ということでしょうか。

與那覇――拙著では「中国化」（皇帝独裁化）を目指した君主の代表例にあげましたが、鎌倉幕府を打倒して建武《けんむ》の新政を行なった後醍醐《ごだいご》天皇は、バッファーなんていらないんだと天皇親政に走って人々の支持を失ない、自滅したパターンですね。だから、『太平記《たいへいき》』にすら悪口を書かれるわけです。

しかしいっぽうで、逆にバッファーがありすぎたために権限の所在が不明瞭になって、ぐだぐだになってしまう時代もある。何人もの元老や重臣が天皇を取り囲んでいるうえに、内閣と軍部と議会がばらばらに動いていた戦前の日本などは、むしろ後者に近い。

東島――『太平記』が後醍醐天皇を貶《けな》しているのは、足利直義が修訂に加わっているからですね[6]。直義だけでなく、それこそ花園《はなぞの》上皇に至っては、日記のなかで後醍醐のことを「王家之恥」とまで書いているわけで、これはひょんなことから、たいへん有名な史料になってしまいましたね[7]。

ではなぜ後醍醐がそこまで悪口をたたかれるかと言えば、それはもちろん、鎌倉時代後半の両統迭立《てつりつ》から南北朝時代に至る皇統の対立が背景にあるからです。ですので、ことの背後に、そもそも二つの皇統（持明院《じみょういん》統と大覚寺《だいかくじ》統）が並び立つという、バッファーそれ自体が火種になっている状況を考えておく必要があるでしょうね。

三国志としての源平合戦

東島――與那覇さんの『中国化する日本』では、一二世紀後半、日宋貿易に乗り出した平氏政権が敗れ、農業生産に根ざす政権、鎌倉幕府が勝利してしまったというところに、日本がとりえた二つの選択肢を読み取られるわけですね。

とはいえ、同時代の人々の目線から見ると、実際には当時、朝廷には平家・義仲・頼朝という、三つの選択肢があり、藤原（九条）兼実《かねざね》の日記『玉葉《ぎょくよう》』は日本列島を三分する彼らの勢力地図を〝三国志〟になぞらえていますから、今回は義仲も含めて考えてみましょう。実際義仲は、武門の棟梁《とうりょう》としては頼朝と遜色《そんしょく》ない存在でした。むしろ選択肢という点で言えば、頼朝は平家よりもマシとして選ばれたのではなく、義仲よりもマシとして選ばれたわけです。義仲がいたおかげで、頼朝は自己の立ち位置を差異化してアピールすることができた、と言ってよいでしょう。

頼朝がなぜうまくいったかというと、義仲が京都を押さえていた当時、朝廷にとって最大の問題だった都の飢饉《ききん》、食糧問題に対処できたからなんですね。一一八三年、「寿永《じゅえい》二年閏十月宣旨《せんじ》」で朝廷が頼朝の東国支配を認めざるをえなかったのは、兼実が「四方《よも》皆塞ぐ」「中国《うちつくに》（＝畿内）すでに剣璽《けんじ》なし」という言葉を連発せざるをえない状況があったからです。[9] 西国は平家が兵粮米《ひょうろうまい》を押さえていて、京都に物資が入ってこない。いっぽう、山陰と北陸は義仲が押さえている。だから東国からの食糧搬入が最後の頼みの綱だった。東国から都への入り口にあたるのが伊勢国の鈴鹿関《すずかのせき》ですが、ここを管理し、朝廷との交渉の窓口となったのが弟義経でした。

これに対抗して翌一一八四年七月には平信兼《たいらののぶかね》が鈴鹿関を「切り塞ぐ」という挙に出るわけですが、この信兼を討ち、関係所領の「没官《もっかん》」という乱後処理をするために、義経は翌八月に検《け》非違使《びいし》になる必要性があったわけです。ですので、頼朝の与《あずか》り知らぬところで検非違使の任官を受けて兄弟不仲になったなんていう『吾妻鏡《あずまかがみ》』編者の説は、まったくとりえない。[10]かく言う東島説を支持してくださっているのが、『検非違使』の著者丹生谷《にうのや》哲一さんです。[11]

與那覇──東島さんがつねに強調される、飢餓に陥りがちな京都を「いかに食わせるか」で権力の構図が決まるパターンですね。これは、中世を通じて続いてゆく。

東島──かくして頼朝には、役割を分担すべき義経というパートナーがいました。武士を束ねるのは頼朝、朝廷との交渉は義経というようにです。しかし義仲にはそのようなパートナーがいない。『平家物語』[12]の有名な「義仲最期」の場面は、戦場を離脱した義仲の愛妾巴《あいしょうともえ》が語り伝えた物語ですが、そこに描かれるのは乳兄弟今井兼平《いまいかねひら》との主従愛です。いささか美化されているとはいえ、主従制の頂点に立つ者として、義仲は充分と言ってよい。しかし頼朝とは違って、朝廷との交渉など、政治分野を担う兄弟に恵まれなかったわけです。だから公家から総スカンを食らうわけですね。

ちなみに『平家物語』のせいで義経には猪武者のイメージを持ってしまいがちですが、伊勢の乱後の状況下での頼朝の構想はと言えば、『玉葉』の〝三国志〟同様、日本列島を三つに分け、ただしこれを三兄弟で統治するというものでした。まず頼朝みずからは鎌倉に留まり、九州での戦争遂行は追討使範頼《のりより》の担当。残る検非違使義経は畿内近国の治安維持担当だったわけです。せっかく検非違使に任命してもらったのに、義経まで九州に行ってしまうと畿内近国が空白になりまずい。だから頼朝は、義経を畿内に留めておくために、急遽、婚約者の河越重頼《かわごえしげより》の女《むすめ》を京都に送り込んで結婚の儀を執り行なわせ、労苦をねぎらったわけです[13]。

與那覇——頼朝と義経もある種の二頭制だったが、それは巷間《こうかん》言われるような「頼朝が内政で、義経が軍事」という分担ではなかったと。むしろ、室町時代の将軍と鎌倉公方（室町幕府の関東支配を担当した役職）の関係とちょうど逆で、「畿内公方と鎌倉将軍」のような構想が、頼朝にあったということですか。

東島——そうですね。あらためて整理しておきますと、一一八四年七月に伊勢の乱、八月に義経検非違使任官、九月に義経の結婚と、ここまでは説明しました。続く一一月に頼朝は、西日本における御家人所領の給与という、主従制の根幹をなす権能を義経に与えてしまうわけです[14]。前年の「閏十月宣旨」の段階では、西日本の支配がまだ視野に入っていない段階ですから、頼朝と義経の分担関係は主従制と外交権のように、いわば機能面での分担だったわけです。

ところが一一八四年の伊勢の乱鎮圧によって、義経が反乱者の所領を検非違使の資格において、言い換えれば朝廷の名のもとに没官し、それを治安維持の名目のもとに武士が管理できるようになると、東日本は頼朝、西日本は義経というように、地域で分ける体制が構想に入ってくるわけです。なにしろ義経には、西日本限定ですが主従制的支配権まで与えてしまったわけですから、権限としては頼朝と同等です。機能の二頭制から東西の二頭制へというシフトの仕方は、室町幕府の場合[15]と同じですね。

ただそうした頼朝・義経兄弟の蜜月関係が可能だったのは、いまだ平家が滅んでいなかったからです。いざ平家が滅んだら、自分ひとりでもうまくいくと考えて、義経が不要になるわけですね。頼朝が最後まで気にしていたのは、もうひとりの弟である範頼です。義経亡きあとは、範頼だけが、自分に取って代わる可能性を持った唯一の人間だった。兄と弟というと、われわれは兄が上と思いがちですけれど、兄弟というのは横並びなんです。兄の優位性は絶対ではなく、弟のほうが継ぐ可能性をたぶんに持っていた時代だった。

與那覇——たしかにイスラーム圏でも、自分が王様になったら兄弟を皆殺しにするといった話があると言われますよね。中国だと、皇帝は別でしょうが、一般庶民は兄弟均等に財産を分けてそれぞれに競争させて、いちばん成功したやつにみんな頼れよという生き方です。[16]

これに対して江戸時代あたりの日本で確立された、（おおむね）長男が直系で家督を継いで財産を丸どりし、それにしたがうことを最初から次男三男も納得しているというのは、かなり不思議な環境だとも言えるのですね。

東西分割統治と道州制の起源

與那覇――その違いが何に起因するかというと、社会に無限のフロンティアが見えているのか、見えてないのかの違いではないでしょうか。まさしく江戸時代のように、長期安定社会で全体の富はこれ以上拡大しないと思ったら、後継者はひとりに決めざるをえない。

逆に戦国乱世であれば、「いまはこれしかないからひとりにしか継がせられないけど、戦乱に勝ち残ってほかのやつらから分捕ってくれれば、三人に分けられるくらいゲットできるかも」という欲が出る。頼朝の場合も、実際に天下をとってしまうまでは、日本という領土はひとりで治めるには広すぎると思っていたということですよね。

東島――歴史的に見ると、日本をひとつに統合するのは無理だという感覚がまずある。古代の、いわゆる大化の改新のときに東国国司を派遣して以来、ずっと東国をどうするかという問題がありました。また古代天皇の即位宣命には「天《あま》つ日嗣高御座《ひつぎたかみくら》」に対する「四方食国《よもおすくに》」という対概念が出てきます。中央が地方を服属させるのは容易ではない。だから畿内統治と畿外統治はダブル・スタンダードだ、とする大津透さんの見解が出てくるわけです。[17]

日本列島は狭いように見えて、東西に細長く拡がっているので、意外と統一的に支配するのは難しい。東国問題だけではなく、西国も相当厄介です。そもそも古代の駅制では、東海道よりも、九州、大宰府《だざいふ》に通じる山陽道のほうが重要視されていたわけですね。実際七四〇年に九州で藤原広嗣《ふじわらのひろつぐ》の乱が起こるや中央はあわてふためくわけですが、それはまだかわいいくらいで、中世にいたっては、九州は半独立状態の様相を呈し、一四世紀には「当時本朝の為体《ていたらく》、鎮西九国ことごとく管領《かんれい》にあらず」なんていう始末です。[18] 戦国時代の天下統一過程でも、島津をつぶすなんてそもそも無理だろう、という感覚すらある。

だから日本列島はもともと統一支配には向かず、頼朝が当初考えた三分、二分統治のように、ブロックに分割して統治しようというのはごく自然な発想なんですね。室町時代についてはさきほど與那覇さんも言われたように、京都の将軍と鎌倉の公方が並び立っていて、関東公方は「関東分国」において京都の将軍と同じ権能を持っていました。越後国（新潟県）・信濃国（長野県）・駿河国（静岡県）をつないだゾーンは、地質学で言うところの中央地溝帯（フォッサ・マグナ）にあたりますが、そこは室町時代からすでに関東との「国境《くにざかい》」の国々と認識されていたわけです。[19] しかも京都側の国境認識と実態にはズレがあって、駿河国の東部や越後国は、実質的には関東側に属していましたので、ますます中央地溝帯と重なってきます。

東日本大震災直後に、電源周波数の違いによる電力融通の「壁」が話題になりましたが、東日本の五〇ヘルツ、西日本の六〇ヘルツという境界線の起源は、じつに室町時代（駿河国については鎌倉時代）にまで遡《さかのぼ》るというわけです。つまり、実際の歴史でも、それこそフォッサ・マグナとほぼ重なるかたちで国境が形成されていたんですね。これは事実上、列島上に国家が複数あるのも同然なので、大名がそれぞれに国づくりをはじめる戦国時代は、もうそこまで来ている状態です。

実際戦国時代を準備したのは、東西に二人の公方が並び立つ構造でした。「羽翼両輪《うよくりょうりん》」と呼ばれた足利義詮《あしかがよしあきら》・基氏《もとうじ》兄弟が並立された時点では、もちろん列島支配の安定化の意図あってのことでしたが、彼らが年同じくして一三六七年に死んで以降、次第に両公方は対立を深めていくことになります。関東公方足利持氏《もちうじ》が京都に弓を引いた永享《えいきょう》の乱（一四三八年）、そしてそれを引き金とする関東動乱の歴史は、起こるべくして起きた。

與那覇―日本全体を見ると、「東西に分ける」という発想自体が一種のバッファーであって、歴史的にはそちらのほうが常態である。逆に、ひとつに統合できる（すべき）と思い込むほうが、なんらかのショックに対応して発生する「例外状態」なのかもしれない。昨今の道州制論の起源として見ても、興味深いです。

東島――列島の東西分割統治は、源平争乱時に頼朝・義経兄弟のあいだですでに行なわれようとしていました。ところがこうした頼朝の構想は、義経を滅ぼすことによって短期間のうちに消滅してしまい、まずは東国支配をということになっていきます。このため鎌倉幕府が西国に本格的に手が出せるようになるのは、教科書的に言えば、一二二一年に承久《じょうきゅう》の乱が起こり、六波羅探題《ろくはらたんだい》が設置されてからだということになります。

　頼朝が目指した政権を「東国国家」と見なす議論は、佐藤進一さん以来の東大中世史学の伝統ですが[20]、この流れをくむ五味文彦さんや本郷和人さんは「国家」という言葉づかいに躊躇《ちゅうちょ》されて「二つの王権」というように言われています。しかしながら私自身は、頼朝には「二つの国家」という意識が充分にあったと考えているんですね。

そもそも古代国家の導入した律には、国家反逆罪の二つのタイプが定義されていて、「謀反《むへん》」は「いうこころ、国家を危うくするを謀る」、「謀叛《むほん》」は「いうこころ、圀《くに》（国）に背き、偽に従うを謀る」であって、本来まったく別の犯罪でした。つまり前者は自国家の転覆、後者は二心をいだき、他国家へ通じる行為を指す。言い換えれば前者は単一国家内で起こる反逆罪、後者は自他二国家間で起こる反逆罪です。

　中世になると両者が混同されていくと一般には考えられていますが、明法道《みょうぼうどう》（法律学、律令制下、大学寮に設けられた四学科のひとつ）を専門とする家の出身者がその差異を知らないわけはなく、実際、頼朝政権は一一八四年三月、中原《なかはら》（大江《おおえ》）広元《ひろもと》を書記官に迎えたときに、その事実に目覚めたわけです。[21] どういうことかと言いますと、頼朝の意に逆らう行為を、意図して「謀反」と言った場合は国家はひとつ、つまり頼朝の権力はあくまで朝廷を中心とする国家の番犬でしかないということになりますが、意図して「謀叛」と言った場合は国家は二つ、つまり朝廷を中心とする国家の外側に自己の権力を置き、頼朝政権そのものをもうひとつの国家として定義したことを意味するわけです。

　そしてじつは、広元を迎えて以降、まずは意図して「謀反」という言葉のほうを選択し、厳密に用いるようになるわけですね。没官というのは律に規定された謀反に対する付加刑ですから、義経が検非違使の資格において、伊勢の乱の関係所領を没官していくには、当然「謀反」と言う必要があったわけです。ですので、最も有名な頼朝発給文書として知られる一一八五年の下文《くだしぶみ》[22]では、前年の伊勢の乱を「謀反」と明記しています。頼朝への敵対者を倒すには、「朝廷に対する反逆行為だ」という方便がまずは有効で、そもそも義経を検非違使にしたのもそのためだったわけですね。

しかし敵対者の所領を取り上げ、武士が地頭《じとう》として現地を管理していくしくみが既成事実化していくと、いよいよ検非違使義経の存在は不要というわけです。かくして義経排除が完成する段階になると、頼朝への反逆をもはや朝廷への謀反だと言う必要もない。それで翌一一八六年六月以後、鎌倉幕府への反逆を表現する場合は、謀反とは区別して「謀叛」、また鎌倉幕府による所領接収は、没官とは区別して「没収《もっしゅ》」と言うようになるわけです。ですので鎌倉幕府の誕生はズバリ、一一八六年で決まりですね[23]（笑）。

時代が進むと「主上（天皇）御謀叛」なんて言い方はあたりまえに出てくるわけですが、これは本来、律令国家ではありえない表現なんです。幕府を朝廷と並び立つ「国家」と表現しておかしくない状況は、頼朝と広元によって周到に準備されたわけですね。

與那覇――「謀叛」と記す行為は、頼朝たちが内心で、国家の複数性を主張していることの表れとして読み解けると。「幕府国」と「朝廷国」の二カ国が併存していて、後者に通じて前者に弓を引くのが謀叛だという認識だった。

つまり、日本列島の全域を「一カ国」とはかならずしも思っていなかった。となるとこれは今日の日本の起源というより、むしろわれわれが忘れ去ってしまった感覚だということになります。それこそ橋下徹さん（大阪市長）だって「道州制だ」とか「大阪都だ」とは言うけれども、「独立だ」とは決して言わない。

東島――しかしどうでしょう、いわゆる「新しい中世」[24]の議論は、日本史での分野では本格的に論じられてきませんでしたが、もしも私が言うところの「中世に向かう現代」[25]が現実化していくとしたら。そうした「感覚」が復権する可能性ははたしてないと言えるかどうか。

二〇世紀末には近代批判の最終版と言うべき、〈国民国家〉批判や〈単一民族神話〉批判が、論壇で大流行しましたよね。そうした論調はいまやブームが去った感がありますが、それは国民国家ベースの世界が現実に終末を迎えることによって陳腐化したということでしょう。ところが、ネグリ＋ハートの『〈帝国〉』のようなかたちで国民国家以後の世界秩序のもとに日本史が論じられることはあっても、時計の針が国民国家以前に戻ったというふうには論じられてこなかった。そこで颯爽と登場したのが、與那覇さんの『中国化する日本』だったはずです（笑）。

戦後歴史学が求めた統治権の理想

東島――鎌倉幕府の御家人制は、律令国家の常備軍である「軍団」とどこが違うのかという、その昔東大入試に出た懐かしい問いがありますが、それは非常に単純な話で、武士で作った軍隊か農民で作った軍隊かということに尽きています。武士で軍隊を作るには、主従制、つまり主人と従者のパーソナルな関係によって組織すればよい。

では農民で軍隊を作るには？　それにはインパーソナルなしくみ、つまり制度によって徴兵して訓練するしかないわけです。その制度とは何かと言えば、戸籍です。古代国家は成人男子である正丁《せいてい》が三人含まれるように一戸を編成させ、そこから一人を兵士《ひょうじ》として徴兵できるようにしたわけですね。第一章でも述べましたように、パーソナル（人格的）な支配とインパーソナル（非人格的）な支配というのは、マックス・ヴェーバーの『支配の社会学』の基本的な用語で、石母田正《いしもだしょう》や佐藤進一さんを頂点とする戦後の古代・中世史学に、多大の影響を及ぼしました。

與那覇―彼らが築き上げた日本中世史の分野では、パーソナルな支配のほうを「主従制的支配」、インパーソナルな支配を「統治権的支配」と呼んできたわけですね。この二つの理念型で、政治過程を捉えてきた。

一般には、社会制度がパーソナルな紐帯に依存しなくなってゆくことを、近代化と言いますよね。お役人さまのお友達だから優遇される国よりは、規定の書式にしたがって届け出れば誰でも均等なサービスが受けられる国のほうを、文明的で進んでいると感じる。

だとすると、律令制が崩れて武家の御家人による支配になったというのは、歴史の進歩というよりも退歩だったのでしょうか。古代日本にとっての律令の導入とは結局のところ「背伸び」で、実態としては天皇につらなるパーソナルな人脈が権力を構成していたという、まさしく前章の論点ともかかわってきますが。

東島[26]——そう、そこをどう考えるかが、戦後歴史学のパイオニアたちの中心テーマだったわけです。まず前半の話から言うと、戦後民主主義のなかで、未開から文明へという図式には、あるジレンマがあって、そのことに最も鋭敏な感性で反応したのが石母田ですね。石母田正が一九六二年に書いた論文「古代法」と、一九七一年に上梓した『日本の古代国家』のあいだには、大きく問題が再構成されているのですが、[27]それがこのジレンマに起因するものだったわけです。

日本社会における民主主義的意思決定の弱さという問題を歴史的に考えようとする場合に、君主によるパーソナルな支配というのは、まさに未開そのものです。このため論文「古代法」では、日本社会における〈インパーソナルな要素〉の未成熟を問うという構えになっていたわけです。しかしインパーソナルな要素の導入を単純に文明化と見なしてしまうと、律令制国家の誕生万歳ということになってしまいかねない。

『日本の古代国家』の執筆過程でこのジレンマにぶつかった石母田は、インパーソナルな要素一般の不在ではなく、〈民会《みんかい》の不在〉というように、本来のモチーフをいっそう明確に議論に組み込んでいったわけです。と同時に、律令制というインパーソナルな要素の導入にあっても、第一章で「古い型の省」の話をしましたように、そこに既存の〈パーソナルな要素〉がいかに巧妙に継ぎ足しされているかも浮き彫りにしていったんですね。

こうした石母田のモチーフを中世史において展開されたのが佐藤進一さんだったわけで、簡単に言えば、主従制しか頭になかった武士たちが、統治権的支配権に目覚めていく過程と言っていいでしょう。そこに「合議と専制」というモチーフが組み込まれているのも、石母田と同じです。

そもそも主従制というのは、武士にとっては制度化するまでもない制度だったわけです。たとえば、一一九三年五月、源頼朝は酒宴の席上、当年三七歳の寵愛《ちょうあい》の武士、里見義成《さとみよしなり》を遊君別《ゆうくんべつ》当《とう》に任じるわけですが、これは要するに座興なんですね。[28] だから、これをもって「鎌倉幕府は遊女の統括責任者として遊君別当を設置した」なんていうと、ひどく実態と乖離《かいり》した説明になってしまうわけです。しかしながらいっぽう、人事というのはしょせんは酒席の座興、つまりパーソナルな関係で決まるのだということもまた、やりとりの背後には透けて見えるわけです。

だとすれば、パーソナルなつながりがすべての世界だったのが、インパーソナルな〈文明〉に遭遇したときに、さあどうするか、というのは繰り返すと見たほうがよいでしょうね。

與那覇―雑駁に言えば、主従制的な支配とはヤクザみたいなものですよね。親分子分や兄弟仁義の関係で、個人的な親密さだけに基づいて物事が決められていく。逆に、そういう主従制的支配から少しでも離脱して制度らしきものを作ろうとすると、中国モデルで入ってきた何か（たとえば律令）を利用せざるをえない環境に、前近代の日本は置かれていたと。

いっぽうで、この問題とさきほどの二重王権的なバッファー機能とは、どうかかわるのでしょう。たとえば、ヤクザの親分肌で義理と人情の世界をまとめ上げる主従制的な武家の棟梁と、ある程度は非人格的に運用される制度を通じて、統治権的に粛々と実務を執行していく朝廷、といった対比は成り立つのでしょうか。

東島――そもそも二重王権がバッファーと言えるかどうかですね。鎌倉時代でバッファーと言うと、私だったらまっさきに連想するのは、執権に対する連署《れんしょ》（執権とともに鎌倉幕府発給文書に署判する）の地位です。たとえば高麗《こうらい》の使者が到来して元寇《げんこう》の足音が聞こえてきた一二六八年に、それまで連署だった一八歳の北条時宗《ほうじょうときむね》がいよいよ執権になり、執権だった大叔父の政村《まさむら》が連署に転じる、なんて事例を。[29]これこそまさにバッファーです。

ところが與那覇さんの場合は、どうやら朝廷と幕府というように、従来対立的に見られていたものがじつはバッファーとして補い合っていたというところに、力点があるわけですね。もしそうだとしたら、それは東国国家論ではなく、権門体制論のように日本列島に単一の国家が存在した、という前提に立つことになりませんか。まあ、「二つの王権」論のような一種の〈楕円理論〉の場合は、中心は二つ、国家は一（もしくは限りなくゼロ）、というように考えるんでしょうけど。

では私の考えはというと、分析の仕方として、主従制あるいはパーソナルな支配を幕府に、統治権あるいはインパーソナルな支配を朝廷に、というように割り振る議論はまったくとりえないですね。それはたとえば、三世紀の倭国連合の構造を見るに、邪馬台国を聖権、伊都国《いと》（連合諸国を検察する一大率《いちだいそつ》が置かれたとされる）を俗権、と割り振ってもさして有効な見通しが得られないのと同じです。幕府が政権としての体裁を保つには主従制だけでは無理で、統治権的支配なしには機能しません。いっぽうの朝廷も同様です。

ヴェーバーの〈理念型〉というのは、日本史家のあいだではしばしば誤用されているけれども、この政権はこっちというように分別するゴミ袋ではなく、あくまで差異を示すためのものさしですからね。だから、ある政権の支配構造の分析にひとつの理念型しか用いていない叙述があったとしたら、それは相当いかがわしい学説だということになる。ここまではこう、そこはそう、というような複数のものさしが組み合わされて、初めて複雑な支配の構造を浮き彫りにすることができる。そしてその構造の動的な変化も叙述しやすくなる。それが理念型分析の利点なわけですからね。

與那覇―理念型とは本来ヒューリスティック（問題発見的）に活用することに意義があるのだから、「ジャンル分け」に使うのは邪道だと。以降、肝に銘じたいと思います。

東島――鎌倉幕府を例に説明しますと、佐藤進一さんが指摘されるように、北条氏は主従制の頂点に立てない（血統重視の社会であるため将軍にはなれない）からこそ、統治権の分野（御家人の合議に基づく執権政治）で活躍したわけです。[30] なかでも有名なのが、寛喜《かんぎ》の飢饉（一二三〇年）時の徳政（善政）に心を砕き、御成敗式目《ごせいばいしきもく》を制定した北条泰時《ほうじょうやすとき》ですね。ちなみに五味文彦さんの場合はもう一段議論を分けて、北条氏自身にも「公方」的側面（＝インパーソナルな支配）と「御内《みうち》」政治的側面（＝パーソナルな支配）の二面があったと論じられています。[31] 最近は細川重男さんのように、北条氏は将軍に「なれなかった」のではなく「なる必要がなかった」なんて言う人もいますが、[32] 戦後歴史学があれほど大事にしてきた、血統重視で種姓《しゅせい》観念の強固な社会をいかに克服していくかというような視点は、華麗にスルーされていますね。

與那覇―幕府にせよ、朝廷にせよ、あらゆる支配機構には「主従制」と「統治権」の両面がある。「将軍と執権」のような二頭制のバッファーは、同一機構の内部で、それぞれを別の人が取り仕切る形態としてまずは発生するが、さらにその内側にも二面性があるのですね。

貞永式目はマグナ・カルタか

東島――佐藤進一さんが、もう半世紀以上も前の一九六〇年に提示された「主従制的支配権」と「統治権的支配権」というのは、基本的には室町幕府の開創期に、足利尊氏と直義の兄弟が分かち持った権限をそう命名されたことにはじまります。[33] この分担関係は、尊氏がどの文書を出し、直義がどの文書を出しているかを分析した結果明らかになったもので、いまなおその鮮やかさは色あせることがありません。ですが、そこをあえて、もっとわかりやすい言葉にかみ砕くならば、「政治向きのことは、武士たちを束ねるトップとは別の人がやるほうがよい」と考えられていた、ということに尽きるかと思います。

なぜそうなるかというと、武士の社会のベースにあるのがパーソナルな関係だからです。御家人Aと御家人Bが対立した場合、AもBも、将軍との主従関係をパーソナルに（一対一に）結んでいるわけですから、将軍がどちらかに肩入れするわけにはいかない。したがって将軍自身が親裁《しんさい》することはできれば避けたいところです。だとすれば、訴訟担当は別に作ったほうがいいということになる。だから尊氏は、訴訟を裁許する「下知状《げじじょう》」を一切出さず、もっぱら弟直義に委ねたというわけです。

與那覇―そうすると気になってくるのは、西洋の近代社会との対比です。理念としての西洋的な近代化とは、社会秩序のなかから主従制の原理を排除して、統治権の原理を一〇〇パーセントにする試みですよね。典型的には、「法の下の平等」がそれにあたる。「裁く人と仲良しかどうか」といったパーソナルな要素が判決に一切影響せず、ルールがインパーソナルなかたちで執行されるのが、法治国家の理想像です。だからこそ、戦後日本で西洋的な市民社会の定着を願った歴史家たちは、日本史のなかに「統治権的支配」の根を探してきたのだ、というのが、東島さんの史学史のモチーフなわけですね。

　言い方を変えると、トラブルがあった際の調停者を「尊氏でなく直義に委ねました」ではなくて、「人ではなく法が裁くのだ」というかたちに抽象化したところが、西洋的な近代社会のユニークさになっている。こうして、価値判断の究極の根拠としての裁定者を非人格化できるかどうかで、ヨーロッパ的な近代化と、それ以外の道とが分かれるのではないでしょうか。

　大澤真幸さんなら「第三者の審級」[34]と呼ぶのかもしれませんが、とにかく西洋では社会において〈客観的〉な公平さの水準とされるものを、特定の人格から徹底的に切り離して、抽象的なルールだと定めた。「この裁判官だったからこの判決でした」ではだめで、誰が裁こうが「法」それ自体が適切な秩序を作っていくものと観念されなければならない、と。

　しかし日本や中国の場合には、いかに統治権的支配といっても、どこかで人格的なものが入ってきてしまうのではないでしょうか。徳治による裁定とはまさにその典型で、徳の高い天皇や皇帝（ないしその代理人）だからこそ、その裁きに正当性が生まれるという理屈になる。「あの人のお裁きだから」判決を受け容れるのであって、別の人ではだめというのでは結局、法ではなく人にしたがっていることになります。

東島――いま言われた、裁定者を非人格化できるかどうかが問題というのはあたっていて、統治権的支配がシステムとして回りはじめるまでは、まずは直義のような一個の人格によって担われることが有効だった。[35] だから統治権的支配に人格的支配が入ってくるのでは、という與那覇さんの疑問は至極当然なご意見だと思います。

しかしこれはおそらく、主従制と統治権という概念セットの曖昧さによるものだと思います。これまでも、「本来論理レベルの違うものの抽象化」[36] などと評されもしてきました。佐藤進一さんのヴェーバーへの造詣については、折原浩さんからもうかがったことがありますが、にもかかわらずと言うべきか、むしろそれゆえと言うべきか、ヴェーバーそのものではないんですね。統治権的支配と非人格的支配は重なるけれどもイコールではない。主従制的支配と人格的支配の場合はそこまで深刻なブレはないわけですが。しかしながら、このブレをわかったうえで用いる分には、主従制と統治権というのは、中世史を記述するうえできわめて有効な理念型となってきたのも事実です。

與那覇―統治権的支配といっても、そこから人格的要素がゼロにはならないわけですね。どこかで、「主従制的なパーソナルなつながりに左右されず、インパーソナルに裁定をしてくださる〝人〟」＝理想化された統治者が、担い手として召喚されてしまう。それが直義のように「主君の近親者」というかたちをとるか、それとも天皇のように「執政者とは別の権威者」というかたちをとるかは、時代に応じて変わると。

近代史の眼から見ると、気になるのは後者のパターンですね。戦前なら「元老や政党は私利私欲で動いているが、聖上《せいじょう》は公明正大だ」という一君万民の幻想があり、現在は「総理大臣の施政方針演説は政府与党のビジョンだけれども、陛下のお言葉は中立だ」とする象徴天皇制がある。王というものを超えるかたちで、非人格化された「第三者の審級」をいつまでも作れないというか、むしろそういう審級を要請すればするほど、（統治権の裁定者としての）王権が強化される構造がある気がします。

　ヨーロッパで法の支配の起源と呼ばれる要素はいくつかあって、ひとつは王に対して自律性の高かった封建貴族の所有権。彼らが身分制議会での法制定を通じて、王様であっても法にしたがわせることで、法を王よりも優位な地位に位置づけた。もうひとつは、キリスト教ですね。ヨーロッパの場合は俗権が分裂しすぎていた分、地域を越えて共有されるルールを教会法が担ったとされています。

　先日、対談した池田信夫さんは、山本七平が鎌倉幕府の貞永式目《じょうえいしきもく》は英国ふうのコモン・ローに近い統治をつくっていたと書いたのを引いて、それがそのまま発展する道はなかったのかと残念そうにしていたのですが、[37] これはどうなのでしょうか。

東島――貞永式目どころか七世紀の十七条憲法にさえ、なんて議論を経済学者アマルティア・センがしていますね。『人間の安全保障』に入っている二〇〇三年の論文では十七条憲法を「非常にリベラルなもの」と呼び、「六〇〇年後の一二一五年にイングランドで調印されたマグナ・カルタにも似た精神」を持つとまで言っています。じつはこれ、彼お得意の話なんですが、さすがにこれは微笑ましいというか……。

與那覇——自民党の改憲派は喜びそうですけど、日本人はその種のリップサービスを真に受けないほうがいいですよね。王が臣下に説教する十七条憲法と、臣下が王に同意を迫ったマグナ・カルタとでは、ベクトルがまるで逆ですから。

東島——これは手厳しい（笑）。では、いっぽうの中世法はどうなのか。貞永式目その他の鎌倉幕府法が、同時期のマグナ・カルタのように王の専横を抑制するものだったのか、というと、これまた結論的には難しいと言わざるをえないわけです。しかしながら、可能性自体はあったのでは、という議論ならば、中世史研究の王道のなかに連綿とあるんですね。

たとえば笠松宏至さん以来、裁判手続きの二つのタイプ、すなわち理か非かをキチンと審理する「入理非《いりりひ》」と、実質審理省略の「入門《いりかど》」との相克[38]と言われるように、鎌倉幕府法において「理非」に拠る裁断は、理念化されつつも主流になりえなかった「鬼っ子」だとするのが有力な議論です。これは佐藤進一さんのように、合議か専制かを問うことで執権政治を高く評価する戦後歴史学の、それこそ「申し子」と言ってよい。

ところが新田一郎さんは、入理非と入門は対立概念でなく、即決できるだけの「切り札」があるかを審理するのが入門、なければ入理非になるとされ、入門手続きにおいてさえ、一般的な有効性を持つかどうかを意識した「肝要の沙汰」のような規範が、未熟で過渡的ながらも胚胎《はいたい》してきていると言われていますね[39]。つまり、笠松さんよりさらに踏み込んで「法の支配」の可能性を見ようという議論です。

與那覇——統治者の無根拠な専断に委ねるのではなく、それなりに法的な一貫性を追求するアカウンタビリティの芽はあったということですね。

しかし日本史の場合、「(漢語としての) 封建制はfeudalismとは異なる」という言い方もされるように、武士の土地所有権が西欧の貴族ほど強くなくて、主君からの御下賜品《ごかしひん》、預かりものだと観念されてきた節《ふし》がある。[40] だとすると、そこから非人格的な法の権威が、主君の意志をも超えて秩序を作る社会への発展は、難しかったということになりますか。

東島―― いや、武士の土地所有権を主君からの御下賜品だ、とするのは古い見方ですね。武士の主従関係における「御恩」とは、軍功をあげることで貰えるような「新恩」だけではなく、武士がもともと持っていた所領、すなわち本領の「安堵」がかなりの部分を占めていますからね。また本領安堵と対をなすものに当知行《とうちぎょう》安堵がありますが、これは、本領主(根本の知行主)ではなく現在の知行主の権利を認めるものです。

つまるところ安堵は、誰がその土地の所有者か(本領主か当知行主か)を決める紛争解決の様相を呈してきますから、[41] 尊氏の主従制的支配権ではなく、直義の統治権的支配のほうに属しているんですね。ですから、主従制的な「御恩」から切り離された土地の所有意識なんていうのは、一四世紀であればごく普通にあるわけです。安堵が主従制を脱していくのは、すでに鎌倉時代後期に兆候があって、安堵申請の事実を守護が国内に触れて異議申し立てを促す、なんていうのはその例ですね。

こうした事情から法制史の世界では鎌倉時代後期に大きな画期(国制史的変容)を見ようとするわけですが、ではそこから近代、現代までどうつながってくるのか(あるいはどうつながらないのか）と問おうとすると、新田さんの議論ではいまひとつ道筋が見えにくい。

與那覇──たしかに、どうせ預かった土地だからと大名が幕府の命令で国替えさせられるのは、武士が土着せずサラリーマン化した江戸時代の話ですよね。その意味では鎌倉時代の武士のほうが、西欧の封建領主に近かった。実際、本郷和人さんの『天皇はなぜ生き残ったか』では、鎌倉王権のほうがある程度、法の支配に近いところがあったと書かれていますよね。御成敗式目を作って、過去の判例とも照らし合わせて、それを根拠に判決を出していたと。

しかし本郷さん曰く、それに対して京都の朝廷や治天の君は、徳治で裁判をするところがあったという。文殿衆《ふどののしゅう》と呼ばれる朝廷の訴訟担当者は、判決の根拠として律令を持ち出すのではなく、むしろ社会通念とか主張の一貫性・整合性といった「道理」の有無に依拠することがもっぱらだった。武家政権と異なり暴力装置＝裁定を執行する物理的な強制力を欠いているからこそ、アカウンタビリティを獲得するために、「ものの道理、社会の通念」といった民意の風を読まなければならなかった、と言うのですね。

いまも日本人にはどこか、法で守ってもらえるのは「どうせ一部の有力者の既得権のみだ」と思っている節があります。まあ実際「安堵」というのは既得権そのものだし、そもそも西欧でも法の支配はそこにルーツがあるわけです。ところが日本の場合、そういう既得権や既存の法令の積み重ねを超越して、「法外」なかたちで普遍的な正義を執行してくれる救済者を待望するところがあって、戦前の天皇幻想もその表れですよね。主従制と統治権とはどうつながるのかわからないのですが、たとえばその起源を、鎌倉に対する京都という「もうひとつの王権」に探ることはどこまで可能なのでしょうか。

東島――早い話が、民意の側が「法の支配」より「徳治」を求めたので天皇が存続できた、ということですか。鎌倉幕府の訴訟と朝廷の訴訟を比較するに、もともと主従制をベースにしていた分、かえって鎌倉幕府のほうが、「法の支配」たらんことを目指していた。でもその法の支配は日本社会ではしょせん無理な話だと。

　戦後歴史学は、朝廷支配を相対化しうる原理として鎌倉幕府の法の支配に可能性を見出そうとしてきたけど、じつは鎌倉幕府が法の支配を目指したことが、かえって天皇の延命につながったという話ですね。話としてはおもしろいんですが、それを言うには、民意の側が幕府の訴訟を嫌ったということが論証されなければなりませんね。そもそも訴訟の当事者になれる以上の人だけで「民意」と言えるのか、という点もある。

　あと、中世史の専門外の人から見ると、鎌倉幕府というのは時代を通してのっぺりと主従制＋統治権の権力構造だったと見えるかもしれないけれど、実際にはこの間、専制（将軍親裁）→合議（執権政治）→専制（得宗《とくそう》専制）というように姿態を変化させ、主従制のウェイトの重い時期もあれば統治権のウェイトの重い時期もあるわけです。そうなると、幕府訴訟と朝廷訴訟の分岐点をそのどの時点に見出すかを示す必要がありますね。たとえば元寇に際しては、幕府の側だって相当民意に配慮していますね。安達泰盛《あだちやすもり》が主導した弘安徳政《こうあんとくせい》がそうです。

元寇が領域国家の起源

東島——じつは、元寇のような統治権的支配の力量を問われるような一大危機に際しては、幕府も朝廷もアカウンタビリティを前面に、政権としての説得力を高めようとしていたというのは、ほかならぬ本郷和人さん自身が早くから言われていたことです。鎌倉幕府のほうは弘安徳政があるけど、朝廷のほうだって亀山《かめやま》院政による朝廷訴訟の整備のようなかたちで、民意に応えようとしていたというふうに。[42]

與那覇—元寇も、さきの大戦末期に神風だと言って国民を煽る素材に使われたことの反動なのか、歴史的な意義があまり伝えられていない出来事のような気がします。もちろんモンゴル帝国の使者を斬り捨てるといった失策はやったわけですが、日本史上でほとんど唯一の「被侵略戦争」の経験ですからね。白村江《はくそんこう》の戦い（六六三年）のときは百済《ひゃくさい》を救済しにこちらから出向いているし、さきの戦争の本土空襲は日本が中国大陸、真珠湾と手を出した結果、起きたことですから。とにかく巨大な外国が一方的に本土まで攻めてきたというのだから、相当なインパクトを社会に与えたはずですよね。

東島——教科書的には、ほかに刀伊《とい》の入寇（一〇一九年、女真族が対馬・壱岐・筑前国を攻撃）や応永《おうえい》の外寇（一四一九年、朝鮮国軍が対馬島を倭寇の根拠地と見て攻撃）もあるわけですが、語りの起源となるのはやはり元寇です。

與那覇──古代からずっと見てきた、中国と異なり「国家にアカウンタビリティが不要な日本」とは、そもそも国の内部で（中国と比べるとずっとぬるい）内輪もめをしていて豪族連合政権状態であるか、対外的にもおおむね平和で強力な国家統合の必要を感じないか、という状況の産物だった。しかし、そこにモンゴル軍が攻め込んでくるという究極の「外圧」が来る。その結果として国家大でのアカウンタビリティの確立、すなわち主従制的なウェイトから統治権的なウェイトへのシフトが起きた、と理解していいでしょうか。

東島──文永《ぶんえい》の役《えき》（一二七四年）のあと、博多湾岸に石築地が築かれ、九州の御家人を中心に異国警固番役が割り当てられていくのはよく知られていますね。古代で言えば、白村江の戦いのあとに水城《みずき》や朝鮮式山城《やまじろ》が造られるわけで、百済を滅ぼした唐というのは、とてつもない脅威だったわけですね。なにしろ百済は、仏教伝来をはじめ、いわば文明の入り口だったわけです。その百済ですらということになると、これはひとたまりもない。

　では、古代の国防と中世の国防はどこが違うのか。さきほども議論した、「鎌倉幕府の御家人制は、律令国家の常備軍である軍団とどこが違うのか」という問いへの答えで、いちおう説明できそうにも思えるのですけれど、じつはそこから、もう一歩進める必要があるんですね。つまり元寇は、御家人制だけではもはや対処できないということが明らかになったわけです。元寇の足音が聞こえてきたくらいの段階であれば、鎌倉幕府は関東御教書《かんとうみぎょうしょ》（執権・連署が将軍の意を奉じて出す文書様式）で関係諸国の守護に命じ、守護は管国内の御家人を指揮して防戦にあたればよかったのですが、いざ攻めてきたら、国内の御家人だけではなく、非御家人、つまり「本所・領家一円地の住人ら」と呼ばれるような荘園領主の支配下にいる人たちをも戦時動員する必要が生じるわけです。

　御家人ならば鎌倉殿の人格的支配下にあるわけですから、動員は簡単ですが、鎌倉殿と主従関係にない人たちを動かすにはどうするかを考えなくてはならない。安達泰盛の主導下に行なわれた、いわゆる弘安徳政は、こうした状況に対応したもので、幕府の外部の人々への配慮、とりわけ九州の人たちを優遇するというのが政策の基調ですね。


與那覇—外圧のショックに対応するための戦力が、主従制のパーソナルな「御恩と奉公」の関係で動員できる範囲を超えてしまったことで、新たな支配原理が必要とされてくると。とするとここで見出すべきは、じつは領域国家ないしナショナリズムの起源ではないでしょうか。

　絵画史料論の分野を確立された黒田日出男さんの『龍の棲《す》む日本』に出てくる金沢文庫「日本図」の背景も、元寇ですよね。海外から侵略されるという対外的緊張の下で、龍が守るように日本列島を囲んでいる絵図ですが、つまりこの時点で「この範囲がわが国です」というイメージはできている。安達泰盛の政策が示すように、防衛戦争を通じて「挙国一致」が成立したと言えそうな実態もある。新田一郎さんが「中世に国家があった」[43]と論じる際にも、同じ絵図が重視されていたゆえんでしょうね。

　九〇年代の国民国家論では、私の博士論文のテーマでもあった琉球処分とか[44]、北海道のアイヌ同化政策などを取り上げて、「領域国家が成立したのは明治のことであり、〈日本〉は近代の発明だ」という論じ方がなされましたが、これはかなり浅薄な議論ですね。むしろ日本なるもののコアなイメージは元寇のころにすでに創出ずみで、あとはそれが実体化されて、より稠密《ちゅうみつ》な支配ができるようになっていき、最後に北海道や沖縄までをも飲み込んだタイミングが明治だったというべきでしょう。

近世までは「国」の語がもっぱら藩のことのみを指したというのも誤りだと、渡辺浩先生が書かれていますね。[45]「唐人」に対する日本人という自己意識も、出入国管理や住民登録など「領域主権国家」と言ってよいレベルの政治統合も、江戸時代から存在していたと。逆に、明治以降の近代化にともなって初めて獲得されたと言われる「主権者としての国民意識」のほうは、いまも定着しないままです（笑）。

むしろ注目されるのは、小川和也さんが近世領主層の政治テキストだった「牧民之書《ぼくみんのしょ》」（一三三八年初版の漢籍『牧民忠告』およびその訳注書）の分析から、古代律令制の下での「国郡里制」の意識は幕末の大名にまで受け継がれており、だからこそ速やかな版籍奉還・廃藩置県ができたのだと示唆していることです。[46]国司を畿内から派遣した古代のアナロジーで、官選知事が東京から送り込まれる中央集権化を理解できたということですね。この意味でも、統合された国家としての「イメージ」の起源は古代からあり、大名領ごとの分割統治ながら「支配の実態」も近世にはともなうようになってきて、明治維新は両者を合流させただけ、と考えたほうがいいと思います。

晩年の網野善彦が小熊英二さんのインタビュー[47]に応えて言ったように、「たかだか近代の産物だから、〈日本〉なんて簡単に否定できる」という態度は、日本が持っている歴史性の深みにかならず足元をすくわれる。そこは近代史家として、いつも気をつけたいなと思っています。

南北朝は何を転換したのか

與那覇——さて、こうすると日本史上における中世の位置づけがややこしくなってきます。頼朝は義経を、尊氏は直義を最後は征伐して二頭制を解消し、また元寇のころからプロト・ナショナリズム的な国土のイメージもできてくるとすると、中世は日本列島が「統合」へ向かう時代として把握される。しかし、八〇年代以降の社会史ブームで注目されてきたのは、むしろ日本的なるものからの「逸脱」の時代としての中世像だったと思うのですが、そこはどうご覧になりますか。

東島——「下剋上」「バサラ」「かぶく」——このキーワードから連想される時代はいつですか、と学生に聞くと、まあ十中八九「戦国時代」という答えが返ってくるわけです。『南北朝BASARA』なんてゲームを作ってもおよそ売れそうにない(笑)。しかし、この三つのキーワードはそのまま、一四世紀の南北朝時代のキーワードでもあるわけです。南北朝時代もまた、戦国時代と同じぐらい、世の中がひっくり返る可能性を持っていた時代だった。

この南北朝時代を日本史上の一大転換期と捉える見方は、宮崎駿さんのアニメ作品に多大な影響を及ぼした網野善彦がとっている立場です。網野はこれを「民族史的転換」と呼びました。古代、中世、近世、近代……、あるいは奴隷制、農奴制、資本制……というふうに発展段階的に歴史を捉えるのではなく、人々の生活や物の考え方の歴史というものが、ある一カ所で大きく変わるとすればどこかと言ったときに、南北朝時代を選んだわけです。

與那覇――網野自身の意識とはズレがあったようですが、網野史学の日本中世史は、阿部謹也《あべきんや》の西洋史とか二宮宏之さんのアナール学派紹介などと合わせて[48]、社会史的な〈われら失ないし世界〉の復元の試みとして受容されましたよね。荘園や農村のような、後世からでもなんとなく想像できる農耕定住民の伝統社会のあり方とはまったく異なる、悪党《あくとう》や遊行民《ゆぎょうみん》の世界を描き出したのだと。

しかし網野本人の言う「民族史的転換」、ないし「文明史的転換」とは、そういういまや忘れ去られてしまった時代の徒花《あだばな》が咲き誇りました、というニュアンスではかならずしもない。むしろ移動の自由であるとか、商業・金融の発展だとか、やがて資本主義社会の前提になる要素が一気に噴き出してくるという趣旨ですよね。ただその時期が南北朝だというのは、網野の叙述をもってしても、正直わかりにくい。

最も広く知られた『無縁・公界・楽』にしても、普通に読めば心に残るのは堺の自治都市であるとか、戦国時代の無縁所といった「共同体」の描写だと思うのですね。世俗権力から自立した空間、コミュニティの印象のほうが鮮烈です。だから『もののけ姫』でも、お金目当てでふらふら遊行するジコ坊より、城塞を築いてアジールを守っているエボシ御前のほうが絶対いい人っぽい（笑）。東島さんふうに言うと、やはりそれは『公共圏の歴史的創造』にも記されたとおり[49]、「網野と勝俣の違い」ということになりますか。

東島――実際、勝俣鎮夫さんは、一九七九年に出された『戦国法成立史論』で、第一章でも出てきた内藤湖南の講演「応仁の乱に就《つい》て」を引用され、戦国時代こそが転換期で、近代と「異質」な社会から、近代と「等質」で「追体験」可能な社会への転換がなされた、と言われたわけです。私の本の言い方を使えば、戦国時代は近代人の眼から見て「アリエナイ」社会と、いかにも「アル、アル」といった社会とが相半ばしていた、〈衣替え〉の時代だったわけです。では南北朝時代と戦国時代のどっちが転換期なのかと、一九八六年当時、大学一年生だった私は両先生にお尋ねしたのですが、お二人とも南北朝〜戦国時代を緩やかに転換期と考えてはどうか、とまあ、のらりくらりとお逃げになったわけです。

與那覇―ご本人に直接うかがった方にそう言われてしまうと、後達としては立つ瀬がありません（笑）。直観的に理解しやすいのは勝俣説のほうで、「お上」が生活の面倒を見る代わりに、領民は戦争動員も含めて絶対服従、という日本式の政治的恩顧主義の起源は、戦国大名に求められると。『中国化する日本』にも引用した、こういうストーリーになるわけです。

そのヒントを提供したのがおっしゃるとおりの、内藤湖南の見解だった。文字による行政技術とともに、京都の宮中限定だったはずの文化や思考様式が全国に広まって、国民の均質性が作られてゆく。湖南は中国史が専門ですので、これはかならずしも最初から日本史学会の通説ではなかったのですが、勝俣氏による再評価をへて、八〇年代には尾藤正英さんや朝尾直弘さんにも大きくフィーチャーされて主流になっていったと、小島毅先生が回想されています。[50]

しかし、いずれにしてもこれらはナショナルな統合へ向かう時代として、中世を捉えるストーリーですね。この点で、「勝俣鎮夫的な解釈とは異なる、網野善彦の無縁論の可能性」に着目された東島さんには、むしろ異論がおありなのでは。

東島――まず、勝俣さんがはたして日本列島を覆う均質なネーションの誕生を考えておられるのかというと、ちょっと疑問の部分もある。じつは途中で議論を修正されているんですね。一九八六年の論考[51]では、それぞれに分国法を持つ戦国大名領国を「地域的国民国家」と呼ばれていて、当時一年生の私は非常に新鮮な印象を受けたものです。ただこの場合、国民国家が大名の数だけあることになってしまう。

そのためでしょうか、『戦国時代論』に収められた一九九四年の論考では、戦国大名を「地域国家」と修正され、豊臣政権こそが「日本国家」を形成し、「この国土に居住する人々を国家の構成員として組織した国民国家の性格を強く帯びていた」と言い直されるんですね。そうなると、均質な国民《ネーション》の誕生というより、むしろ昔ながらの全国統一の物語に見えてしまう。

あと、中世をひたすらナショナルな統合へ向かう時代として捉えるといろいろな問題が見えなくなります。私の考えでは、たしかに南北朝も戦国も転換期ですが、そのあいだの室町時代まで転換期に含めてしまうことにはどうも抵抗があるんですね。むしろ室町時代は、南北朝時代に芽生えた変革の要素が失速していく過程ではないか、と。この考えが確信に変わったのが、「江湖」（中世はゴウコ、近代はコウコ）という言葉との出会いです。この言葉は日本史上三度流行するのですが、それがちょうど、南北朝と戦国、それに幕末から明治にかけてなんです。

與那覇――南北朝と戦国に起きた変化を、今日的世界への統合の「流れ」としてひとつのベクトルにつないでしまうのではなく、むしろ時代の転換点ごとに反復される変革の契機として捉える。そのシンボルが、東島さんの著作でつねにモチーフとされている、「江湖」という史料用語だったのですね。

未完のプロジェクトとしての「江湖」の観念

東島――「江湖」とは、唐代の禅僧が江西の馬祖道一《ばそどういつ》と湖南の石頭希遷《せきとうきせん》という二人の師のあいだを〈往来〉して学んだことにちなむ言葉です。一四世紀、一六世紀、一九世紀後半は、いずれも変革期にあたり、戦争による人と物資の往来がさかんな時代です。社会は流動化し、一四世紀と一六世紀に流行した下剋上の語がそうであるように、強固な身分秩序すらも、才覚次第でリセット可能でした。可塑性に富むと言いますか、まさに柔らかい粘土のように、なんとでもなる時代です。その時代精神を象徴するがごとく、「江湖」は、それまでの日本にはない自由で〈開かれた〉社会を指す新しい思潮として、歴史上、三度のせり上がりを見せます。しかしいずれの場合も、社会変革は〈未完〉のまま退潮していくわけです。[52]

この言葉が最初に流行したのは、一四世紀（南北朝時代）の禅林においてです。五山禅僧たちのあいだで、将軍を頂点とする世俗権力からの自由や人材登用における国籍不問、フェアプレイの精神などを示すものとして「江湖」の語が用いられました。ついで一六世紀（戦国時代）には、地域を越え、「所々方々を歩き回る」ことで生計を立てる新興の移動民が「江湖の散人」と呼ばれ、「町の集会」は「江湖の寄合」とも呼ばれるようになります。これらはしばしば侮蔑の語として用いられたことを同時代の宣教師が書き残していますが、共同体から自由なノマド型の新しい人間類型の誕生こそが、農業をベースとする既存の定住民の眼には、蔑むべきものと映じたのでしょう。

「江湖」の三度目の浮上は、一九世紀後半（幕末～明治時代）であり、「江湖」をその名に冠する新聞や文芸・政治雑誌が相次いで創刊。「江湖の君子」という名の〈読書公衆 the reading public〉に開かれた言説空間がかたちづくられ、文字どおり「江湖」という名の〈市民的公共圏〉が誕生します。自由民権思想のオピニオン・リーダーのひとり中江兆民《なかえちょうみん》は、あたかも一六世紀の「江湖散人」のごとく「江湖放浪人」と呼ばれ、政治結社江湖倶楽部（一八九八年結成。花井卓蔵《はないたくぞう》ら弁護士が中心）のメンバーは、思想信条

「江湖」思想の流行曲線

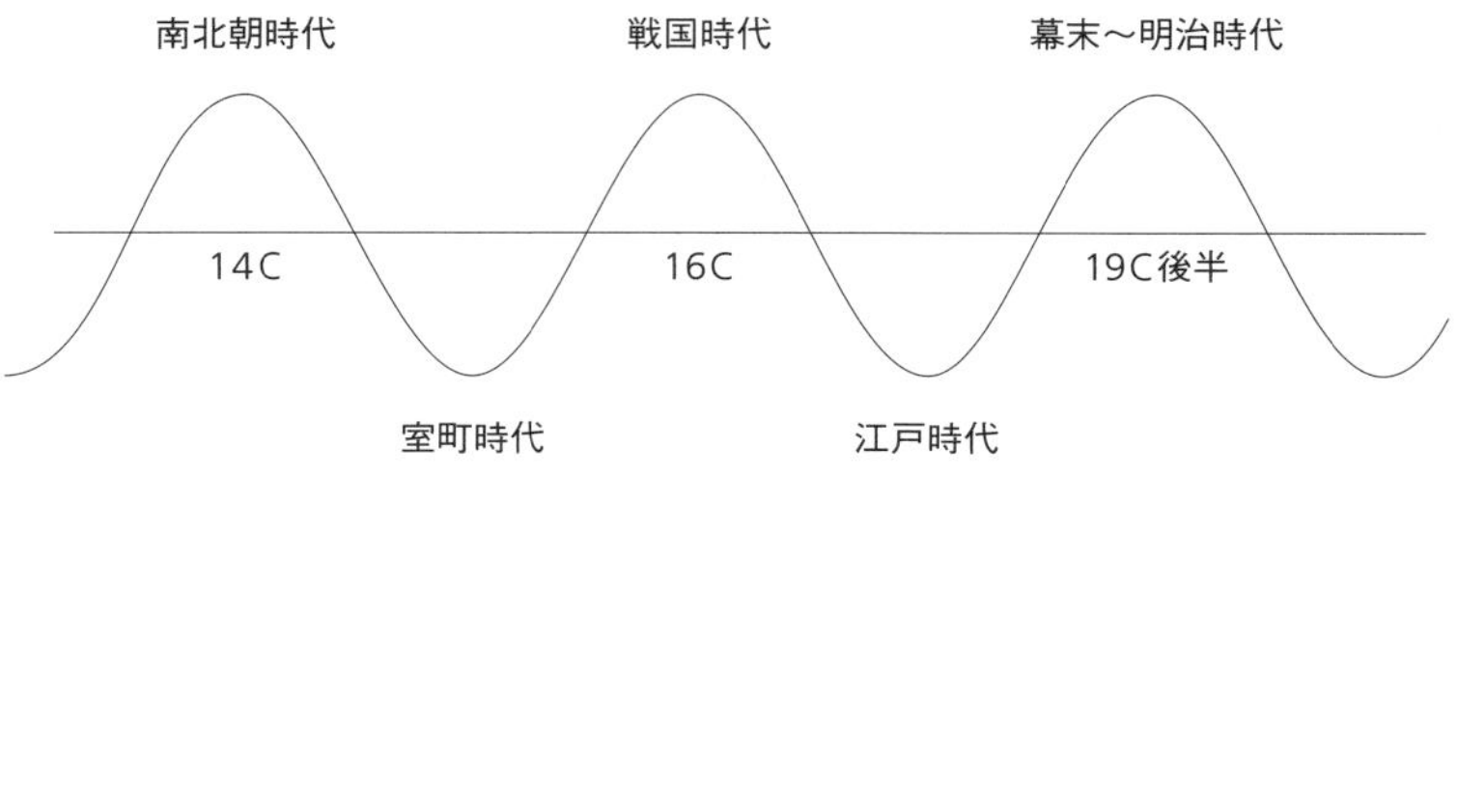

を越えた超党派的運動を標榜して「理想団」運動（一九〇一年発足。黒岩涙香《くろいわるいこう》・内村鑑三・幸徳秋水・堺利彦らが中心）に合流し、公害問題（足尾鉱毒事件）の追及のために弁舌を奮ったわけです。

與那覇――とするとここで、網野が言うほうの転換が生きてくるわけですね。南北朝の時代に楠木正成《くすのきまさしげ》のような悪党が活躍し、商工業がさかんになったことで、社会の秩序を〈往来〉を基礎において動態的に捉える想像力が生まれた。しかし東島さんの場合は、これを「やがて近代に至って資本主義になる流れです」としてリニアー（直線的）に位置づけるのではなく、むしろ従来の秩序を揺り動かすムーブメントとして捉えると。

ただし、それはあらゆるラディカリズムがそうであるように、十全には実現することなく〈未完のプロジェクト〉であり続けるのですね。

東島――勝俣鎮夫さんが応仁の乱を近代社会の起源とされたのは一九七〇年代末のことですが、その時点では、公害問題だとか近代の歪みも充分表に出ていたにもかかわらず、いまだ明るい未来を予測することができた。言い換えれば近代社会の起源の延長線上に「現代社会」を語ることができたわけですね。ところが二〇世紀末に明るい未来像が語れなくなって、ようやく「われわれはもはや近代人ではない」ということが普及するようになった。

與那覇―歴史を、もう線的なものとしては把握できなくなるわけですよね。むしろ、人間はあれこれあがきながらも、同じところをぐるぐる回っているだけではないか、という感覚のほうがリアルになる。まさしく反歴史というか、ニーチェ的な世界観というか。

東島――発展段階論のように時代を三つ、四つ……と区分するやり方に比べて、網野・勝俣流に二つに区分する方法は、「ここからが現在の起源」だ、というふうに斬新な歴史像を出しやすいのですが、その時代が未来永劫続くような錯覚を与えてしまうところが問題でして、その時代がいつか終わる、という感覚を持つことが非常に重要だと思います。

学生に日本の歴史を二つに切ってみなさい、という課題を出してかならず出てくるもののひとつに、「武士の世」の誕生が画期的だというのがあります。でも武士の世は廃藩置県、最大限引っ張っても士族民権、西南戦争あたりで終焉を迎えるわけですから、歴史は二つではなく三つに切れることになります。あと意外と引っかかりやすいのが、一九四五年をもって「戦後」とする区切り方ですね。第三次世界大戦が起きたら、そのときこそ、「もはや戦後ではない」ということになる。

一揆の傘連判は「空虚な中心」

東島――本章の冒頭で予告しておいた「象徴天皇制」の起源について、そろそろ論じておかなければなりませんね。端的に言って、それは中世後期の所産です。中世後期は農民の土一揆《つちいっき》から武士の国人《こくじん》一揆にいたるまで、まさに「一揆」の時代と言われますが、神あるいは神々の前で誓約する一揆契状の「傘連判《からかされんばん》」、あれこそ「空虚な中心」そのものです。こうした構図は、田楽《でんがく》・猿楽《さるがく》の桟敷の着席の仕方から連歌の講にいたるまで、室町文化のそこかしこに見出すことができるわけです。

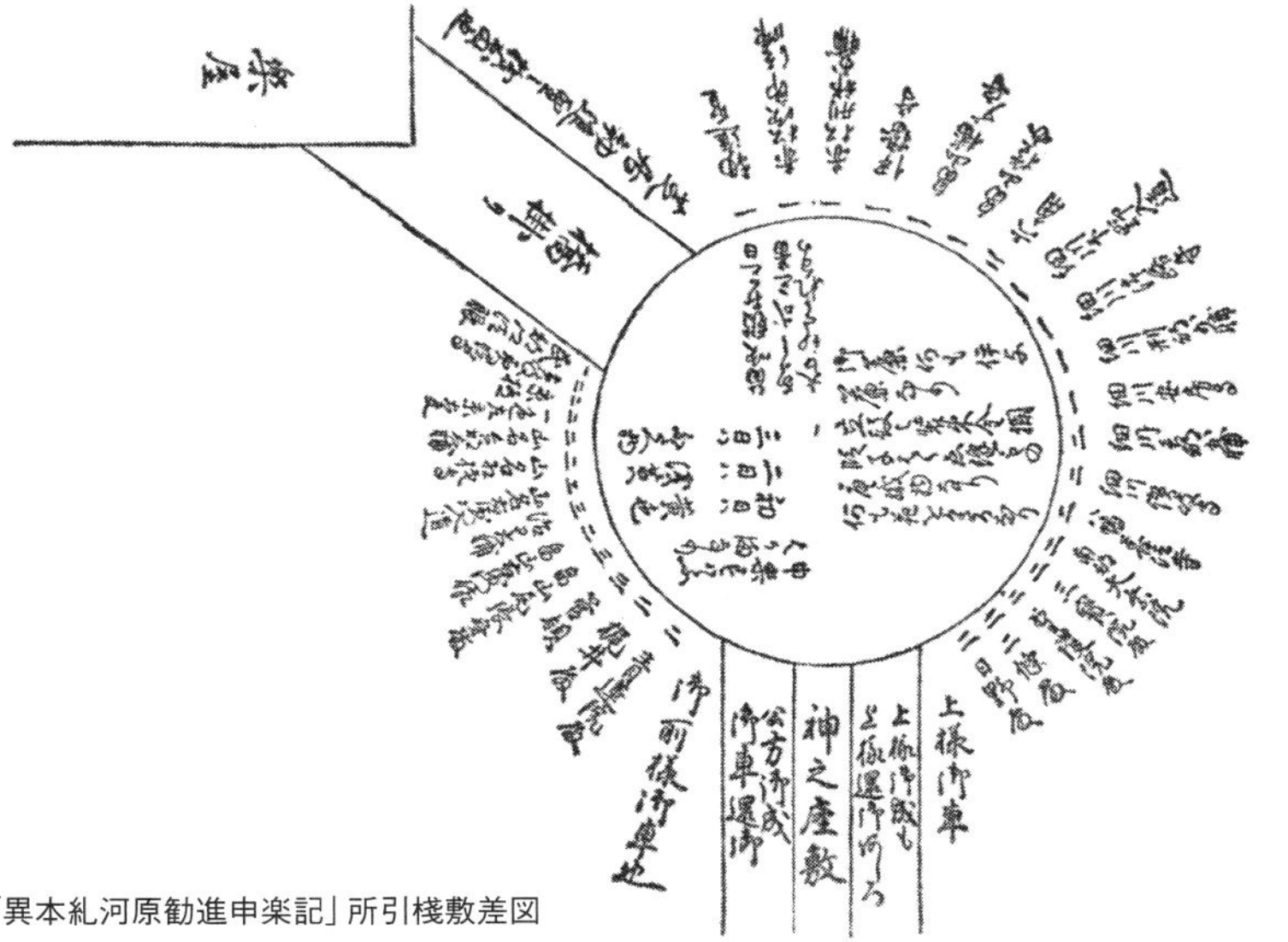

「異本糺河原勧進申楽記」所引桟敷差図

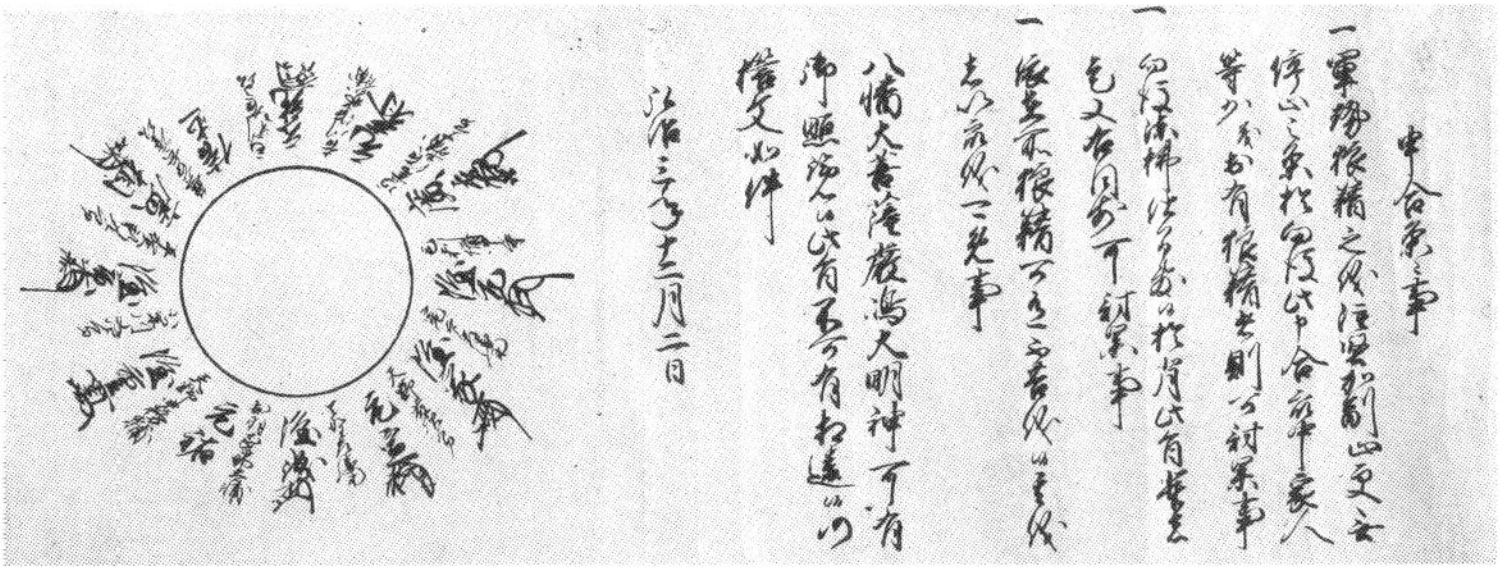

弘治3年（1557）12月2日毛利元就等一揆契状　毛利家文書　毛利博物館蔵

傘連判はメンバーの平等性の象徴であるという類の説明は、いかにも戦後民主主義的——さきほどの議論にしたがえば「第二次世界大戦後民主主義」と言うべきですが、まあ面倒なのでこう言っておきましょう——な考え方でして、私の眼から見ればむしろ、メンバーの誰も責任をとらずに、神あるいは神々が責任をとってくれるという「空虚な主体」そのものです。

いまでこそ、支配者‐被支配者間の「合意」や「共通了解」の問題があたりまえに論じられていますが[53]、少し前まで、権力対民衆の単純な構図で歴史が語られていた時代には、一揆はまさに反権力の象徴だったわけです。だから、一揆って天皇制そのものじゃない、だとか言うと、ちょっといやな顔をされる向きもある（笑）。

與那覇さんのお考えでは、神あるいは神々が責任をとってくれるというあたりは、やはり大澤真幸さんの第三者の審級で説明されるということになりますか？　あるいは「第三者」自体が、諸神から天皇に至るまで在庫豊富なバッファーになっている、というように。

與那覇——天皇以外にまで、こうも「空虚な中心」をつぎつぎ繰り出されると、もうボルヘスの『円環の廃墟』みたいなものを連想してしまうのですが……。傘連判を平等の証左として捉えると、社会主義に向かって人民が解放されてゆく一里塚に見える。リニアーな歴史観が前提の時代には、みんなそうやって教わったわけですよね。しかし、じつはそれは天皇から民衆まで、どこまで切っても同じように中心なき構造が見出される、永劫回帰の一コマでしかなかった。私と同世代の呉座勇一さんの『一揆の原理』を読んだ際にも感じましたが、いまはかつての輝かしかった中世一揆像が、脱神話化される時代ですね。

大澤さんの第三者の審級には、キリスト教的なモチーフが強いという印象があります。放っておけば「俺の基準ではこうだ」「いや、それはおまえの価値観にすぎない。正しくはこうだ」と永遠に論争が続くのを、これが「第三者」の裁定だからしたがいなさいというかたちで調停しないと、秩序が生まれない。だから神様が必要とされるという議論ですよね。西洋的な近代化の場合は神様をクビにして、政治的な判断の場合は「法」を、経済的な価値づけの場合は「貨幣」を、その第三者の地位に載せてゆくと。いずれにしても、確固とした第三者がどこかにいる、というふうに少なくとも観念はされている。

しかし日本の場合は、もともと第三者がいるのかいないのかわからない気がします。強いて言えば「みんな」ですね。でも、みんなで傘状にサインしたから連判状ができただけで、みんなが別様の振る舞いをすれば、そもそもそんなものは成立しなかったことを「みんな」が知っている。空虚な中心とは、そういうものではないでしょうか。

東島――とはいえ傘連判状は起請文《きしょうもん》の形式をとっていて、罰文、つまり破ったら神罰を受けることが明記されていますから、「みんな」の外部に第三者はいちおう想定されているはずですね。ただし唯一神ではない。また、さきほどの図のように、中世後期の芸能の桟敷の座席表は円形の舞台を取り囲むもので、傘連判状とそっくりなかたちをしているのですが、一四世紀は中心のない乱痴気騒ぎ状態で、いわば無礼講的自由席だったのが、一五世紀になると「神の座敷」という空席が設けられて、身分の高いほうから順に座る指定席になってしまう。言い換えれば、「そこ」に神あるいは天皇といった第三者が列席していると想定して、自分の席をこのあたりと決める、というふうになっていくわけです。[54]

たしかに湯起請《ゆぎしょう》（熱湯中の小石を拾わせる神判）なんかの場合は、熱湯をぬるくしておけば「失」を免れるわけですから、中世の神判はヤラセが可能です。[55] そういう意味で言えば「みんな」の意思でやったと言えそうに思われるかもしれません。しかし「みんな」だと脱人称化していませんよね。中世の論理を知るには山賊の例がわかりやすいでしょうか――つまり山賊は、なぜ他人の所有物を奪うことができるのか。

山賊は、「山落《やまおとし》」と言われるように、まず狙った相手の所有物を地面に落とすわけです。地面に落ちた物はもはや「あなたのモノ」ではないし、「誰のモノ」でもない。「誰のモノ」でもないものはすなわち「神のモノ」であり、したがって山の民である山賊がとることができる、というわけです。[56]

與那覇――なるほど。「第三者がいないから空虚」なのではなく、「特定の個人に帰さない状態を作り出してくれるから空虚」なのですね。ちょっとブラックホールのようですが……。

東島――ちなみに「みんなの党」の「みんな」というのは、一人称と思いきや、じつは二人称なんですね。英称がYour Partyですから。「こんなふうになってしまったのはみんなのせいだ」というときの「みんな」ですね。だから「みんな」という言い方は、責任を他人になすりつけてはいるけど、山賊の話のように人称が滅却されるわけではない。

ところが傘連判状は、まさに脱人称化のツールなんですね。本来どんな傘連判状でも、最初に書いた人はいるわけです。ゼミ生が卒業式のときにくれる色紙の寄せ書きだってそうで、最けです。

初に「書こうよ」と言い出した人はいる。しかし、傘状に書くことによって脱人称化されるわけです。

本来は人称を持っているものを「誰のものでもないもの」にする。そういう意味で興味深いのは中世後期の神泉苑《しんせんえん》（39頁地図参照）ですね。もとは湖底であった京都盆地に平安京を造った際に保存された「自然」が、神泉苑の池です。

天皇が遊宴を開き狩猟をしたりする禁苑《きんえん》でしたが、時折庶民に解放され、また百鬼夜行《ひゃっきやぎょう》という名の「かくれんぼ」の際には、鬼たちに見つからないサンクチュアリーの機能も持っていました。都の人々の欲望をすべて飲み込んでくれる、まさしくブラックホールのような場所で、中世後期にはゴミは捨て放題、庭石は盗み放題、田んぼも耕し放題といった様相を呈していました。おまけに人々のゴミの不法投棄を見えなくするための壁が苑池の東側、つまり都の人々が住む側に聳《そび》え立っていて、壁の向こうには、それこそロラン・バルトの言う「神聖な無が隠されている」といった体《てい》でした。

神泉苑の利用権をめぐる訴訟も頻発しましたが、その際、「相手の所有物でない」ということを論証する切り札が「神泉苑は神龍の所有物である」ということだったわけです。「神のモノであって誰のモノでもない」、だからあなたの所有物では決してない。われわれは最初から所有権を争っているのではなく、管理権がわれわれに所属していることを主張しているのだ、と言うんですね。

與那覇――まさに網野が描き出そうとした、「無所有」の論理が動かす時代としての中世ですね。

印判状が作った近代行政の起源

與那覇――とはいうものの、ぜんぶがぜんぶ、傘連判で中心のない文書では行政が動かない。だから統合へと向かうベクトルとしての中世には、戦国大名という世俗権力が成立することで、むしろ文書の発給者をきちんと明示する統治機構が発足したという側面もある。

さきに権力継承時のバッファーの議論でも名前の出た山室恭子さんは、東国を中心とした戦国大名とは、「文書で直接郷村に命令できるようになった権力」なのだという視点を出されていますね。二頭制というバッファーが長く残り、権力集中の面では遅れていた西国の大名が、手ずから家臣への起請文や感謝状に花押《かおう》を記して「次の戦争でも何卒ご協力を」とやっていたのに対して、とくに関東地方では、ハンコひとつで領内の村々に直接、「人や食糧をこれだけ出せ」と命令できるようになっていった。

それは、後進地帯だった東国では大名に拮抗しえる豊かな中間層（有力家臣団）を育成できず、逆に大規模な治水や開墾のために強大な政権が必要とされた結果だ、というのが山室さんの見立てでした。いわば戦国版の開発独裁ですね。ともあれ「政治的に有効な文書」の発給者が大名というかたちで地域ごとに一元化されてくると、天皇につながると称する怪しげな由緒書を武器に江湖を渡り歩いてきた、網野的なノマドは苦しくなってくる。

東島さんの『自由にしてケシカラン人々の世紀』での「戦国時代は人々を自由にしたか」と

いう問いかけも、そこから来るわけですよね。

東島――まず、判物《はんもつ》（花押を自署した文書）か印判状《いんばんじょう》（朱印や黒印を捺《お》した文書）かというのは、それこそパーソナルかインパーソナルかという話ですから、それ自体は山室さんの創意ではなく、昔ながらのテーマです。山室さんの新味は、そこに列島の西と東という要素を絡ませて説明したところでしょう。

ただご指摘くださった私の話に引きつけて言えば、東国でノマドが生息する〈隙間〉が、強力な近世型の大名権力によって埋め立てられていく事情はそうなのですが、いっぽう、一五世紀後半以降顕著になる、畿内・西日本〜東アジア海域全体の物流活性化[57]のなかで、中間層（村のリーダー）が成長し、自治を獲得していくような地域にあってもまた、違った意味で相当に住みづらいということも付け加えておかなければなりません。ノマドは締め出されるし、下層の農民は、村請《むらうけ》の名のもとに年貢を立て替えてくれた村のリーダーに土地をとられていくわけですから。自治獲得でおいしい思いをしたのは、中間層の位置を占められた者だけです。

話を戻しますと、東国大名は官僚機構が発達して、大名当主自身が花押を自署した文書よりも、奉行人等が大名家の家印を捺して出した文書が圧倒的に多いというのは、ほとんど後北条《ごほうじょう》氏の虎の朱印状（印文「禄寿応穏《ろくじゅおうおん》」）を指していると言ってよく、あとは武田氏の龍朱印ですね。ちなみに山室さんは今川氏を東国大名に数えていますが、これは完全な間違いです。今川氏の印判状は、印文「義元《よしもと》」や印文「氏真《うじざね》」のような当主自身の印が花押の代用として用いられることが多く、奉行人が大名家の意向をうけたまわって出す奉書形式ではなく、大名当主自身が出す直状形式が特徴的です。だから印判状ならなんでもインパーソナルな支配だというわけではないんですね。

その点、関東の大大名北条氏は、やはり群を抜いて官僚機構が発達していて、近世的な統治システムの起源とされるゆえんです。複数の村落に一度に命令を出すのに、いちいち大名が花押なんて書いていられないわけで、奉行人たちが朱印をポンポン捺《お》していくわけです。

與那覇―誰名義のハンコを、実際には誰がどのように捺すか、というところで権力機構のかたちが決まってくる。おもしろいのは近代の分野でも、類似の視角での議論があることです。中野目徹先生が副題を「明治太政官文書研究序説」と銘打った『近代史料学の射程』で、たとえば明治天皇が裁可印や御璽《ぎょじ》（天皇の印章）をいつ、どのように捺すようになるかという観点から、近代天皇制の確立過程を見てゆくアプロ

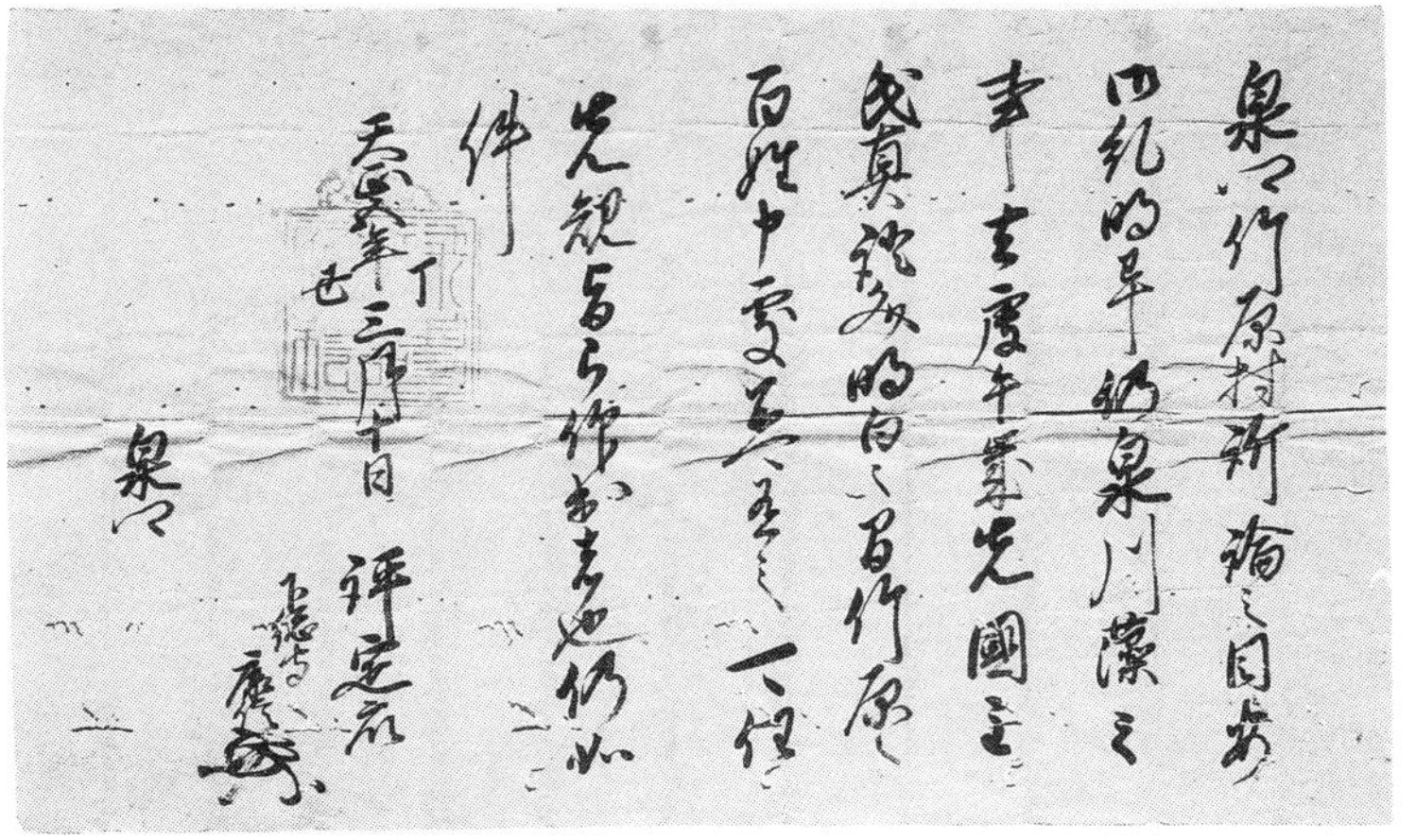

天正5年（1578）3月10日北条家朱印状（裁許状）『清水町史 資料編Ⅲ（古代・中世）』197号

ーチをされています。それこそ太政官制自体、王政復古の下で律令制への回帰を装って出てきたわけですが、文書管理術から権力秩序が生じるという『文字禍《もじか》』の世界は、近代に入ってもまだまだ終わっていなかった。

ソウル大教授の李泰鎮《イテジン》氏が、併合条約は（調印を告げる詔勅に）韓国皇帝の署名がないから無効であり、朝鮮半島は植民地支配ではなく、不法な軍事占領状態にあったのだという主張を唱えて論争を呼んだことがありますが、[58] そのときも、ああ、東アジアというのは、やっぱりそういうところだったんだと思いました。正当な書式で書類を扱うテクニックこそが権力掌握の要《かなめ》にあるという発想は、そもそも紙の原産地であり、律令や科挙を生んだ中華帝国の影響圏に共通する特色なのかもしれません。中島敦はアッシリアの粘土板を素材に『文字禍』を書いたけど、前近代の段階からここまで潤沢に紙の文書を使えた地域は、世界史的にも限られてくるでしょうし。

東島――話を戻すと、文書の授受や作成に至るルートにどういう人を経ているか、というのがそのまま権力構造につながっているわけです。たとえば、まずは秘書官にやらせて最終的に自分がチェックするとか。そうすると秘書官が誰か、奉行が誰かというのが大事になってくる。その様式は権力構造の変化に帯同して、時代時代で組み替わっていきます。

與那覇―ただし人々が「文書で動く」という点だけは、律令時代から一貫して変わっていない。

東島――しかも、日本社会では文書行政がつねにインパーソナルに機能するわけではない。とくに武士の主従関係のような場面ではそうです。タレントのサインとタレント事務所の社印とどっちが欲しいかと言えば、当然、本人のサインが欲しい。でもそういったウェットな人間関係をベースにしていたから、西日本の大名は東日本の大名より遅れているんだというのが、山室さんの話の結論的な部分ですね。

與那覇—もうひとつ山室さんが強調しているのは、文書の出され方でした。もともとは民間の側が礼銭というかたちで手数料を払って、公権力から権利を保障する文書を出してもらうかたちが一般的。つまり、文書を受給する側もパーソナルなかたちで受け取っていた。

　これに対して普段から重めの税を課す代わりに、文書発給ごとの手数料を無償化するシステマティックな統治を試みたのが織田信長。豊臣秀吉はさらに一歩進んで、受給申請がなくてもさきに出してしまう。「頼まれたから文書を出して、こういう特権を認めてあげます」ではなくて、「おまえらにある権利はこれだ」と公権力の側から宣言する。同時に、「やってはいけないことはこれだ」ともあらかじめ言うようになっていって、国家と領民の関係から私的なコネクションが退潮してゆきます。山室さんは「当事者主義との訣別」と呼んでいますね。

東島——たいていの文書というのは、権利を保証（安堵）してほしい者が、申請して出してもらうという形式でした。たとえば大名が代替わりしたらそこにやってきて、もう一度同じ内容を新しい当主に書いてもらう。これも山室さんが指摘されていますが、北条氏の朱印状でも奏者《そうじゃ》（当主に取り次ぐ役）が奉者《ほうじゃ》として署名しているのは、申請があって出されたケースです。[59]これに対して奉者が署名せずに印だけ捺したものは、大名側が広域に一斉頒布する場合に多く見られるというんですね。そういう意味では近世の起源は信長でもなく秀吉でもなく、そもそもは北条氏にあり、ということになる。

與那覇―こうして行政文書が、ますます直筆サインの花押ではなく印判状になっていく。これが日本で武家政権が官僚制化してゆく過程だったと。それはある種の行政の近代化でもあるし、「主従制から統治権へ」の流れの極点だったとも言えるのでしょうか。

東島――大局的な流れとしてはそのとおりなのですが、印判状による支配が一般化すればするほど、「わざわざ花押がもらえる」という意味で、パーソナルな支配はむしろ希少価値を増すんですね。

この点、花押と印判の差別化を最大限活用していたのが武田氏です。下の写真は元亀《げんき》三年（一五七二）五月二日付で武田信玄が高田能登守《のとのかみ》に、対北条氏戦の戦功を賞して土地を与えたいわゆる「感状《かんじょう》」ですが、これがいま言ったレア・アイテムなんです。同じ日付で残っている

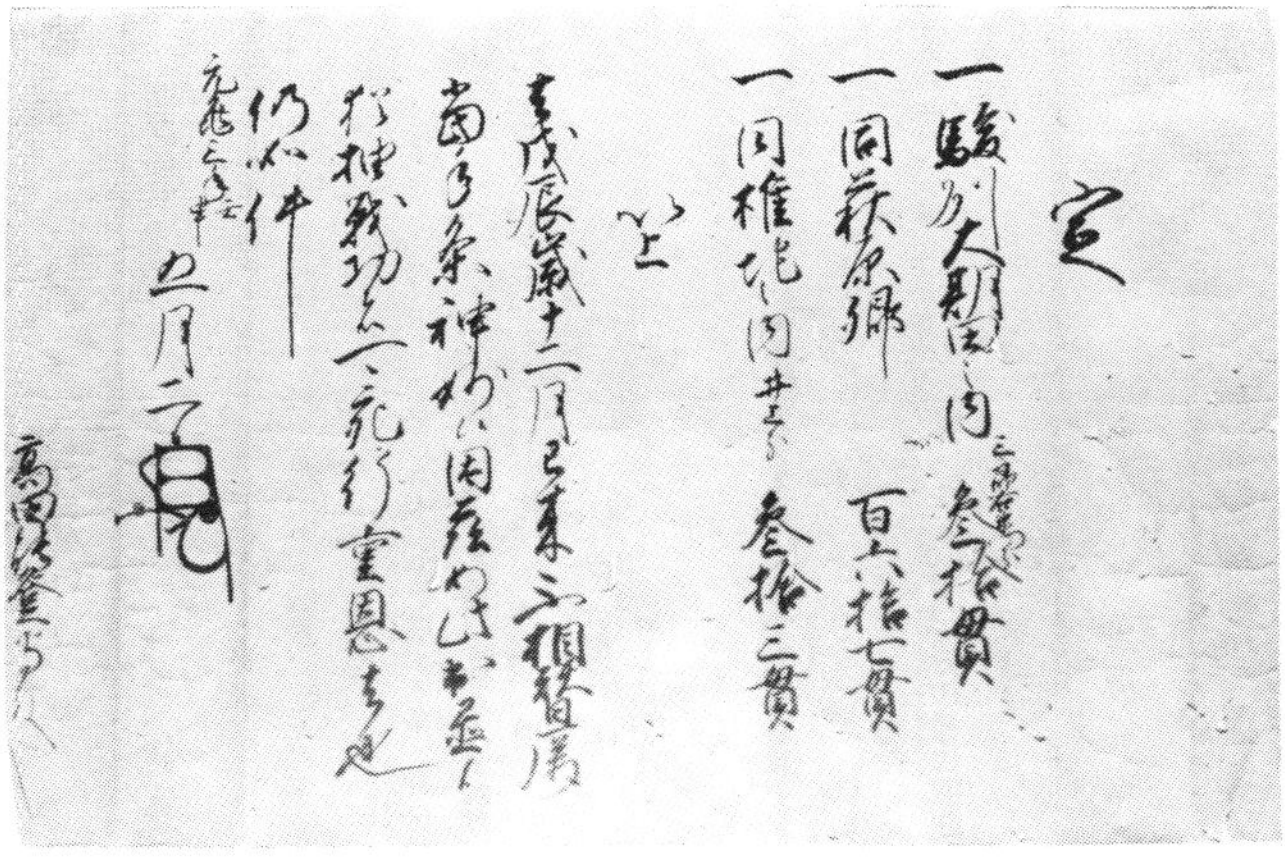

元亀３年（1572）5月2日武田信玄判物（感状）『清水町史 資料編Ⅲ（古代・中世）』182号

ほかの感状のほとんどは、信玄の判物ではなく奉行人が龍朱印を捺した朱印状なんですね。古文書学の鉄則は「規則に外れた文書こそがおもしろい」でして、つまり高田能登守は例外、特別待遇だったことがわかります。それと言うのもこの高田氏は、御用商人の山中氏を支配下に置いて現地の流通や情報に明るい、非常に有用な存在だったからなんですね[60]。

感状だけではありません。武田氏は書状にも朱印状を使用していました。鴨川達夫さんが武田信玄・勝頼の「朱印を捺した書状」[61]という表を作成されていて、これがなかなかおもしろいんですね。書状という様式は本来プライベートな用途に用いるので、普通は花押を書くんです。ところが武田氏の場合、「ちょっと忙しいので」とか「手が痛いので」とか、みずから花押を据えない〝言い訳〟をさかんに使っているんですね。ここでも花押を据えるか印判で済ますかは、ダブル・スタンダードになっているわけです。

全体的に印判状が主流になっていきますが、大事なところにはサインするというのが続いているあたり、やはりパーソナルな人間関係がベースの社会なんでしょうね。

與那覇——結局、主従制を完全に克服することはできなかった。近世日本が科挙官僚制ではなく「武家官僚制」になり、さらに近代以降も「宮中」が結局、政治の場として残り続けたのも、その表れということになりそうです。

中途半端だった義満と信長

與那覇――さて、文書の発給の仕方ひとつとっても、秀吉というのはかなりのイノベーターだったのですが、しかし彼の弱点は家柄がなかったので、「血統」タイプのアカウンタビリティがない。とはいうものの日本は中国ではないので、この時点で科挙を導入して、儒教原理で作り出すというわけにもいかない。山室さんが『黄金太閤』で描かれたのは、秀吉の派手なイベント好みは、彼なりのアカウンタビリティ樹立の試みだったという解釈でした。

いまふうに言えばパフォーマンス政治ですが、この延長線上に起こったのが一五九〇年代の朝鮮出兵で、その失敗によって豊臣政権は自滅していった。新興のポピュリストほど往々にして、既存の権威の構造のなかで占める地位が低いがゆえに、派手な政策に訴えて政権の正当性をアピールしがちなのですね。

これは、秀吉と異なりきちんとした武家の出身だった信長が、「じつは今日言われるほどの革新者ではなかった」という視点とも、絡めて理解できるのでしょうか。

東島――織田信長だってせいぜい守護代の家の出身ですからね。「天下布武《てんかふぶ》」のアカウンタビリティが「血統」にあるとは言いがたい。いっぽう、豊臣秀吉については、古くは石井進が遺著『中世のかたち』で、最近では服部英雄さんが書かれているように、社会の最底辺に置かれた被差別身分の出身ということになると[62]、むしろ単なる農民出身というのとは、別の説明が必要になってくるように思います。

まずは信長ですが、信長は革新者に非ずという議論のひとつは、今谷明さんのような「信長は天皇に頭を下げたのだから、それほどすごい人間ではない」という論調ですね。しかし「信長が天皇に頭を下げた」というのは論証として破綻しているし、安土城に天皇を呼ぶために清涼殿を造ったと言っても、それは階下に見下ろす位置なわけで、この点では、『イエズス会日本年報』に出てくる、摠見寺《そうけんじ》に諸国の仏像・神像を集めさせた話と同じです。

私が『自由にしてケシカラン人々の世紀』の「信長は中世を破壊したか」という章で述べたのは、信長が変革者ではないとする点では同じですが、その意味するところは今谷説のそれとは全然違っていて、むしろ朝尾直弘さんの言われる、信長の「自己神格化」論に近い[63]。自分を天皇や諸国の神仏の上に置き、安土城天主五階の、お寺としか言いようのない空間で、本尊仏の位置に座って見下ろそうとする発想自体が[64]、既存の価値観を否定するのではなく、むしろそれらすべてを膝下に集めてインテグレート（統合）したものだというものです。

與那覇――なるほど、しかしここまでロジックが異なるのに、オチだけは重なるのが興味深いです。信長が既存の秩序の破壊者だというイメージは誤りで、むしろ既成の権威を「積み上げていく」ことで頂点に立つタイプだったことは、おそらく動かない。

とすると、これは今谷さんが信長をはるかに上回る革命児と見なした、足利義満にもあてはまりそうですね。義満が明から冊封《さくほう》されることで天皇の権威を不要にし、やがては皇位簒奪《さんだつ》も目論んでいたという今谷説は旗色がわるくて、橋本雄さんの『中華幻想』が説くように、実際には中華風も天皇風も両方併用するのが、その権威樹立策だった。

義満・信長クラスの専制家でも古代以来の「温泉旅館」の伝統から自由でなかったというか、既存のシステムを踏み台にいろいろ新しいものを足してはいくのだけど、抜本的にアンシャン・レジーム（旧体制）を根こそぎ転換するという発想には思い至らない。逆に言えばだからこそ、天皇というバッファーは最後まで残った。

ポピュリスト秀吉と起源のクリアランス

與那覇——この点、秀吉はたとえば勧進のシステムをつぶしたわけですから、真の革新家という意味では秀吉こそがふさわしいとも言えそうに思いますが、その点はいかがでしょう。

東島——そう、拙著ではまさに、そのように述べたわけです。ポピュリスト豊臣秀吉は、清水寺に通じる旧五条橋をなんとしても取り壊したかった。しかしただちに撤去に乗り出すと京都の人々の反発を食らう。このためまず、京都の東山に新しいアミューズメント・パークとして大仏殿を建て、そちらに人々を誘導すべく、新しい五条橋を造らせました。この間、大仏殿造営のために「風流踊《ふりゅうおどり》」のイベントも行なって京都の町衆に酒を振る舞い、とにかく人心を摑むことに余念がない。こうして誰も反対しなくなったところで、一気に五条橋を撤廃したという話ですね。[65] カードを切る順番が非常にうまい。

では旧五条橋には何があったのかというと、「中の島」という名のスラムです。この点、二〇一二年のＮＨＫ大河ドラマ『平清盛』は、秀吉以前の旧五条橋の猥雑さが、かなり上手に描けていました。二〇〇五年の『義経』のときは、「中の島」すらないデタラメなものでしたから。

それまで「私たちのおかげで京都の人は鴨川の洪水から守られている」という信仰のもとに通行人に金品を求めていた多数の勧進者を、秀吉は強制移住させたわけです。いまでもそうですが、往々にしてスラム・クリアランスというのは、ポピュリスト政治家の人気取りのために敢行されるものです。それに加えて、秀吉自身が勧進者に限りなく近い身分の出身だったとするならば、それは秀吉にとっての〈原風景〉の否定と言ってよく、だからこそ、旧五条橋で行なわれていたような、中世的な慣習を、徹底的に破壊しようとしたのだと思います。

　その代わり、鴨川の洪水を防ぐために堤を築き、橋の修理も勧進のような、人々に寄付を乞うのとは違うやり方で行なう、こうした新しい合理性を人々に提示したのが秀吉だったわけです。

與那覇――一般には織豊《しょくほう》政権という言い方をしますけれども、実際には信長の段階ではまだ中途

上杉本洛中洛外図屏風（部分）米沢市上杉博物館蔵

半端だったところに、秀吉がぐいっと新しいことをやる方向にドライブを切る。それでもまだ過渡期ではあるのですが、そのあたりに中世と近世の境目はありますよね。

東島——信長と秀吉のあいだに横たわる大きな境目を示すには、利息三〇パーセントか、利息五パーセントかという話がわかりやすいかと思います。信長は一五七一年、天皇家の財政が厳しいというので、京都の各町《ちょう》ごとに米五石（五〇〇〇合）を強制的に貸し付け、年率三割の計算で、毎月二・五パーセントの利息（一斗二升五合）をとって禁裏財政に充てるという政策を導入しました。本米《ほんまい》、つまり元本は返さなくてよいとはいえ、三年と四カ月で、払った利息は元本と同じになりますから、それ以後は事実上、課税に等しいものでした。この利息三割というのは、いまから見ると法外に高いのですが、中世では一般的な利息です。その意味でも信長は、中世から大きく一歩を踏み出してはいない。

ところがいっぽうの秀吉は、一五九二年に「四千貫文貸付制度」と呼ばれる政策を導入します。どういう政策かというと、京都の住人に多額の黄金と米を預けて、その利息でもって京都の橋を修造するというものです。さきにも述べた、五条橋中の島のスラム・クリアランス、勧進による橋造営の慣行を否定するのと引き換えに京都の都市民に提示した政策が、まさにこれだったわけですね。ところがなんと、利息はわずかに年率五パーセント。

最初に秀吉から預かった元本は返さなくてよいというのはたしかに信長と同じですが、なにしろ利息が元本に達するのは二〇年後ですから、最初の四千貫文は、秀吉からもらったも同然なわけです。つまりはこういうこと——「みんなに一万円ずつやろう。一年後に返さなくてはならないのは一万五〇〇〇円ではなく、たったの五〇〇〇円だ」というのです。それに毎年五パーセントの利息くらい、都市民の資金運用力をもってすれば簡単に捻出できるどころか、むしろ利益さえ出せるでしょう。さすがポピュリストのばらまき術は見事というか、それは都市民の支持が得られるわけです。しかもわずかに返済しなければならない年五パーセント利息でさえ、秀吉のポケットに戻ってくるのではなく、「この利子をもって洛下の橋修造すべき」、つまり、京都の橋を造るのに使うと言うのですから。こうしてみると、信長は先駆者ではあるが、いかにも中途半端、秀吉の政策との差は歴然です。

與那覇——おもしろいですね。頼まれなくても文書を出してしまうのと同様で、とにかく最初に金を貸してしまって、それを返させるのではなく民間で回させようとすると。いまふうに言えばバウチャー（クーポン券）政策ですよね。橋を造るというのも当時にあっては生活環境の改善だから、一種の福祉政策に近いと言えます。

　この「返さなくていいから何かに投資しろ」という公権力のお金の貸し方は、織豊政権のほかにも類例はあるのでしょうか。

東島——政策の起源自体は古代の出挙《すいこ》という、利息付貸付に遡ります。京都の橋はもともとは京職《きょうしき》（京域の市政・司法・警察を司るが、検非違使設置以後は有名無実化）が管理していて、「造橋料銭」を出挙し、その利息分を充てていたんですね。中世になると橋の造営は勧進という名の民間のチャリティで行なわれるようになりますから、もう一度国家の手のもとに橋の造営を位置づけ直すときに、秀吉のもとで、出挙という古いシステムがリニューアルされて出てきたわけです。

とはいえ、最初にドカンと貸して、それは返さなくていいというのは、古代の出挙とは桁違いで、やはり秀吉の創案というほかない。おそらくそれは、秀吉が網野的な意味でのノマド、連雀《れんじゃく》商人（行商人）ないし芸能民的な活動をするなかから得られた、鋭敏な経済感覚によるものなんでしょうね。こんな政治家は前後に類例がない。やはり戦国時代だったからでしょう。

與那覇—貧民階級出身ゆえに秀吉が一度だけ、ものすごく気前よく国家が庶民に大盤振る舞いするポピュリスト政権を作って、「もう、民間の側で自発的に結社を作ったりしなくても大丈夫だよ」という状況に持っていった。かくして、地域ごとに一元化された文書発給者（大名）に民衆の生活を依存させ、偽文書を手に世間を横断する網野善彦的なノマドの世界が解体される。そのあとに、手のひら返しでそこまで気前のよくない徳川幕府に「政権交代」するかたちで、江戸時代という近世の秩序が安定していったと。

　まさしく「羽柴がこねし天下餅」だったわけですが、ここで連想するのはジェイムソンが提起した「消滅する媒介者」（相反する二つの思想が片方へ移行する瞬間にのみ、仲介として存在するもの）の概念ですね。[66] 彼によれば、ヴェーバーが『プロテスタンティズムの倫理と資本主義の精神』で描いたのも、そういうダイナミクスだという。カルヴァン主義が宗教的な世界観を世俗の商行為にまで拡張して、「合理主義的な金儲けにも宗教的な意味はある」と言ってくれたおかげで、かえって「なんだ。宗教なんてしょせん、合理主義で割り切ってもいいものだったのか」と一八〇度反転して、近代社会が生まれたと。

　歴史的な大転換というのは、しばしばそういう逆説によって引き起こされる。狂信的とも言えるカルヴァンの信仰がキリスト教にとどめを刺してしまったように、中世的なノマド世界の最後のヒーローだったはずの秀吉が、結果的にみずからの出自を封じ込める日本近世の秩序を産み落とした。松本清張の『砂の器』ではありませんが、そうやって〈起源以前のもの〉が忘れ去られることで、あらゆる起源は成立しているのかもしれません。

東島――なるほど〈起源以前のもの〉ですか。もう一点、見落としてはいけないと思うのは、ポピュリスト秀吉を支持した都市民たちは、じつはスラム・クリアランスの共犯者なんだということですね。従来の都市史研究者が、そうした点を無視して京都の町衆の自治を万歳三唱してきたかと思うとおぞましいかぎりですが、今日の「弱者の生存」にかかわる問題の起源はここにあるという言い方も、いっぽうではできるように思います。

第三章　近世篇

東アジアと日本の動乱はつねにリンクする

與那覇――こうして織豊《しょくほう》政権、とくに秀吉を「消滅する媒介者」として徳川時代に入っていくのですが、そこで中世と近世の画期をどこに見るかという問題が出てきます。日本史教育の現場でも、いちばん曖昧で混乱する部分ですね。中学までだと「近世と言えば江戸時代」なのが、高校では「安土桃山から近世」になって、大学で内藤湖南《ないとうこなん》の「応仁の乱からはひと続き＝戦国以降が近世」テーゼを習う……と、どんどん境界線がぼやけてゆく印象があります。

この時代をトータルに捉えるにはむしろ、日本の戦国時代に相当する一五〇〇年代が、東アジアも含めてグローバルな危機の時代だったという点に着目したほうがよい。岸本美緒先生の見解にしたがえば[1]、ヨーロッパ人がアメリカ新大陸で発見した銀が東西交易によって中国へ流れ込む「銀の大行進」現象によって、世界中で人々の物欲や利己心が掻《か》き立てられた結果、一六世紀は「秩序問題の世紀」になったという。モノもカネも限られていた時代なら、既存の秩序を自明視して暮らせても、ここまで大量の物産を眼にして人間の欲望に火がつくと、「お互い自分の利益しか考えていない個々人を、どうやって共存させて社会秩序を作り出せばよいのか」について、自覚的に考えないといけなくなる。

端的には、「おまえの持ってるそれが欲しいから、おまえを殺して俺のものにするわ」という戦国的な状況を、いかに収束させるか。『中国化する日本』では、まず戦国大名の領国ごとに「土地ごとにお上が庶民の生活を保障する、外部に閉ざされてはいるが安定した秩序」が作られ、これが信長・秀吉によってガチャッと全国大で連結されたと。そこに家康が乗っかって、いわゆる鎖国的・自給自足的な江戸時代の日本が作られたという筋立てになっています。

ただ、もちろん江戸幕府も開設当初は朱印船で南蛮貿易を継続していたし、満洲族（清朝）の大陸侵入後は「明《みん》を助けて出兵してはどうだ」といった議論もやっていた。[2] そういう積極的な対外政策が捨てられて、初めていわゆる「江戸時代らしい」江戸時代になってゆくのですが、その意味では日本の近世社会の安定も、大陸で明清交代劇が一段落したことに多くを負っている。日本の国内秩序は、じつは東アジア情勢の関数だったわけですね。

東島――そう、それはそもそも明の誕生した一四世紀以来、ずっとそんな感じなんです。私の本で言えば「東アジア史のなかの一三四九-五〇年」で取り上げた、南北朝時代の三つのカギとなる年が、まさにそうですね。①一三四九-五〇年、②一三六七-六八年、③一三九二年に何があったか？　じつはいずれも、東アジアで新しい王朝が樹立された転換点なんです。

①は琉球で西威《せいい》王が没し、浦添按司察度《うらそえあじさっと》が中山王《ちゅうざんおう》位についた年、②は朱元璋《しゅげんしょう》が皇帝に即位し、明王朝を創建した年、そして③は高麗が滅亡し、李成桂《イソンケ》が王位について朝鮮王朝を創建した年です。おもしろいことに、それと連動するかたちで日本国内でも政治情勢が激変していくんですね。

すなわち①は室町幕府第一世代の足利尊氏・直義《ただよし》兄弟の二頭政治が決裂して観応《かんのう》の擾乱《じょうらん》勃発へと至り、また東西に二人の公方（将軍足利義詮《よしあきら》・鎌倉公方基氏《もとうじ》兄弟）が並び立つ第二世代の体制に移行した年、②はその兄弟が相次いで没し、管領細川頼之《かんれいほそかわよりゆき》の補佐のもとに第三世代の足利義満が将軍に就任した年、③はその義満によって南北朝の合一がなされた年です。

私の旧い友人でもある李領《イヨン》さんの『倭冦と日麗関係史』によれば、①の一三五〇年以降、大規模倭寇《わこう》が高麗沿岸を襲うようになるのは、足利直冬《ただふゆ》の九州下向にともなう少弐《しょうに》氏の活動の活発化（兵粮米略奪）がきっかけだ、ということになります。続く②は、外交努力によって倭寇が一時的に鎮静化した年ですし、③は、倭寇を主要な原因のひとつとして、高麗が滅亡した年です。たしかに、ここでも日本の歴史は東アジアの歴史と連動しています。

與那覇—非常に重要ですよね。そもそも古代でも、唐朝成立（六一八年）の衝撃があったからこそ大化の改新（六四五年）が起きて、最後は朝鮮半島をめぐって白村江《はくそんこう》の戦い（六六三年）にまで至るように、中国大陸と日本列島の動乱はいつもリンクしていたと見るべきではないか。近現代に入っても同様で、たとえば朝鮮戦争が起きると、日本でも共産党が暴力路線に走って革命しようとするわけです。勝ち目があるわけないじゃない、とあとから見たら絶対思うのですが、それでも半島で金日成《キムイルソン》同志が民族統一のために戦っているのであれば、日本でも米帝に対する革命を起こして支援しなくては、という話になる。

この運動の挫折のなかから、歴史家として出発したのが網野善彦です。だから彼の『東と西が語る日本の歴史』は、「もし、西日本が外国に占領されて別の国になるという事態が、有史上あったとしたら」という問いかけで終わっている。日本のレジームチェンジはつねに東アジアの争乱とつながっているというか、逆に言うとそのつながりが遮断されるごとに、変革の季節は終わる。国内の体制変革の可能性が、いつも国外とのつながりに依存している。
　だからそういう国外とのリンケージ、国際的契機を重視する人のほうが、しばしば物騒なんですよね。対して国際的契機に疎くて、内向き志向の人のほうが平和だという構造も、日本史上ずっとあるのではないでしょうか。いまだと、意外とネット右翼が国際的契機にいちばん敏感ですし（笑）。普通の人にはどうでもいいような韓国や中国の小さなニュースを見つけてきて、「また日本がなめられた、許すまじ」とか逐一怒る。「別に中国とか韓国とか、興味ないわ」という人のほうが、平和は平和ですよね。

東島――右翼も左翼も、物騒という点では同じだということですか。左翼系では、古代国家誕生における「国際的契機」を強調したのが、網野善彦の先輩格にあたる石母田正《いしもだしょう》です。[3]石母田の議論もまあ物騒と言えば物騒ですが、石母田には強靭な自己批判力があった。そこはやはり根本的に違いますよ。
　もう一点付け足せば、その話は結局「島国だから」で片がつく感じがしないでもない。物騒なほうは「日本が島国だから」、それで無関心なほうもまた「日本が島国だから」。どっちにせよ、いちおうの説明はついちゃうわけでして……（笑）。

與那覇―島国論と並んで巷間《こうかん》よく耳にするのは、「黒船がないと日本では変化が起こせない」という言い方ですよね。そう口にするとき、人々は普段明治維新以降しか考えていないけど、黒船の出港地を西洋に限らないなら、古代以来ずっと、日本社会は「東アジアの黒船」の去就に左右され続けてきた。

東島――やはりそこが重要なんだと思う。変数として西洋ではなく東アジアを捉えようというところが。ただこの見方もまたある種の島国史観というか、世界地図の中心に日本を据えて考えているようなところがあって、結局、やってることは右も左もナショナル・ヒストリーじゃんという、いまとなっては懐かしい、酒井直樹さん流の国民国家批判[4]を想い起こしますね。

あと注意しておいたほうがよいと思うのは、與那覇さんの言われる「日本の国内秩序は、じつは東アジア情勢の関数」という状況は、逆じゃないかと思わせるケースが少なくないという点です。歴史上、日本の側が変数となって東アジアをかきまわしてきたことも事実ですから。豊臣秀吉が一五九二年に「豊太閤三国処置」、いわゆる三国国割計画（ここでの三国は日本・中国・朝鮮）を掲げて朝鮮侵略をはじめたのもそうですが、さきの南北朝時代の話も、倭寇を軸に見れば、日本側が変数となっている面が非常に濃厚です。だから戦争が絡むと状況は逆転するわけで、それこそ近代までそうでしょう。

はじめの問いに戻って、では「徳川の平和《パクス・トクガワーナ》」の起源はどこにあるのかといった場合、一五八七年に豊臣秀吉が出した惣無事《そうぶじ》令、すなわち藤木久志さんの言われる「豊臣平和令」[5]なのか、一六一五年に大坂夏の陣で豊臣家が滅んだ、いわゆる「元和偃武《げんなえんぶ》」なのか、それとも一六三八年、島原の乱の鎮圧なのか……と考えたときに、やはり東アジアの情勢、一六八一年に三藩《さんぱん》の乱が鎮圧されて明清交替が一段落したのが大きいだろう、というのがだいたい通説なんだろうと思います。それで日本社会にも一気に平和ムードが訪れたということで、一四六七年、応仁の乱勃発以来の長い戦国時代が、ようやく終焉を迎えつつあるということになります。[6]中世史家の好む表現を用いれば、「元禄《げんろく》までは中世」ですね。

ちなみに「東アジア」をめぐる領域観念・世界認識も、一七世紀末から一八世紀はじめにかけて大きく更新されていくように思います。伊川健二さんが論じられたように、一六世紀の大航海時代には、なお本朝《ほんちょう》・震旦《しんたん》・天竺《てんじく》の、いわゆる「三国世界」が有効な領域概念だったのですが[7]、そうした中世の「三国世界」観はだいたい一七世紀末までは延命し、一八世紀はじめになって、ようやく西川如見《にしかわじょけん》（長崎の天文学者）らによって「五大州（五大陸）」という世界認識へと切り替わっていくわけです[8]。世界認識の近世化もまた、江戸開府からだいたい一世紀後という感じなんですね。

徳川氏がコピーした皇祖皇宗の神話

東島——第一章では継体～推古朝の、第二章では院政期の継承システムについてお話ししましたが、江戸時代についても継承の話からはじめましょうか。まずは質問なんですが、病弱な徳川家綱《とくがわいえつな》はなぜ四代将軍になれたんですか、という問いが導入としてはおもしろいでしょうか。
與那覇——本来は、武門の棟梁にはおよそふさわしくない人物だったと。ヤクザ的な主従制の原理のみだったら、とうてい配下の武将に慕われそうにない。
東島——おそらく、その答えを一生懸命考えたのが大奥女中たちだったわけです。高木昭作さんの『将軍権力と天皇』で紹介されていますが、一六四一年、春日局《かすがのつぼね》（徳川家光《いえみつ》の乳母）と並ぶ江戸城大奥の重鎮であった英勝院《えいしょういん》が寛永寺《かんえいじ》の天海僧正《てんかいそうじょう》に宛ててこう書いているんですね。権現様《ごんげんさま》（家康）は常々こう語っていたと。「わしは寅年《とら》（一五四二）の生まれ、秀忠《ひでただ》は卯年《う》（一五七九）の生まれ、家光は辰年《たつ》（一六〇四）の生まれ」だと。寅、卯、辰とくれば次は……。

與那覇──巳年《み》生まれが将軍にふさわしい、ということで、オカルトで正統性を作ったわけですか。五行説（火・土・金・水・木の五つの徳が循環するように王朝が交替するという理論）による王権の正統化も放棄して合理化を進めたとされる中国の朱子学（南宋の朱熹を祖とする儒教の流派。自然法則としての「理」が万物を貫くという「性即理」を唱えて教義の世俗化を進め、誰もが修養を通じて理を体得し聖人になりえると主張して科挙制度を支えた）とは、[9] やはり正反対のアカウンタビリティですね。

東島──そう、家光が巳年に子を持てば、それが四代将軍だということになる。はたして家綱は一六四一年、巳年の生まれであるわけです。大奥周辺ではなんとかして家綱の正統性を説明しようとしていたんですね。そのうえ、家綱は家光が三八歳でようやく授かった男子、じつは秀忠もまた家康が三八歳のときの子だった、なんて言うわけです。こうなれば、お世継ぎは一六四一年生まれ以外にはありえない。だから大奥は、というか家光も相当がんばったわけですね（笑）。

有り体に言えば、関ヶ原の合戦に遅刻するような秀忠でさえ二代将軍になれた。それはもちろん家康の子だったからです。家光については、たとえ父秀忠が弟忠長《ただなが》を寵愛しようと、将軍を継いで当然という空気はあったでしょう。でもその次はと考えた場合、仮に将軍の器でなくても将軍が継げるようにするには、家康の血を引き、家光の血を引くという「血統書つき」の論理が必要だ、ということになる。

家光は父の秀忠が嫌いで祖父の家康が大好きだったわけですが、一六四五年、それまで「日光東照社」だったものに宮号《ぐうごう》の勅許を得て「日光東照宮」にするなど、家康を「神」に祀《まつ》りあげていったのが、ほかならぬ家光でした。かくして家綱は、「神君」家康の血統を引くから将軍なんだという継承の論理が成立するわけです。

與那覇——なんだか古代篇での「天皇の誕生」を、一〇〇〇年ずらしてそのまま将軍家にコピーしたような感じですね。最初はわりと実力次第なところがあったのに、あとから血統によるアカウンタビリティを作って、系譜づけすることで起源の神話が創作される。

東島——そう考えれば、幕府が一六四〇年代に朝廷権威をかさ上げしようとしたのもうなずけるところです。これ以前の江戸時代初期と言えば、幕府と朝廷は対立しており、一六一五年の禁中並公家諸法度《きんちゅうならびにくげしょはっと》で幕府が朝廷を締めつけ、その結果一六二七年に紫衣《しえ》事件（紫衣勅許をめぐり大徳寺沢庵《たくあん》らを弾圧）が起きる、というのがまずは一般的な歴史像でしょう。ただし、公家諸法度の第一条に言う「天子諸芸能のこと、第一御学問なり」の「学問」とは、じつは帝王学をやれということなわけですから、天皇は政治のことなど考えずにお勉強しなさい、などと説明するのは誤りなんですけどね。[10] とはいえ、対立があったのは事実です。ところが一転、一六四六年、朝廷から日光例幣使《れいへいし》を派遣させるのとセットのかたちで、幕府は翌四七年には、応仁の乱以降途絶えていた伊勢例幣使の再興を認めるわけです。

ではなぜ幕府は朝廷権威を「便乗値上げ」しようとしたのか。それは祖先神の論理をコピーするためでしょう。アマテラスを皇祖神とするのはそれこそ記紀神話の時代からあるわけですが、それを祀っているのが伊勢神宮です。そこで幕府はこう考えた。いまの天皇が天皇たりうるのはアマテラスの血統を引くからである。ならばそれと同じ理屈で、今度の将軍(家綱)は、東照大権現(家康)の血統を引くから将軍なのである、と。だからこそ、日光例幣使の創設とともに伊勢例幣使を再興させたわけです。となれば、家光と大奥周辺が構想した将軍家綱の誕生というのは、じつは「皇祖皇宗」を前面に打ち出す近代天皇制国家の起源を作ってしまったとも言えるでしょうね。

ちょっと大風呂敷になってきましたが、幕府が現在の支配を「継承」させていくことを考えると、将軍が将軍である理由が必要になってくるわけです。戦国時代であれば、戦争に勝って強さを示すことで天下人になることができました。ところが平和な時代になると、そうはいかない。そういう時代において何が正統性を証明しうるかというと、とりあえず血統しかない。日光社参は江戸時代を通じて一九回行なわれていますが、そのうちの一〇回はじつに家光によるものなんです。だから、血統継承させるというのは、言うは易く、そのじつなかなかたいへんなんですね。

中世を終わらせた元禄時代

與那覇――換言すると、国際情勢や対外政策が混乱していた一六〇〇年代前半は、国内秩序においても不安定さが残っていたと。後世の目線から見ると、家康が江戸幕府を開いた時点で、将軍職はイエ制度でまっすぐ継承するのは自明のことだったと考えてしまうが、それは違うということですね。

むしろ東照宮をわざわざ造って家康を神格化したり、こじつけめいた理屈で家綱にもオーラをまとわせようとしたり、相当いろいろな工夫をして継承に正統性を賦与《ふよ》する必要があった。何度も例に出して恐縮ですが、北朝鮮でも代替わりごとにがんばって、「指導者たるにふさわしいエピソード」を創作しないといけないようなものですよね（笑）。

東島——いっぽう、継承できないことがわかると、今度は政治の中身で勝負しようとする人間が出てくるのも歴史のおもしろいところです。前章で述べた鎌倉時代の北条氏が、その典型ですね。

與那覇——科挙《かきょ》を実施していない、すなわち政権が道徳主義ないし能力主義でアカウンタビリティを作り出せない体制だから、日本社会の権力構造はどこかすっきりしない。「いちばん実力あるやつがトップ、文句あるか」ではなく、「血統的にトップになれないからこそ、実力で勝負」というかたちになると。

こういう江戸システムの安定の背景にも、やはり南蛮交易の打ち切り＝いわゆる「鎖国」があるという見方になりますか。

東島——一六四〇年代の家光時代に鎖国体制が完成して対外関係を幕府が独占し、しかも対象を中国・オランダとの通商、朝鮮・琉球との通信に限定していったというのが教科書的理解ですが、さきほども述べましたように、システムの安定には一六八〇年代、三藩の乱鎮圧による明清交替の完了という、東アジアの平和を待つ必要があったわけです。ですから五代将軍綱吉《つなよし》の時代ですね。ちなみに四代家綱には子がなく、弟で戌《いぬ》年生まれの綱吉が嗣《つ》ぎましたが、五代目は午《うま》年生まれであるべきだ、なんて理屈をこねる必要はもうなかったわけですね（笑）。

　平和の時代に入ると、もはや日光社参のような大軍事演習も必要ない。あと、一六二九年以来行なわれてきた「伊勢御代参《おだいさん》」も、一六八四年を画期として年頭恒例行事化され、それまで徳川一門として行なってきた伊勢神宮への祈願を将軍家が吸収・一本化します。ここに、朝廷・伊勢・日光・大猷院《たいゆういん》（家光）廟《びょう》の四カ所が将軍権力の正統性を支えるものとして位置づけられていくわけですね。[11] まさに元禄太平の時代の到来です。

　あと忘れてはいけないのは、一六五七年の明暦大火《めいれきたいか》からの復興プロセスです。大火後、江戸は以前にも増して大きくなりました。それは事実ですが、注意しなければならないのは、インフラを一から再構築してできた「江戸」は、まだわれわれのイメージする華やかな「大江戸」とイコールではないんですね。それはいわば復興の第一段階にすぎません。両国橋界隈と言えば、江戸で最も繁華な場所と言ってよいでしょうが、錦絵《にしきえ》などに描かれるそのイメージは、基本的に一八世紀の享保《きょうほう》期以降のものなんですね。両国橋東詰の本所回向院《ほんじょえこういん》は出開帳《でがいちょう》や見世物、大相撲の発祥地として有名ですが、もとは明暦大火の死者、無縁仏を隅田川の彼岸に埋葬した無縁寺で、大火後も、日常的に発生する行倒れ者や牢死者が運び込まれる地としてのイメージが強かったわけです。

両国橋架橋後の江戸

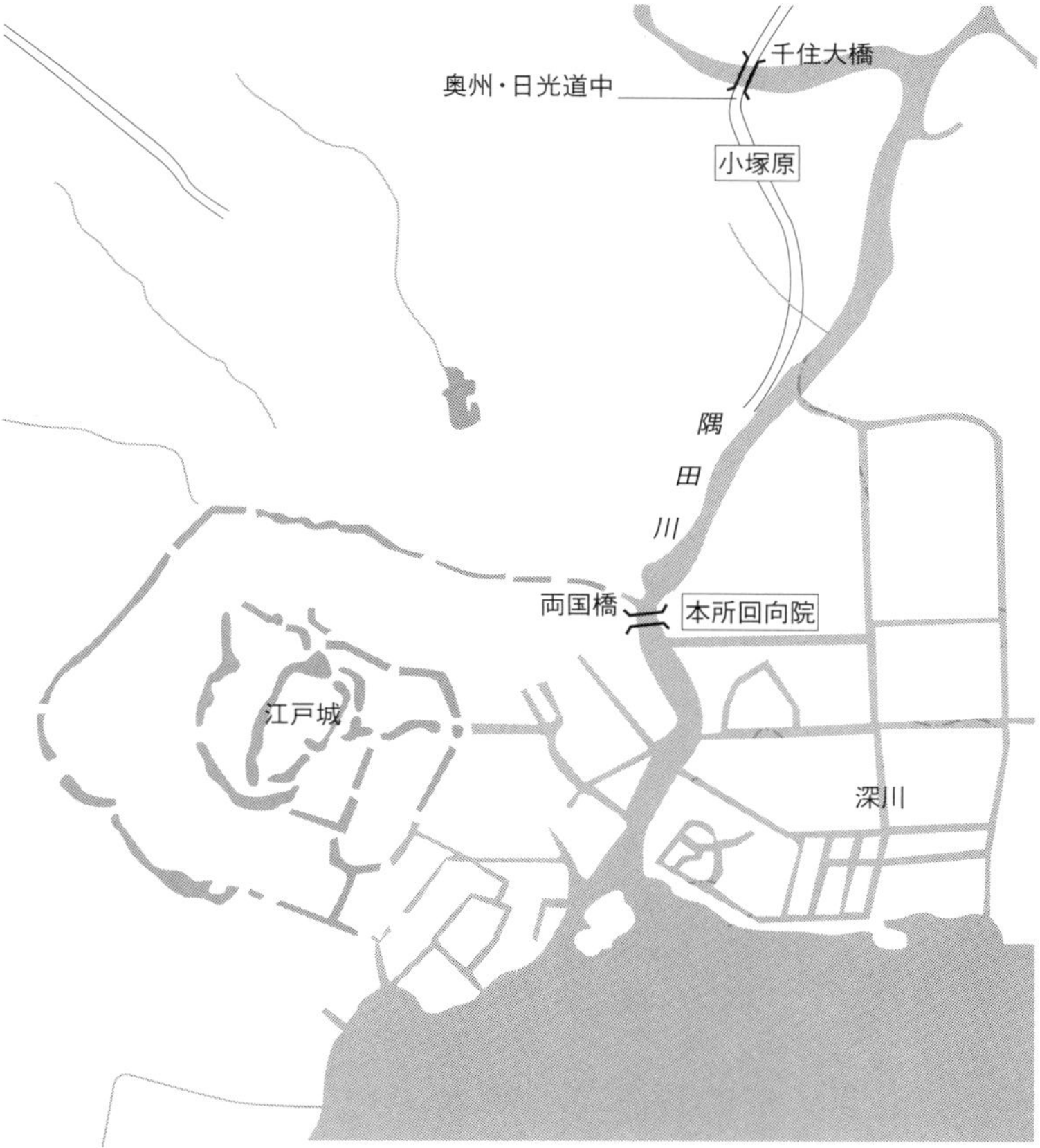

東島誠『〈つながり〉の精神史』

ところが、一六八一年には一六年に及ぶ両国橋の大工事がはじまり、われわれのイメージする大江戸へとつながる世界へとリニューアルされることになった。回向院もまた、遅くも一六八九年までには、無縁仏を受け容れてくれる「諸宗山《しょしゅうざん》」から、国家的な災害モニュメントとしての「国豊山《こくほうざん》」へと看板を掛け替えていくわけです。

かくして一六八〇年代には、復興の第二段階として、「行倒れ者」のような〈不都合〉なものをどうやって目の前から見えなくするか、つまりはスラム・クリアランスが断行されていくんですね。このことは、第二章末尾の秀吉問題とあわせ、なお今日的な課題のひとつと言えるでしょう。ともあれ秀吉が本格始動させた中世から近世への長い移行期は、だいたい一六八〇年代から一七世紀末、およそ元禄年間にかけて、ほぼ完遂されると見てよいかと思います。

忠臣蔵はブラック企業の起源

東島――さて、平和な時代になりますと、武士の生き方も様変わりします。武士のサラリーマン化というと、中世以来の土地とのつながりを残した地方知行《じかたちぎょう》制から蔵米《くらまい》(サラリー)を受けとる俸禄制への移行というのが定番の説明であるわけですが、主君の死に際し、御家のためは家のためと殉死《じゅんし》していった武士は、たしかに会社に人生を捧げる昭和のサラリーマンを髣髴《ほうふつ》させるものがありますね。

実際殉死・追腹《おいばら》というのは、新しい武士の死に方だったわけです。なにしろ戦国時代と違って、戦争で主君の「用に立つ」（戦死する）ということができなくなり、平和の時代には、武士は病床で死を迎えるわけですから。「やつは殿様に取り立ててもらったんだから当然死ぬんだろうな」と世間の眼も厳しいが、家族からも「お父ちゃん、息子の出世のために死んでおくれ」なんてプレッシャーを感じるわけで、殉死は悪しき美風となってしまった。それであわてて幕府は、保科正之《ほしなまさゆき》（会津藩主。家光の異母弟）の意見などにより一六六三年、武家諸法度公布時に、口頭で殉死の禁止を申し渡したわけです。

與那覇―今井正がその三〇〇年後に撮った『武士道残酷物語』が、徳川初期の殉死から戦時中の特攻隊を経て、社命のために恋人を裏切るサラリーマンまで、日本人の悲惨な「御家信仰」を系譜づけて描いていますね。南條範夫の原作で、ＳＭめいたエログロ演出ですが。

東島――武士の仕事内容も、番方《ばんかた》（武官）よりも役方《やくかた》（文官）のほうが重んじられるようになっていきます。一七〇二年の有名な赤穂《あこう》事件は、武士の近世化と言いますか、新しいタイプの武士、新しい主従制のカタチを象徴する事件でした。では大石内蔵助《おおいしくらのすけ》と吉良上野介《きらこうずけのすけ》のいったいどっちが新しいのかといえば、結論的にはどっちも新しいタイプの武士なんです。

　高家《こうけ》肝煎《きもいり》で礼式に明るい吉良義央《よしひさ》みたいなのが、平和の時代に必要とされた新しい武士類型だというのは、たぶん説明はいらないでしょう。しかしながら大石良雄《よしお》もまた、家老の家に生まれたから家老になれた、平和の時代の武士だったわけです。そこは実力で取り立てられた戦国時代の家老とは違います。戦場の苦労をともにすることもなく、おまけに参勤交代制度のおかげで主君浅野内匠頭《あさのたくみのかみ》とは育ったところも別々ですから、まず主君と「情」を共有する場面がない。
高木昭作さんが大高源五《おおたかげんご》を例に、谷口眞子さんが堀部安兵衛《ほりべやすべえ》らを例に同様の説明をなさっていますが[12]、平和の時代の武士であっても、側近連中の場合は日常的に主君に接しているわけですし、「自分を取り立ててくれた」というようなかたちで主君と「情」の共有が可能だった。だから側近連中は急進化し、大石との温度差が顕在化していくわけですね。にもかかわらずなぜ大石は動いたのか、言い換えれば「情」のかよわぬ新しい武士は何に基づき行動すればよいのかと言ったときに、高木さんは、それこそ鷗外の『かのように』を借りて、情が共有されている「かのように」行動すべきだとする、新しい主従制のかたちを読み取られた。つまりは「義理」の関係だと言われるんです。

與那覇―第一章では荒廃後の平安京に「かのように」の論理を見たわけですが、パーソナルな情誼を失なったあとの武家社会でも、同じように繰り返されると。

東島――「義理」という言葉はなかなか厄介で、世に「義理人情」なんてごっちゃにした言い方があり、さらには「義理」にも「暖かい義理」と「冷たい義理」があるなんて言い出すと[13]、何でも説明できてしまうゆるい話になってしまいます。よってここでは、「情」が入っていないからこそ「義理チョコ」なんだ、という学生諸君がよく知っている線で話を進めましょう。
いっぽうでは、中世の武士だって家人《けにん》型（主人の人格的支配を強く受ける従者）と家礼《けらい》型（主人の人格的支配から比較的自由な従者）の二類型がありますから、高木さんの話はそんなに新しい議論でもないぞ、という疑問もないわけではない。ですが、そこに近世ならではの「平和」というカードを一枚かませることによって、この時代には、情がかよっている「かのように」行動しなければならない局面が増えてきたというのは、いちおうわかりやすい説明だと思うわけです。
殉死にしても、伊達政宗が死んだときの矢目常重《やのめつねしげ》のような壮絶なもの[14]から、本当は死にたくないんだけどな、というものまであったのではないでしょうか。でも「本当は死にたくない」とは言えないからこそ、「かのように」行動するわけです。なぜなら「御家のためは家のため」、逆に「御代官に逆らうことはお上に逆らうこと」、それが近世の「公」の構造だったからなんですね。だからこそ、谷口さんが分析されたように、赤穂浪士の場合も四七名の内二六名までが、親子やなんらかの親族関係にある者、つまりほぼ四つの同族グループからなる「家ぐるみ」の行動だったわけです。

與那覇――赤穂藩は「企業一家」だったわけですね（笑）。まさしくサラリーマンというか、家族の暮らしを人質にされちゃうと、どんなにブラックな業務命令でもしたがわざるをえない。

東島――「公」が多元的、時限的に存在しえた中世社会が終わり、散らばっていたトランプカードが一カ所に集められて数字順に並べ替えられ、「個人」は「家」のため、ひいては「大名家」のため、ひいては「将軍家」のため、というように、より大きな数字のカードを意識せざるをえない、近世社会が到来したわけです。中世が近世に転換するには、一五世紀後半の応仁の乱から数えれば、じつに二〇〇年あまり、私が強調する秀吉の政策から起算しても一〇〇年かかったことになります。

歴史は進歩か、反復か

與那覇――ここまでのお話は非常に興味深くて、半分は私の本に対する批判であると同時に、補強になっている側面もあったので、反省するとともに安心しました（笑）。江戸時代は形式的には一六〇三年からはじまるが、個人的な紐帯ではなく家、すなわち「中間共同体の積み重ねによる秩序」という内実は、むしろ一七〇〇年ごろにならないと安定しない。いっぽうで逆に、そこに至る端緒に相当するものであれば、一五〇〇年前後の戦国時代の動乱のなかで、すでに芽生えていると。

『中国化する日本』では内藤湖南を引くことで後者の観点を強調して、日本は「戦国で変わった」と書いたのですが、これは変化のスタート地点を指すものだったのですね。一六〇〇年代の江戸初期八〇年間くらいは、戦国時代が終わりつつあるんだけども、まだ残っているような長い過渡期になっている。

東島――井上章一さんの『日本に古代はあったのか』は、内藤湖南を一歩進めて応仁の乱を中世から近代への転換と呼び、それを「私なりの新味」と呼ばれています。「新味」も何も、それはそのまま、一九七〇年代終わりに勝俣鎮夫さんが同じ湖南を引いて述べられていたことです。勝俣さんは、もう少しゆるやかに「戦国時代」と言い直されて、これ以前を近代と異質な社会、以後を近代と等質な社会と見なされたことについては、第二章で述べたとおりです。

ところが與那覇さんは、応仁の乱以降一八世紀中葉までを「日本的近世の形成」の時期と見、いっぽう一八世紀末、松平定信《まつだいらさだのぶ》の寛政異学《かんせいいがく》の禁（寛政改革期に行なわれた幕府の教学振興策）を「「中国化」としての日本近代」への新たな動きがはじまった契機と見ておられる。つまり戦国以降、近代までを「等質」と見る湖南＝勝俣説とはかなり違いますよね。

與那覇―たしかにそうですね。むしろ、すべてが「近代化」という方向性で語られるリニアーな歴史観を克服したい、という意識がありました。拙著で「反復」という言い方を用いたのは、歴史はつねに一方向に流れるというイメージを、相対化したかったからですね。

むしろ日本史には中国化へのベクトルと、江戸化へのベクトルという正反対の二つの流れがあって、それがときどき衝突したり、ふとしたはずみで合流したりしている。それをあとから振り返ってひとつのベクトルに合成してしまうから、あたかも一体としての「日本人の歩み」があるかのように、見えているだけなのではないかと。

ここまでの議論に則して言い換えると、社会の変革とは一方向的に起きるものではなく、むしろ江湖の概念のような未完の契機として各時代に宿るわけだから、歴史は往々にして、むしろ「後ずさり」するんですね。南北朝時代の婆娑羅《ばさら》や、東島さんが着目されてきた地域を超えた結社は、近世に入る過程で衰退して、息の根を止められていく。近世＝江戸化のベクトルの下で、大切なのは個人でなくイエ、結社（間地域的）ではなくムラ（地域的）、とどんどんひっくり返されて、最終的には「下剋上はだめで、生まれた家以上の身分や役職にはあがれません」ということになる。

図式的な整理になりますが、赤穂事件が「かのように」だという話も、秀吉のポピュリズムと同様の消滅する媒介者として位置づけられそうですね。一見すると四十七士は全員、浅野内匠頭とのあいだのパーソナルな情誼で「個人」として集まっているように見えるけれども、実際のところはそういう演技をしていただけで、家ぐるみで「御家」を支える官僚的なシステムの発動と化していた。以降の時代は、もはやタテマエとしてすら個人の部分は抜けてしまって、秩序の担い手としてはイエだけが残る、といった感じでしょうか。

東島――「家」ぐるみという問題をもう少し丁寧に言うと、さきの谷口さんの分析を思いきり整理すれば、大石は「大名家」という抽象的な制度への忠義、堀部安兵衛や奥田孫太夫《おくだまごだゆう》らは「主君その人」という具体的な人格への忠義というように、一見違って見えるが、じつはどっちの場合も「家」ぐるみで行動している点では同じなんだということなんですね。

つまり、古代・中世の章で話題の中心であったインパーソナルなものとパーソナルなものが完全に同一化した状態、それが近世の「家」なんだということでしょう。

與那覇―それはやはり、後継者の再生産という生殖行為をともなう「家」であればこそ有する、擬似的な自然性によるのでしょうか。フーコーの「生-権力」といった概念を連想する人がいるかもしれません。徳川最初の一〇〇年間は、あたかも戦国時代の殺戮《さつりく》状況が反転したかのように、農村で次々分家ができては人口も増え、そして彼らを食わせるだけの新田開発が進んだ。統治権力もそのことを邪魔しなかった。

日本史業界のフーコー受容には不思議なバイアスがあって、明治以降の（狭義の）近代社会の分析にばかり応用されるのですが、フーコー本人の仕事の多くは時代区分でいうと「近世史」のような気がします。歴史人口学の視点で見ても、江戸時代のライフサイクルと明治大正期のそれはそこまで違わず、戦前と高度成長後のあいだのほうがはるかに断絶している。[15]大家族から小家族への転換は、近代を待たず近世ですでに進行していたし、いっぽうで少子化は一九五〇年代、晩婚化は高度成長以降の現象ですから。

東島――つまり、一七世紀は子孫を増やすための生殖行為と、新田開発とが、「励めや励め」という同じ合言葉で推進されていった時代であり、その根幹に経営体としての「家」があったと言われるわけですね。そこは異論ありません。

ただし、フーコーが『性の歴史I 知への意志』で述べた「生‐権力」というのは、戦争が終わった平和な時代の権力、という意味ではないんですね。死刑執行権のように、君主だけが「死なせる」権利を握っていたような、「古い」権力形態に替わって、近代には逆に、「生きさせる」ための政治的テクノロジーが爆発的に出現し、生の身体が管理される社会となった。そうした「新しい」権力の態様に光を当てたものです。ですので、「家」を継ぐ後継者の再生産という意味での生殖行為であれば、むしろフーコーの言う「血液性」にもとづく古い社会のほうであって、そこに、政治的装置として「性的欲望」が位置づけられる近代社会を読み込めるかと言えば、おそらくそうではない。

與那覇―セクシュアリティの観点で見ると、やはり江戸と明治のあいだの断層が大きいわけですね。ただ、家というものがあたかも生命体のように駆動して、社会の秩序がそれらの織りなす「自然」なコスモスのように位置づけられていった時代として近世を捉えておくのは、のちほど近代以降の「江戸回帰願望」を議論する際にも有益な気がします。

実際、さきほどの反復という視点で見ても、「中世から近世へ」と「戦中から戦後へ」の二つの過渡期はダブって見える。どちらもかつては対外戦争に向けられたエネルギーが、途中から内向きの経済成長というかたちに切り替えられて、爆発的な社会変化を起こした。しかし江戸時代では一七〇〇年が近づくにつれて人口も停滞し、戦後日本の高度成長も一九七〇年前後に行き詰まる。ともにそのあとに残ったのは、よく言えば定常型社会、わるく言えば低成長の生ぬるい停滞社会で、さてこれをどう解決しますかというところで、今度は同じフーコーでも排除の問題が出てくることになります。

武家社会が作った「失敗の本質」

與那覇――この「戦国から江戸へ」の衣替えに、「戦中から戦後へ」の反復を見出すという視点をとると、興味深いのは組織原理の問題です。笠谷和比古さんが強調したのは、江戸時代の大名家の統治構造は非常に分権的なしくみだということでした[16]。その頂点が「主君押込《おしこめ》」という、独裁的な主君なら家臣が結束してみんなで押し込める慣習です。これは、主君個人への忠誠ではなく御家の存続こそが武士の本義という発想ですから、さきほどの赤穂浪士の議論にも重なると同時に、その起源は戦国時代の合戦に勝つための陣構えを、そのまま行政組織に転用したところにあるという。

当時の戦争ではモールス信号やトランシーバーで作戦本部から指示できるわけではないので、家臣それぞれが率いる各部隊に自律性を認めて、現地の情勢を踏まえて自分の裁量で戦ってもらうことが必要だった。そういうカルチャーになじんだ連中が、平和になったら軍事組織をそのまま行政組織に文字どおり衣替えしたので、トップダウンではなく現場主義的な統治機構が出来上がったと。

笠谷さんはどちらかというと、こうした日本型の組織をポジティブに評価するのですが、ちょうどそのネガをなすのがノモンハン事件から太平洋戦争まで、日本軍の失策を研究したことで有名な『失敗の本質』ですね。同書のオチも、日本型企業の独特のカルチャーは、戦前の軍隊から復員してきたやつが会社の幹部になったからああいうふうになると。つまり指揮官が無能ないし不作為であっても、現場の超人的努力で穴埋めさせるしくみです。

だから「プロジェクトX」的なかたちで、上司や顧客に無理難題を言われてもやり抜くという話が日本のビジネスマンにはウケる反面、かつて旧軍が自滅したのと同じ弱みを抱えている。個々の現場力だけが高くて、ヘッドクォーターが全体の統率をとれていないから、会社をあげて大きな方向転換をすることができない。これもやはり反復された構造です。

東島——主君押込というのはいかにも江戸時代的なものに見えるんだけれども、じつは中世にもあるんですね。笠松宏至さんの『法と言葉の中世史』には「中央の儀」という有名な論文があります。主君というのは中央香台の上に乗っている香炉のようなもので、実際にそれを支えているのは中央香台、つまり家臣団のほうだという議論をされています。主君押込の構造とほとんど同じものは中世にもあるわけで、本当にそれが特殊江戸時代的なものなのかどうか、疑問がないわけではない。

與那覇—なるほど、拙著では近世社会の全体を「江戸システム」のように括ってしまいがちでしたが、やはり個別の要素に分解すると、それぞれの芽は中世まで遡《さかのぼ》るものも出てくる。

それはやはり、中世篇の主題だった「主従制と統治権」がつねに両者あいまって存在する権力構造が、近世に入っても払拭されなかったということに尽きるわけでしょうか。

東島——どんなに北条氏起源の官僚制が優位になった江戸時代でも、結局のところ武士である以上、主従制は捨てきれないということになりますね。ただそのままでは時代にそぐわないので、当然、換骨奪胎されて存続する。情が失せても義理というかたちに姿態を変え、主人を御家に置き換えて自分の立ち位置を見定めている。そんな感じでしょうか。

與那覇—科挙というかたちで中国化していないから、完全な官僚制にはできない。もっとも中国の場合も、試験で選ばれた官僚に付与される公式な権力は統治権的だとしても、その官僚個人にぶらさがって一緒に甘い汁を吸う宗族《そうぞく》一同とか、彼らを養うために（便宜供与とバーターで）賄賂を持ってこさせている相手との関係は、主従制に近い。国家の制度外の、単なる私的なコネですから。

制度そのものはいちおう官僚制化して、その外部にぶらさがっている部分は私的な縁で、というのが中国スタイルだとすると、日本の場合は公式な制度自体が、中途半端でごちゃまぜになっている印象があります。君主と臣下の関係にまで、パーソナルな要素が残っている割合が高いというか。殉死にしても、保科正之がやめさせたあとも続いたわけですよね。

東島――ただ殉死は、あくまで江戸初期の現象ですね。たしかに保科が禁止しても、五年後の一六六八年には、宇都宮藩主奥平家が殉死者を出して二万石の減封、殉死者の子は斬罪《ざんざい》にあっています。しかしそれゆえ、将軍綱吉のときに、武家諸法度の本文に殉死禁止条項を追加するわけですね。その成果あってか江戸時代の殉死はこれが最後になります。[17] ですから、明治天皇に殉じた乃木希典《のぎまれすけ》まで、連綿と続く殉死の伝統があったなどと考えるのは間違いです。

與那覇――いったんそこで止まったとはいえ、殉死の克服にもやはり綱吉までかかっている。とすると、やはり同じものの反復を近代にも見出せそうです。昭和の陸軍が失敗したのも、武家社会と同様、「十全な統治権的支配」になりきれなかったからですね。

　同じ組織のなかでも、皇道《こうどう》派の総帥たる真崎甚三郎《まさきじんざぶろう》閣下を更迭したのが許せないから、統制派のボスの永田鉄山《ながたてつざん》（軍人。陸軍省軍務局長として総力戦体制の構築を進める最中、一九三五年の相沢事件で横死）を斬り殺してやるとか、わけのわからないエピソードがたくさん出てくる。軍隊組織がきちんと官僚制に徹するのであれば、左遷や更迭があろうと、「現在の上官のポジション」から発せられた命令にしたがうのが軍人だとなるはずなのに、組織の内部に私的な主従関係が残っていた。それが統制派と皇道派の血みどろの争いを呼んで、下剋上の気風が蔓延した結果、最後は自滅していく。

東島――遡って武家の政権を創ろうとしたとき、人脈だけで生きてきたヤクザ集団は、人脈だけでは動かないということにも気がつくわけです。人脈のないところにどういう統治が可能なのか、ということに気づいたのが頼朝たちです。これよりさき、律令制の導入時もそうだった。だからと言って、官僚機構がぱっとできたらそれで世の中が動くわけでもない。これが新しい国家、新政権を作ろうとする者の共通の悩みですね。

與那覇――この意味での組織論の観点からすると、拙著のように鎌倉幕府は江戸時代的で、後醍《ごだい》醐《ご》政権は中国的だとも、単純には言えなくなってきますね。源頼朝のほうは人脈＝主従制の原理だけでなく、統治権的なものもないと武家政権は安定しないとわかっている半面、後醍醐は中国的な皇帝専制を目指している割に、そういうところがルーズですよね。自分の私的側近や、個人的なお気に入りばかりを重用する。

　山本七平が前近代を扱う史論で、頼朝や北条泰時《ほうじょうやすとき》を「天才」だとやたらに褒めるのもそれが理由でしょうね。官僚制が私物化されている帝国陸軍で地獄を見たからこそ、武家でありながら剝《む》き出しの主従制原理をいったん抑制して、統治権の原理や法の支配に類似する統治機構を整備しようとした彼らが、輝いて見えた。当然ながら逆に後醍醐には冷たくて、ひとりだけで夜郎自大な夢を見て、「みんな俺についてこい」と言って自滅してゆく大東亜戦争の原型を、建武新政に見出している。[18]

　だとすると、やはり主従制か統治権かという対は、中国化か江戸化かとは、重なっていないわけではないけれども、ずれていると考えるべきですね。一対一でどちらかをどちらかに対応させることはできない。

公共事業入札と復興予算流用の起源

東島――第二章の終わりのところでお話ししたポピュリスト秀吉の政策を思い出していただきたいのですが、多額の米銭を京都の都市民に供与して、毎年、年率五パーセントの利息分だけを返せばよい、というのはいったいいつまで続いたのかと言いますと、まずは一六一一年です。あの政策が導入されたのは一五九二年、秀吉が死んだのは一五九八年ですが、じつは秀吉死後も続けられ、ちょうど二〇年経って返済した利息の合計が元本に達した時点で、利息見直しとなったわけです。中世では二〇年年紀法《ねんきほう》というのがあって、不動産の取得時効が成立するサイクルも二〇年なわけですが、二〇年経ったところで一サイクルというのは、当時のごく一般的な時間感覚なんですね。

　利息修正のうえで、最終的にいつまで続けられたかというと、一六一五年の大坂夏の陣で豊臣家が滅んでもやめず、じつに京都町奉行所ができた一六六八年までなんですね。つまり秀吉存命当時は都市民への「ばらまき」政策としてまずは成功。第二段階として、そのばらまき段階が終了しても、みんなでお金を出し合ってプールしたお金で橋を修理する方法はなかなかよい方法だと、金利を下げたうえでそのまま続けることになり、こちらは小さな成功、といったところでしょうか。

　ではこの大小の成功を受けて、一六六八年には何が刷新されたのか。一七世紀後半と言えば、いよいよ江戸時代が本格始動しはじめた時期ですが、この京都町奉行所の誕生にともなって、京都の公儀橋（費用を公儀が負担する橋）修理を入札でやるようになるんですね。
私の知るかぎり、公共事業入札の起源がこれです。秀吉流のばらまきはすでに終わった。今度は土木事業で儲けさせてやろうという段階に、いよいよ入っていくわけです。

與那覇――なんだか、田中角栄が「今太閤」と呼ばれたのを思い出しますよね。むしろ、豊臣・徳川政権を「昔角栄」と呼ぶべきなのか（笑）。
現代を説明する際に歴史からメタファーを持ってくるのは、安直なあてはめにも陥りがちな半面、意外に本質を射ていることもあるのですね。

東島――土木事業が利権を生む。これはいまも昔も変わらぬところですが、二〇一一年の東日本大震災の復興予算が官庁の改修工事に使われて問題になりました。二〇一一、一二年度の復興予算（約一七兆円）から、氷山の一角として判明しているだけでも（二〇一二年秋報道時点）、国土交通省が一〇〇億円、国税庁が二〇億円を、官庁施設の改修費に投じたわけです。しかも被災地からほど遠い関西や九州の官庁にまで。そのうえ、反捕鯨団体シー・シェパードの活動に対する監視船チャーター費五億円を含む、二三億円が農林水産省の調査捕鯨関係に投入され、外務省はアジア太平洋、北米地域との青少年交流に七二億円、国土交通省は沖縄の国道整備に六〇〇〇万円を投入するなど、震災とはなんの関係もない事業に多額の復興予算が流用されたことは、記憶に新しいところです。[19]
こんな馬鹿げたことがじつは江戸時代にもなされていたなんて言うと、「いまも昔も一緒なんだ」みたいに、結果的に現状を免責する言説になりかねません。ですのでそこは注意が必要なのですが、じつはこの厚顔無恥な歴史の起源こそ、一七〇七年の宝永《ほうえい》富士山噴火時の復興増税「諸国高役金《しょこくたかやくきん》」です。[20]

このとき、被災地の「御救《おすくい》」のためと称して集めた高役金は約四九万両。ところが幕府は、うち約半分の二四万両を、なんと江戸城北の丸造営費としてプールしたわけです。実際に被災地救済のために使われたのは一六万両で、この時点で残り九万両が使途不明金。さらに一六万両の内、実際に使途がわかっているのは六万両ほどで、残り一〇万両もまた使途不明金なわけです。江戸城北の丸造営費が被災者の雇用目的であったら、まだしもよかったのですけれどね。

與那覇―じつに示唆的な挿話だと思います。拙著では、「あらゆる税はわるい税」は江戸の百姓一揆から今日の消費税反対まで共通だ、という言い方をしましたが、日本人は権力に従順だと言われる割に、心のどこかで政府を信じていない。持っていった税金は絶対、国民のためじゃなく自分のために使うんだろ、という不信感がある。北欧型の「政府を信頼して高税率の税金を払い、その代わり社会保障を充実させる」国家をみんな口では望むんだけど、実現できるとは内心思っていない。

国のサイズが大きいから一体感や信頼感が生まれないのであって、小さくすればできるようになるはずだというのが道州制論のロジックですが、はたしてどうでしょうか。中世篇で議論したように、たしかに地理的なサイズとして日本が広すぎるという発想は、歴史的にもルーツがあるわけですが、人口で見ると江戸時代はスタート時に全国で一〇〇〇万人、ピーク時は三〇〇〇万人。いま、道州制を導入するとひとつの道州がそんなものでしょう。そして江戸時代には実際、その人口規模でもあっさり予算を流用していた。これではお上が信じられる世の中なんて、夢のまた夢ですね。

東島――ところが宝永大噴火の場合はそうではなかったわけです。諸国高役金の納税率はほとんど一〇〇パーセントだったというのですから。実際のところは政府不信どころか、みな復興増税だと信じて差し出したんだと思いますね。ただその後、そのお金がどう使われたかは知るよしもなかった、というだけです。それよりもいまのほうが、はるかに始末にわるい。復興予算の目的外流用の話を聞いても、ただ「呆れる」だけで、「怒り」のエネルギーにつながらないわけですから。そうした政治不信の起源は、また別のところにあるように思いますね。

享保の飢饉が生んだ自己責任論

東島――歴史的に見て、一九九五年は決して「ボランティア元年」ではありませんでした。NPOやNGO的な活動であれば、それこそ古代の行基《ぎょうき》と知識結《ちしきゆい》の社会事業にまで遡りますし、また中世後期には勧進という名のアソシエーションがあったわけですが、にもかかわらず『〈つながり〉の精神史』では、一六八二年の天和《てんな》の飢饉に画期を置きました。

ちょうど二〇一〇年のクリスマス・シーズンに、ランドセルなどを寄付する「伊達直人」現象が話題になりましたよね。じつは当時も同じように寄付行為が「今長明《いまちょうめい》」という仮名で行なわれ、『犬方丈記』という名のルポルタージュが、都市を超えたネットワークを創り出していったんですね。この今長明というキャラクターにはじつは、それまで自分がコミットしていた世界の外側に対してどういう「想像力」を持つことができるか、そしてその「想像力」をどのようにして拡げていくことができるか、というテーマが内包されていて、社会的弱者として「悲田院《ひでんいん》」の内に引きこもっていた長明がその一線を乗り越えていく、旅立ちの物語なんです。

しかしこのような思想が一七世紀に誕生していた、という事実を手放しで喜ぶわけにもいきません。災害ボランティアの誕生とともに、にわかに顕在化したのが、定義される〈被災者〉という問題、すなわち、被災者と認定されて救いの手が差しのべられる人と、切り捨てられる人のあいだに、どのように境界線が引かれたか、当時の表現で言えば「飢人《うえにん》」の「仕分け」とい

旅立つ今長明

『犬方丈記』国立国会図書館蔵

う問題だったのです。[21]

問題を探っていくと、どうやら享保の飢饉（一七三二―三三年）に画期があることがわかってきました。被差別民に対する救済を「非人施行《ひにんせぎょう》」と言いますが、享保以前の飢饉・災害では、実際に食糧を求めて集まってくる人々の大半がじつは「町人」だったりしたわけです。つまり、非人と町人の線引きが曖昧で、貧困層は誰でも被差別民に転落しうる可能性がずっとあった。ところが享保の飢饉では、幕府は飢饉や災害によって被災者になった人だけを救うという意味で、「飢人」という言葉を厳密な定義のもとに使用するようになっていくんですね。それはただ単に「お腹がすいている人」一般を意味するのではなく、文字どおり「被災者」というカテゴリーとなったわけです。

與那覇――まさにいま、アクチュアルな問題ですよね。3・11の東日本大震災の体験は、私たちの他者への想像力を拡張してくれたのか。それとも人々のあいだに走る亀裂や分断線を、かえって強化してしまったのか。

東島――享保以前にあっては、何をもって被災者とし、何をもって日常的な困窮者とするかは、容易に分けられない状況だったわけです。しかし幕府は享保の飢饉時に、「飢人」「飢人同然至極貧窮の者ども」「困窮人」というように、無理やりランクづけをしていったわけです。ただしこれはあくまで幕府本部の意向であって、末端の役人のレベルでは、史料上の表現で言えば「不吟味なる仕方」で対応していたこともわかっているんですね。

現場の役人は、実態を自分の眼で見ているので、日常的な困窮者に対しても寛容なんです。

見て見ぬふりをする。ところが本部のほうでは、そうはいかない。「困窮人」については、途中までは手を差しのべますが、以後は自己責任で生計を立てなさいとするわけです。逆に「飢人」、すなわち被災者認定を受けても、どうにも自活できない人は「身分片付《みぶんかたづけ》」、つまり「非人手下《ひにんてか》」へと「仕分け」ていったわけです。

ちなみにこの「仕分け」は、れっきとした史料用語なんですね。民主党政権時代の、いわゆる「事業仕分け」から借りてきたものではありません。

與那覇――今日で言うと、生活保護申請を棄却する「水際作戦」を連想させますね。実際、「不正受給者」バッシングが突如台頭し、正規の受給額まで減らされてゆく背景にも、震災後の空気がわるい意味で影響している気がします。東北の被災者は施《ほどこ》されるべき「正しい弱者」だが、おまえらはそうじゃない、むしろ正しい弱者に回されるべき予算を盗んでいる金喰い虫だ、といった……。

東島――民間ボランティアの起源は一六八〇年代、そのはじまりは「旅立つ今長明」でした。ボランティアの舞台は長崎、堺、大坂、京都の、西国四大都市です。一七一四年の正徳《しょうとく》の飢饉の場合は、江戸・京都・大坂の三都に加え、名古屋でもそうした動きがあったことが確認できます。要は大都市ですね。ボランティアがさかんになると、幕府だけでなく民間のほうでも、いったいどこまでを救うのかという議論にぶつからざるをえない。たとえば、「是非施したく思う者」なんて皮肉をある陽明学者が言っていますが、そんな素朴な善意だけでは、救済活動がうまくいくはずがないということですね。それはある意味では、たしかに正しい。なぜなら

「餓人《がにん》たかりて取り付き、ほどこすことあたわず」[22]だからです。

現実問題として、多くの被災者が次の日も、また次の日も続々と集まってきたら、素朴な善意などひとたまりもない。だから、「是非施したく思う者」などと皮肉を言ったわけです。こういう批判があった結果、民間の側でも「ここまでは救える」という範囲がはっきり線引きされてくるんです。実際、享保の飢饉のときには、整理券として札をあらかじめ配って、札持参の人たちにしか渡さない、というふうに変わってくるんです。幕府は幕府で、民間ボランティアが機能しはじめたら仕分けを断行して、あとは民間に任せようということになってくる。

與那覇――「プロ市民」（左翼色をともなう社会運動に、なかば専業的に従事する活動家を揶揄して用いられるインターネットスラング）批判も、江戸時代の飢饉時からあったわけですね。

社会理論では、そういうものは社会主義のような「大きな物語」が失効して、ベタな正義論を振りかざす行為がアイロニカルな嘲笑の対象に転落してしまった、「ポスト近代社会」の特徴として位置づけられる。[23]しかし歴史の目線で見ると、いまの日本の問題は、どうもそれだけでは解けない気がするのです。むしろ近代以前に起源を探らないことには……。

東島――だとすればなおさら「ネット右翼」のそれと同列にしないほうがいいですね。少なくとも、批判した側もされた側も真剣ですから。真剣勝負と言えば、明治の例ですが一八八一年には『朝野《ちょうや》新聞』の末広鉄腸《すえひろてっちょう》と『東京横浜毎日新聞』の肥塚龍《こいづかりゅう》のあいだで、「貧民を救うことは社会の義務であるかどうか」という大論争が行なわれました。後者の主張こそ、〈自己責任論〉の最たるもので、慈善はあくまで個人の篤志者がやるべきもの。国家や社会（ちなみに末広の論調ではこの両者は区別されていない）が担うべきものではない、という発想です。[24]

ここまでは政府がやるべきこと、という線引き。ここまではわれわれボランティアがやるべきこと、という線引き。こうしたコミットする範囲を仕分けていく思想が、幕府のみならず民間のほうからも出てきたとき、まっさきに切り捨てられるのが、日常的な困窮者です。そうした問題の起源が、江戸時代は吉宗の時代、享保年間にあるということではないでしょうか。

「災害ユートピア」は現出したか

與那覇――『中国化する日本』では中国化に比したときの「江戸化」の特徴を、いまふうに言えば大きな政府であること、つまり経済的自由の抑制と引き換えに、公権力が一定程度、生活の最低保障を担保したことに置いたのですが、実際にはその下で、社会的排除の起源も作られていた。五五年体制下の自民党が大きな政府だったといっても、真の意味での国民皆福祉にはなっていなかったようなものですね。働く業界や正規・非正規の別、営む家族形態などによって、国から与えられる保護には明らかに格差があった。

江戸時代の場合、民間の篤志家有志に委ねられる部分と、幕府が救う部分との関係はどうなっていたのでしょう。たとえば、両者は重ならないように調整されていたのでしょうか。

東島――役所仕事みたいに「行政が対応するのはここまで」というような切り捨てる関係ではなく、お互い足りないところを補い合いましょうという幕府・大商人・個人施行者の補完関係がはっきり見られるのが、一七四二年の寛保《かんぽう》の大洪水ですね。享保をはじめとする飢饉時には、打撃を受けるのはもっぱら弱者です。ところが洪水は、目の前のものを一気に奪ってしまうわけで、さすがに飢饉のときのようなことは言っておられず、もう札なんか配らずにやりましょうという動きが出てきます。つまり貧しいものも富めるものも等しく財産を失なったときに、「札」という発想自体も一気に押し流してしまった、という意味では大きな画期だろうと思っています。

與那覇――3・11以降に多くの識者に引用された、ソルニットの『災害ユートピア』を思わせる光景ですね。同書の理論的な基軸は、クロポトキンのアナーキズムです。人間には本来、あまねく相互扶助を志向する心理が備わっているのだから、ホッブズ的な発想で設計された国家権力の秩序が壊れたときのほうが、そういう助け合いの本性が開花するという話でした。逆に言うと、大災害が起こって壊れてしまうことで初めて、その社会や国家が普段いかなる線引きをして「助ける人／助けない人」を選別していたかが、可視化されてくるとも言えます。

日本の場合は、中世から近世への過渡期が終わって完成したときには、身分制とバンドルされた救済システムになっていたということですよね。「まっとうな身分」の人間なら家ごとに職（家職）があるので、平時はそれを営めば食べていけるはずである。しかしなんらかの有事が発生して一時的に食べられなくなっている場合は、公的に助けてあげるリストに載せてやろうという発想だった。

東島――このころには両国橋界隈も、われわれのイメージする華やかな江戸という感じになっていて、まさに災害ユートピアの現場となっていたわけです。ただしそのパラダイス幻想は、じつは両国橋のリニューアルによって、「無縁死」や「牢死」のような〈都合のわるいもの〉を裏の見えないところへとクリアランスした結果現出したものだ、という視点も必要だと思いますね。

與那覇――中世までは自力救済が原則ですから、個々人の生存保障もボランタリー・アソシエーションに依存するしかなくて、最後の究極形としては「隣のやつを殺して自分がとる」ということになりますよね。それに対して、戦国大名から秀吉、家康へと受け継がれた近世権力は「巷の勧進聖《かんじんひじり》なんかに頼らなくても、おれらにしたがえば平和な秩序を作ってやるよ」と言う。しかしその代償として、「救われるべき人々」の範囲は、国家によって線引きされる。

いっぽう、まさに近世への衣替えが終わったはずの一七〇〇年以降から、都市部での打毀《うちこわ》しが出現してきますよね。この打毀しがだんだん増えていくのは、救う範囲に入れてもらえなかった人たちがやっているという理解でよいのでしょうか。

東島――打毀しは「わるいのは米問屋だ」みたいなかたちで特権商人に不満のはけ口を求めて襲撃するわけだから、それは民間の格差拡大のなかで起きた闘争である以前に、幕府をはじめとする領主権力と特権商人の結託に対する批判という性格を持つものです。

しかし、少なくとも一八世紀後期、老中松平定信《まつだいらさだのぶ》の寛政《かんせい》の改革のころには、江戸における日用《ひよう》（日雇の意）層の増加や都市下層民衆の分厚い展開に対する援助が急務になっていて、定信はこれを「人々解体」の危機と呼んでその解決を有名な「願文《がんもん》」（一七八八年、本所吉祥院の歓喜天に捧げた）で誓ったわけです。それで半官半民で運営される町会所《まちかいしょ》を作って、都市下層対策に力を入れた結果、天明期にあれほど頻発していた打毀しが起きなくなったんですね。一八六六年という、最後の最後には打毀しが起こって、幕府はつぶれちゃいますけれども。少なくとも寛政の改革以降、江戸で打毀しが起きなかったのは、四〇万人前後の困窮者に対し「御救米」を支給したからです。[25]それもわずか一〇日分の食糧を給付しただけで、不満の爆発が未然に防げた。その点では充分成功した政策だったと言ってよいでしょうね。

江戸町会所というのは、そもそも神田向柳原《むこうやなぎわら》に立地する、一二棟からなる囲籾蔵《かこいもみぐら》の一角にあるんですね。教科書でおなじみの七分積金《しちぶつみきん》は、町入用《ちょういりよう》の節減可能分の七割を江戸町方《まちかた》全体のために出させて町会所で運用するもので、いざという時のために備蓄を作る思想に貫かれているところが、定信の政策の大きなポイントなんだと思います。危機管理という点では一歩も二歩も進んでいる。

與那覇—寛政の改革を、拙著ではもっぱら異学の禁に着目して、幕末以降の「中国化」（儒教思想の本格的定着）の起源と位置づけたのですが、[26]定信はやはり一七九〇年に浮浪者収容所として、石川島に人足寄場《にんそくよせば》を設けたことでも知られますね。それも、「町会所的な救済システムでも救えないやつは、寄せ場に送り込む」というストーリーでつながりますか。

東島——『〈つながり〉の精神史』で触れましたが、それを作った事情と実際にどう用いられたかのあいだに、微妙なズレのある政策ではありますね。無宿人・浮浪者の授産・更生施設という発足事情と、実質的にはそれが収容所的な役割を果たしたという機能の両面を見ていく必要があるでしょう。

　とくに、無宿人だけでなく犯罪者も入ってきたりすると、だいぶ様子が変わってきます。寄場は、日雇労働者の市場としていまも生きている言葉ですから、現在進行形のテーマですね。

江戸が示したアソシエーショニズムの限界

與那覇――まさしく東島さんのモチーフゆえというか、「都市をいかに食べさせるか」に着目することで、中世から現代までを貫通する問題が浮かび上がっているように思います。もちろん農村部でも凶作なら飢饉になりますが、都市とは原理的に「自給自足」ではない場所なのだから、そこで食えなくなった際の生活保障を、誰かが担わなければならない。

　中世までだったらよくもわるくも、勧進のようなチャリティによってなんとかしていたのを、消滅する媒介者たる秀吉が「俺にしたがっていればバウチャーをあげるから、アソシエーションなんか作らなくても大丈夫だよ」という統治をはじめた。しかしながら、都市民ぜんぶをカバーするのは不可能なので、どこかで区切りを入れないといけなくなる。

　つまり、「公的に助けてもらえる人」の範囲からはみ出る層が、どうしても出てきてしまうわけですね。そうすると民間の有志がそれを助けようとして、再び結社的なものが再登場してくると。

東島――再びというより、ゼロから新たに起こす感覚なんですね。常識的に言って人々は腰が重い。これを動かすにはメディアの力が必要ということで、時代によって新しいメディアが立ち上げられていく。それが私の修士論文のテーマだった。社会学者でカルチュラル・スタディーズの推進者のひとりでもあった花田達朗さんが、レジス・ドゥブレ（フランスの革命家・哲学者で、ミッテラン政権のブレーンも務めた）の「メディオロジー」（たとえば大作家よりも本の行商人のほうに注目するような、思想・言説のロジスティクスを重視する学問）の視点と私の日本史分析の視点の共通点を指摘してくださったことを[27]、懐かしく思い出しますね。

秀吉のときに都市民を共犯者に巻き込んで古いメディエーター（媒介者）たちを追い出してしまったのだから、あとは行政がなんとかするか、知識結（宗教）や勧進興行（芸能）に替わる新しいメディアを立ち上げるしかないわけです。さきに「公共事業の起源」として話したように、行政は土木工事は得意ですが、被災者救済のようなきめ細かな事業はやっぱり得意ではない。そうして登場したのが『犬方丈記』という災害ルポルタージュなんですね。いざそういう「新しい公共」みたいなのが立ち上げられて実際に回りはじめたら、国家はもうそこまでやらなくてもいいと、一気にエフォート（努力）の配分を減らすわけです。

與那覇―ポスト3・11で言えば、「もう日本政府は頼りにならないし、マスコミも信じられないから、ソーシャルメディアの力で俺らがなんとかしようぜ！」みたいな空気ですよね。それがかたちになるのは素晴らしいことでもある反面、完全にそれ頼みになってしまうことにもジレンマがあると。すなわち、国家が生活保障をぜんぶ覆いきれないからこそ、ボランタリー・アソシエーションの可能性が生まれると同時に……。

東島――ボランタリー・アソシエーションが発達したら行政の救済が滞《とどこお》るという、一種のトレード・オフになってしまう。

與那覇―ボランタリー・アソシエーションの発達が、かえって社会の安定を損ねる恐れもある。非常に今日的な現象ですよね。「これからはＮＰＯの時代だとか言っていたら、国家が手を抜くだけじゃないか」と。ネオリベラリズム的に国家による保護を縮小して福祉を切っていく流れを、「いまはいろいろＮＧＯやＮＰＯがあるから、ボランティアが助けてくれるでしょ」という雰囲気が補強してしまうことがある。

東島――そうやって、だんだんボランティアも義務化していくんですね。かくして、学校教育のなかでゴミ拾いをしたという程度のことが、推薦入試で生徒のセールスポイントになるよう、教師が一生懸命内申書を書くという時代が訪れる。

與那覇―そうして古代以来の『文字禍《もじか》』、ないし「文書禍」の世界に帰ると（笑）。つくづく歴史は進歩でなく反復ですね。

いっぽう江戸時代の社会福祉の負の側面として、私が学生にいつも見せるのは、渡辺京二さんの『逝きし世の面影』の一節です。同書は基本的には、幕末維新期に日本を訪れた西洋人の観察を渉猟《しょうりょう》して、「産業化した工業文明の下で疎外されていた近代人にすら、羨ましく映った江戸時代」へのノスタルジアを掻き立てる書物です。だから多くの人に読まれている反面で、じつはこんなエピソードも入っている。

日本人の知り合いは、「道傍に身を投げだす病者、不具者、老人、盲人に対してさえ」施しをしてはならぬとスミスをとめるのだった。日本には貧窮などは存在しない、一族とか家族が貧しいものの面倒は見るし、旅先で病み倒れた者は政府が故郷まで送り届ける、だから街頭で乞食をしている者は怠け者からそつきなのだ、というのがその日本人のいい分だった（平凡社ライブラリー版、一四八－九頁）

江戸時代の場合は身分制の下で、イエごとに家職が割り当てられているから、それさえしっかり勤めていれば「食える」ことが前提なわけですね。だから、困窮者の面倒を見るのはなによりもまず家だという話になるし、実際に人返し令を発して都市移住者を「家」のある農村へ戻そうとする。家にかかわりなく、人は「個人」として救われるべきだという発想は、そこからは出てこない。

これもまた、今日の問題の起源ですね。いまも日本の福祉行政は「雇用の維持」に重きを置いていて、正社員のサラリーマンが「家職」を失なわないようにという配慮はしてくれるけど、そもそも家や職がない人に対して、直接給付で支援するという発想は乏しい。生活保護バッシングもつねに、「国に頼る前に家族に頼れ」「なんで働いてないやつがもらうんだ」というロジックをとる。要するに憲法の社会権なんて幻想で、いまも家職制で福祉国家が運営されているということですよね。

東島――幕府の場合、江戸町会所の「御救米」のような直接給付は、むしろイエ制度から疎外された下層民衆を相手にした政策でした。逆にイエがセーフティ・ネットになりうる層のほうを、自分でなんとかしろ、と突き放すわけです。いっぽう、村落の場合も、享保の飢饉のときなんかは、「夫食米《ふじきまい》」を幕府が貸してくれるのは「御料所《ごりょうしょ》」つまり幕府直轄領（天領）だけで、それ以外は村内の助け合いや村落間の助け合いでなんとかしなさい、というかたちでのダブル・スタンダードでした。ですから江戸時代も基本的には自助ですよ。その自助が享保期に「自己責任」へとすり替えられていったところこそが問題だというのが私の考えなんですね。

後半におっしゃった生活保護バッシングという今日的な問題については、歴史的起源を語るという構えをとりたくはないところなんですが、江戸時代には「悪ねだり」という言葉がありました。[28] すべての弱者がそうではないにもかかわらず、現実にそういう人がいると、そこを捉まえて石原慎太郎さんのような弱者蔑視の物の言い方が出てくるわけです。そこはすごく難しい問題ですよね。

もう一点付け加えるとするなら、江戸時代は「合力銭《こうりょくせん》」を要求することはむしろ当然の権利のように思われていたところがあって、幸田露伴の『辻浄瑠璃《つじじょうるり》』（一八九一年）に出てくるような「人の門《かど》に立って一銭二銭の合力を乞うため唸《うな》るあさましさ」なんていう、近代的な「恥」の感覚はまだないんです。対面性が標準の時代ですからね。そこのところがわかっていないと、ひどく問題を取り違えることにもなりかねないし、その手の研究者はそれこそお門違いのことを言って恥をかかざるをえない。

アウトローだけが自律する社会

與那覇―あくまでもプロトタイプとしてではありますが、正負ともに江戸時代に、いまの日本に通じる国のかたちが一定の体系化をみる。徳川日本の生活保障システムの限界としては、幕藩体制が地域割りになっていた点も重要だと思います。

『東アジアにおける公益思想の変容』という興味深い論文集で、ルーク・ロバーツさんが書いていたのは、「野非人《のひにん》」がいちばん悲惨だという話でした。[29] つまり属する地域共同体を持たない流浪者になってしまうと、どこの藩にも「おまえは管轄外だ」ということで施しを断わられる。だから助かりたければ、もとの身分を捨てて正式に非人集団の一員になるしかないと。

東島――享保以前は、野非人的な状況になることがきわめてよくあることでした。さきほども述べたとおり、非人に対する施行であっても、実際には町人と非人の区別がつけられない。ところがボーダー層が分厚くなってくると、今度はそこをきっちり仕分けていったわけです。

與那覇―「公的に助けるべき相手」を身分で分けるだけでなく、地域でも分けたと。うちの領民なのか、よそから流れてきたやつなのかで待遇を変える。こうして地域的にも心理的にも、「ここからさきは同情の必要なし」というバリアがはっきりできていった。人別帳《にんべつちょう》（宗門人別帳。本来は宗教統制のための檀家制度の一環で作成されたが、今日の戸籍簿の役割を果たした）の所在地でまっとうな家職に励んで、「普段は暮らせていたけれども、一時的に災害にあって暮らせない」という人に絞って助けるわけですね。
現在の日本で、天災による被災者への共感は決して乏しくないのに、平時における日常的困窮者への視線は意外なほど冷たいものを感じることの起源を、やはりどうしてもそこに感じざるをえないのです。ちなみに江戸時代の場合だと、「普段から暮らせない人」はどうなっていたのでしょうか。

東島——一定の期間はとりあえず面倒見るけども、それからさきは自分でどうにかしなさいということになります。それでもだめなら、身分制の最下層に「狩り込む」わけです。
あと與那覇さんがいま言われた、平時における日常的困窮者への視線は意外なほど冷たいというのが、じつは私が『〈つながり〉の精神史』の「合力から義捐へ」の章で述べた核心部分でもありました。東日本大震災の現地の避難所で、川浪剛さんが、自分がホームレス支援団体に所属している旨を名乗ったら、「口元をニヤリと緩めた世話方の人があった。あのような人々（引用者註＝ホームレス）といまの私たちの置かれた状況とはまったく違う。自己責任と天災で家を失なったのは別もの。とても失礼だ、ということを存外に含んでいるかのようだった」という状況です。[30]

與那覇—近世期に引かれた境界が、今日まで続いていると。江戸時代であればホームレス支援のNPOではなくて、おまえらはもう非人なんだから、国ではなく弾左衛門《だんざえもん》（非人身分の頭領）になんとかしてもらえ、ということにされていたわけですね。
逆に言うと、この非人制度がある種のNPOとして機能して（させられて）いたというのが、日本社会のわかりにくい部分だと思うのです。国家から半ば見捨てられた最底辺のところに、ある意味でいちばん自律的で自治的なものを残している。だけど、自律的に見えるけど底辺だから、そこでの自治は決して社会のモデルとされることはなく、むしろ蔑視や迫害の対象にされてゆく。

中世まではほかにもさまざまなかたちで存在したはずの、国家に対して自立的な結社が、身分の序列としても生活状態的にも、最低ラインの場所にだけ追いやられて偏在している。どうしてそんなことになるのか、というのが、日本中世に独自の「自由」を見出した網野善彦の問いでもあったと思います。

中国の場合、「賤民《せんみん》」はものすごく少ないと言われています。インドのカースト制であったり、日本の被差別部落であったりというかたちで、一定数が身分の一ランクとして設けられているわけではない。そうした身分は、統治権力の側が「あると便利だから」作り出すものという理解でよいのでしょうか。

東島――行倒れの死体処理をはじめ、多くの人がやりたくない事柄を、そこに押しつけているわけです。なおかつ、多くの人から見えないところで事にあたらせるという、スラム・クリアランスの論理が組み合わされている。江戸で言えば、明暦《めいれき》の大火以降は回向院で無縁仏を埋葬していたのに、両国橋ができて人目につくところで死体がつぎつぎ運び込まれるようになると、今後は小塚原《こづかっぱら》の刑場近くに建てた別院でやりましょうということになる。原発を大都市に置かずに地方に押しつけているのも同じ構図ですね。

與那覇――『「フクシマ」論』でその構造を暴いた開沼博さんは、『漂白される社会』では網野善彦を引きながら、現代社会で同様に不可視化されている人々を描いています。開沼さんは社会学の方だから、そのような社会の漂白――貧困や差別を「普通の人々」の眼につかないところへと押しやる権力の様式を、ドゥルーズやジョック・ヤングが説くポスト近代（後期近代）の特徴として捉えているのですが[31]、私にはむしろ江戸時代に起源があるように見えます。

この点で興味深い近世史の研究はダニエル・ボツマンの『血塗られた慈悲、笞《むち》打つ帝国。』で、法制史の観点からは批判もあるようですが、身分制論としてはおもしろい視点を含んでいます。江戸の公開処刑は、フーコーが論じた近世フランスの事例よりもはるかに巧妙にできていたと言うのですね。

フーコーが『監獄の誕生』で論じたように、近代的な監獄制度＝「不可視の権力」が誕生する以前のヨーロッパの処刑法は、王様の力で八つ裂き刑にして支配者の「可視なる権力」を誇示する形式です。じつは、これは非常に危ない。事件によっては「こんな裁きはひどい！」という怒りが、王様に直接向いてしまうから、処刑場は叛乱を誘発することもあるカオス的な空間だった。

ボツマンが述べているのは、同時代の江戸でも王様（将軍）が磔《はりつけ》その他の公開処刑をやるわけだけど、実際に手を下すのは非人＝被差別民なのだという議論ですね。そうすると、民衆の側に怨みや怒りが生じても、それは幕府ではなく被差別民に向いてくれるから、権力装置としてはより巧妙な仕掛けになっていたという。

このあたりに、わるい意味での安易な日本特殊論に陥ることなく、普遍的な権力論のなかに近世社会を位置づけるヒントもありそうな気がします。社会の最底辺部に自立的だけれども、迫害されている人々の集団を残して、それを権力がときに隠蔽し、ときにスケープゴート的に可視化しながら利用してゆく。網野が書いていたのはしかし、近世に入る前までは社会的に、そういう人たちも独自の職能民としての誇りを持って生きることができていたはずだということですよね。

東島――少々気になったのは、フーコーについての言及です。いまの説明ですと、「不可視」というのは誰から見えないのか。ベンサムのパノプティコン（一望監視装置）型の監獄にフーコーが見出した「不可視の権力」というのは、囚人から中央の管理塔内の看守が見えないということであって、囚人の処刑が衆人に公開されているかどうか、というのとはまた別の話です。むしろボツマンの話は、今村仁司が『暴力のオントロギー』や『排除の構造』で述べた、「第三項排除」に近い話に聞こえますね。身分制の研究にあってはむしろごく普通の議論でしょう。

問題は「職能民としての誇り」が江戸時代に失なわれたというのは本当だろうかという点です。たしかに勧進僧は、かつては聖《ひじり》であり上人《しょうにん》であったわけで、いわば聖なる技術者として崇められていたわけです。ところが江戸時代になると、もっぱら物乞いする「乞食《こつじき》」同様の存在になった、というのが一般的な説明の仕方ですね。戦国時代以前と以後で一気に被差別民への転落現象が起きることは間違いないのですが、それはあくまで〈差別する側〉の眼差しの変化です。では、〈差別される側〉が戦国時代以前には「職能民としての誇りを持って生きることができた」のかと言えば、残念ながら検証できません。サバルタン（植民地統治下の従属的社会集団を指す、グラムシやスピヴァクらの術語）のように、みずから語らぬ民ですから。しかしいっぽう、江戸時代に入ると「弾左衛門由緒書」をはじめとする由緒書、幾多の「河原巻物《かわらまきもの》」や、場合によっては偽文書なんかも作成されて、その由緒が一斉に語り出されることは、きわめて重要だと思いますね。

與那覇―ここでもまた、由緒と文書によるアカウンタビリティが出てくると。中世篇での「空虚な中心」もそうでしたが、日本社会はいつもフラクタル図形状というか、どんな地域や身分や集団を切り取っても、金太郎飴のように同じ構図が出てくるのですね。

東島――ただし、戦国から近世に入って、従属的な社会集団が語り出すことは、網野が論じたように前代の誇りを失なってしまったことの裏返しなのか、それとも新たに「誇り」を持つようになったからなのか、どっちをとるかで、歴史像はまったく違って見えてくるはずです。與那覇さんは前者を選択されたわけですね。

「四民平等」幻想からこぼれ落ちるもの

與那覇―かつて、山本七平が日本について「人間教」ということを言いましたが[32]、おそらくは「まっとうな人」とでもいうべき観念が、戦国から江戸にかけて作られていったのだという気がしているのです。中世まではどんな職能民でもイーブンで、何をやっていようが自分の飯は自分で稼ぐわけだから、かならずしも固定した上下関係には置かれていなかった。まさしく「百姓は農民ではない」というか、百姓といえばさまざまな職業があるという意味で、「土地持ちの農民の家がまとも、それ以外は胡散臭《うさんくさ》い人たち」という前提では本来ない。しかし、江戸時代の半ばから、百姓の語義も農民に絞られていきます。[33]

近世に家職制とバンドルして、家ごとに最低限の生活を保障して国家が面倒を見てあげる「まっとうな人々」の範囲が設定されてゆく過程で、そうでない人々は「君たちはまっとうじゃないので、普通の人が望まない仕事を独占させてあげるから、あとは勝手にやりたまえ」というかたちで括り出されて、差別されていく。そして明治維新で四民平等が謳われたときには、むしろ百姓＝農民の側が「おまえら、俺たちの職分に出張ってくるつもりか」として、被差別部落を襲撃するような社会になっていた。[34]

東島――「まっとうな人」という言い方は、人権に敏感な人からは批判を受けそうな表現ですが、むしろ身分制社会というのはそういう発想が平然と出てくる時代なんだという点を理解しておかなければならない問題ですね。私の言う線引きや「仕分け」の思考を考えるうえでも重要です。

さきほどの議論では、「飢人」と「困窮人」の線引きはどこか、「町人」と「非人」の線引きはどこか、という人々の意識を史料に即して論じてきたわけですが、それはもちろん歴史学だからですよね。だとすれば同様に、その「まっとうな人」というのが、当時の言葉で言えば何になるのか、ということは示しておく必要があるように思います。言葉がなければ、「まっとうな人」という発想自体が当時なかったということになりますからね。
ただ一般に、史料というのは、往々にして〈指さす側〉が〈指さされる側〉について悪しざまに書いたものしか残らないわけで、つまりは「弱い者いじめ」の弱いほうだけが有徴化される（ラベルが貼られる）わけです。ざっと思いつくかぎりでも、人別帳を外れて「帳外《ちょうはずれ》」「無宿《むしゅく》」となったり、「ろくでなし」「人外《にんがい》」のように、否定形の語彙は豊富にある社会だった。問題は「まっとうである」という肯定形の語彙があったかどうか。

與那覇——さすが、「江湖《ごうこ》」を含めてつねに史料用語からみずからの概念を作ってこられた、東島さんらしい厳しいご批判ですね。もちろん、山本が人間教と言ったのはあくまでも現代の語彙で、それこそ明治には「じんかん」と読んでsociety（社会）の訳語だったくらいだから、「人間」は問題外ですし……。

難しいですが、たとえば「士農工商」は候補になりえるのでしょうか？　これが江戸時代の公式の身分制度を指すものという、教科書的な理解が誤りであることは研究者には広く知られていますが、[35]むしろ儒教の影響が豪農層にまで拡がった幕末期になると、彼らが残した史料の文面に登場するという事実を深谷克己さんが書かれていました。[36]しかも、この時点では今日ふうの四段階のヒエラルキーという含意ではなく、それぞれに家業を果たしている点ではみな同様だ、という使い方だったと。

東島——じつは私も、「士・農・工・商」の線から接近するしかないだろうと考えておりました。ただし、指摘された教科書的理解の誤りですが、誤用例は江戸時代の文献にも見られます。[37]

いまあえて「士・農・工・商」というふうに区切りましたが、そもそも「それぞれに家業を果たす」というような「職分」の思想それ自体は、幕末を待たずとも江戸時代の初期から普通にあるわけです。そうした職分観念におけるネガの表現が、守本順一郎の遺著『徳川時代の遊民論』で取り上げられた「遊民」ですね。それこそ江戸初期の山鹿素行《やまがそこう》以来、連綿と論じられてきたテーマです。ただ問題関心の相違からか、「遊民」の対概念が何か、という整理はなされていないんですね。

しかしながらその豊富な引用史料のなかには参考になる記述があって、たとえば太宰春台《だざいしゅんだい》の『経済録』には、「およそ民は、農・工・商賈《しょうこ》の正業をなすを良民という。その他を雑戸《ざっこ》という」というくだりがあります。「良民」「雑戸」というのは律令制下の身分制度である良賤制《りょうせんせい》を踏まえた用語ですが、この「正業」に就く「良民」こそ、「まっとうな人」の経世家《けいせいか》的表現、ということになるでしょうね。春台によれば、「不正の業」で生計を立てている者がその業を失ない「飢寒に及ぶ者幾千万」という状態になっても、「もとより遊惰無頼の性」であるため、「正業を習いて良民となることもあたわず」というわけです。

くだって本多利明《ほんだとしあき》（江戸後期の重商主義者。蝦夷地開発、カムチャツカ遷都を論じた）の場合も、蝦夷地開発に関する提言書のなかで、「人別帳外にて隠れ居る流浪者」「人別帳外に徘徊つかまつり候《そうろう》者ども」が「無業にして国用を費やす」ばかりか「良民を損ない」「良民の災害にまかりなる」ケースが多い、と繰り返し書いています。ですので、丸山眞男が『忠誠と反逆』で言及している植木枝盛《うえきえもり》の「良民」論は、士族もまた「良民に近きところ多し」というかたちで、江戸時代のそれをアップデートした議論だったわけです。

こうなると、たしかに江戸後期には正業に就く良民という〈まっとうな人〉というカテゴリーが、少なくとも経世家のあいだでは論じられていたということになります。さきほどの深谷さんのお話は、士農工商を、豪農たち自身がポジティブに位置づけ直すことができるようになったという点ではたしかに興味深いのですが、結局のところ儒家思想、與那覇さんの言葉を用いれば、「中国化」の波が幕末の在郷知識人に行きわたった、という話ですよね。もっとも古代篇の木簡の話では、地方豪族もすでに論語を学んでいたわけで、そうなると「再中国化」かもしれませんが（笑）。

しかし、こうして「まっとうな人」という観念が近世以降強調されてくるとするなら、やはり問題は、「人別帳外」の側、つまりは「まっとうな人」にカウントされない人々です。それは被差別民ばかりではありません。カウントされない最たるものは天皇です。そこで、さきほどの網野善彦の議論が出てくるわけですね。システムの上方に排除された天皇と、下方に排除された被差別民というものがリンクしているというのが、『無縁・公界・楽』の基本的なテーゼです。同書の冒頭では、天皇はなぜ続いたのかという、高校教員時代に網野が生徒から受けた質問があげられ、これに対する回答として、天皇制を支えたのは非農業民であったと結論づけたわけですから。

與那覇――農業民を中心とする均質的なイメージの人間集団を、安定した中間層として社会秩序の中核部分に創出してゆく過程で、その上方と下方に「特殊」とされる身分が括り出されていくと。そう考えると、江戸時代の本質がよく見えてきますね。戦後日本の「一億総中流」神話が、半ばは実態として分厚い中間層を作り出すと同時に、半面では周辺部に存在した格差や貧困にスティグマを押しつけていくような、ある種のコンフォーミズム（集団同調主義、画一主義）として機能したこととも相似形でしょう。[38]

日本が均質な社会だという幻想と、その裏面としての多様性フォビア（嫌悪症）の風潮も、やはりそこまで遡らないと起源は見えてこないのではないか。明治維新で国民国家を作ったからですとか、いや戦前は植民地も持っていたし混血民族論も強かったので単一民族神話の定着は戦後以降ですとか、[39] そういうアプローチだけだと、もっと大きなものを見落としてしまう気がするのです。近現代史家としては、職業的な自己否定になるかもしれませんが……。

第四章　近代篇

幕末は不真面目な改革の起源

與那覇――多くの人にとって今日の日本の起源、ないし日本史上最大の画期と見なされがちなのは、なんといっても明治維新＝「近代国家の出発」でしょう。その背景をなすのが、黒船来航以降の幕末日本は植民地化の危機にさらされ、国家の独立を守るために救国の志士が立ち上がって明治維新を起こし、国民国家を成立させたというストーリーですね。ある時期までは、歴史学界でもそのように捉えてきたし、司馬遼太郎以来の系譜を引く幕末ものの大衆ドラマはいまでもそうです。

しかし、前近代における対外危機や江戸中期における日本的システムの完成と比較したとき、幕末の危機や明治維新の達成は、そこまで大きなものなのでしょうか。すでに論じたように、強大な文明国からの侵攻を恐れて、実力不相応な背伸びをしてでも、海外のシステムを強引にインストールしてゆくという話は、古代の律令制《りつりょう》からあるわけですね。白村江《はくそんこう》の戦いに敗けたころは、そうやって「世界標準」の強い国家を作らないと、中国が攻めてきて占領されてしまうという危機意識が相当あった。

それらと比べたとき、東島さんは幕末維新期をどうご覧になりますか。

東島――白村江の戦いは、大陸に唐帝国が出現したことを引き金とする戦争ですからね。前代の隋《ずい》は末期にやたらと高句麗《こうくり》に戦争を仕掛けて失敗し、それがもとで滅びました。それもあって唐は、最初の四半世紀は戦争をせずに、国内充実が優先だと、律令《りつれい》制をしっかり整備していった（武徳《ぶとく》律令・貞観《じょうがん》律令）。そして満を持して六四五年に新羅《しんら》と組んで高句麗出兵を再開し、六六〇年には百済《ひゃくさい》を滅ぼすわけですね。仏教伝来をはじめとする文明の入り口であった百済の滅亡は、倭国にとって大きな衝撃だった。義江彰夫さんの言葉を借りれば、まさに自国が「直接侵略されるのではないか、という危機感」を感じたわけです。[1]で、百済復興軍を支援すべく朝鮮半島まで出て行ったわけですが敗戦。あわてて大宰府《だざいふ》近くに水城《みずき》、西日本に朝鮮式山城《やまじろ》を築いていくわけですね。

そこで出てくるのが、中世篇のところでも触れた、古代国家はなぜ戸籍を編成したのか、という問いです。明治初年にも壬申《じんしん》戸籍が作られて徴兵令が敷かれますが、古代国家の戸籍は、それより一二〇〇年を遡《さかのぼ》る徴兵のための制度です。だいたい正丁《せいてい》（二一―六〇歳の男性）三―四人を含むように一戸を編成し、一戸から一人の兵士《ひょうじ》を出し、保《ほ》（五戸）が「伍《ご》」、里《り》（五〇戸）が「隊」に対応するわけですね。古代国家の完成期に、外では白村江の戦い、内では壬申の乱を経験した、こうした危機の意識が六八四年四月の天武天皇の言葉「政ノ要ハ軍事ナリ」に集約されているとしたのが、石母田正《いしもだしょう》の『日本の古代国家』です。

対して、幕末の外交は、徳川斉昭《なりあき》近辺で唱えられたいわゆる「ぶらかし」策[2]で、なんとかやりすごせると思っていた節があります。どっちとも態度を決めないで曖昧な態度で適当に対応しておけば時間かせぎができると思っていたわけですね。もちろん、そうではないとわかってからがたいへんで、三谷博さんは「未曽有の国家的危機という意識を全国民が共有した」[3]とまで言われます。しかし白村江や元寇のことを考えると、どうも私には緩慢プレーに見えてしまうんですね。いっぽう、幕府外交を批判するかたちで攘夷《じょうい》運動が出てきますが、こちらもそこまでの危機意識が感じられない。

與那覇―おそらくここが、一般の認識とのあいだに最もギャップがある点だと思います。幕末が植民地化の危機に瀕していたというのは、戦後日本が左右合作で作りあげてきたポピュラーイメージでしょうね。マルクス主義的に言うと帝国主義は資本主義の発展段階のひとつだから、西洋中心の貿易システムに取り込まれただけで、自動的に帝国主義的な搾取の体系に組み込まれたことになる。それで、マルクス史学は幕末日本が植民地化の危機にさらされたと書いてきた。

対抗する右翼の側も、「祖国を欧米の植民地としないために、坂本龍馬たち愛国の志士が立ち上がった」と書いたほうがカッコいいので、危機があったという設定は共有してきたわけですが、これ、真っ赤な嘘ですよね。攘夷運動なんて、「現政権の開国政策では日本が奪われる」と煽ったほうが相手をたたきやすいから、当時の社会にうんざりしてクーデターを目論んでいた下級武士層が口実に使っただけ。つまり、最初から「方便としての危機」だった。

東島――それで、気づいたら条約改正問題という大きなツケが残ってしまった。ところがその条約問題もまた、帝国議会が開設されるや、さっそく相手をたたく政争の具となっていく。

與那覇―尊王攘夷のきっかけになった孝明《こうめい》天皇の条約勅許拒否も、幕末史の井上勝生さんによると、じつは最初に政務を執る公家に諮問《しもん》した時点では、条件つきも含めれば容認派が圧倒的だった。[4]にもかかわらず天皇が「攘夷」（締結拒否）に固執したのは、どうも、親幕派の元締めとして一族で関白職を独占していた鷹司政通《たかつかさまさみち》に対して、天皇が実権を回復するための権力闘争だったようです。

さらに「鎖国か開国か」が武士層のあいだで論争になってゆくのも、将軍後継問題での一橋《ひとつばし》慶喜《よしのぶ》派が井伊直弼《いいなおすけ》独裁を打倒するために、手続き論として勅許の重要性を振りかざしたためですね。要するに尊王も攘夷も、気に入らない相手を引きずりおろすための「ためにする議論」で、明らかにまじめに考えていない。

本当に国家的な危機にあるんだったら挙国一致しろよ、と思うところでも、互いの揚げ足をとって正反対のことばかりやっている。まあ、その意味ではたしかにポスト3・11や、TPP政局であからさまになった、今日の日本の起源なのかもしれませんが……。

東島――明治二〇年代の大同団結運動が、実質的には不毛な党派争いにすぎなかったことを、塩出浩之さんが指摘されていますが[5]、維新の会と太陽の党の「大同団結」なるものの顛末については、やはりこれが起源だったと近い将来語られることになるんでしょうか。

西洋化できずに中国化した明治

與那覇――戦後に近代主義者と呼ばれた人たちの議論は、現実の明治維新がさしたる画期でも、前近代との断絶でもなかったことを踏まえたうえで、「日本は近代化への「真の画期」を逃しているのだ」という主張だったと思うのです。脱亜論（一八八五年に福沢諭吉が発表した社説。中国・朝鮮を切り捨てて日本が一国で近代化すべきことを説いた）そのほかに対する批判が山ほどあることを承知のうえでも、丸山眞男がどうして最後まで福沢諭吉が好きだと公言し続けたか。それは、「このビジョンが実現していたら、明治が本当の画期になったはずだ」と思うものを、福沢の思想に見て共感したからですよね。

丸山は福沢の「「天邪鬼《あまのじゃく》」的態度」に、西洋的なリベラリズムの精神を代替しうる可能性を見たのだと思います。[6]「議論の余地なくこれが絶対だ！」という態度が社会に広がるごとに、「いやそうでもないよ」とつねにまぜっかえすスタンスが、インテリは理論信仰、庶民は実感信仰に「惑溺《わくでき》」しやすい日本の風土で、自由主義を守る唯一の手段ではないのかと。

しかし丸山には、なんでもズルズルベッタリで無節操に時流に合わせてゆく日本社会への反発から、きちんとなんらかのイズムや、思想に基づいて国家を作ることへの憧れもあって、そうすると儒教の位置づけが両義的にならざるをえない。中国的な儒教王権は実際、日本と異なり体系的な思想によって国家にアカウンタビリティを付与しているのですが、しかしそれは「正しい思想」を一種類に絞ってしまう体制だから、自由主義とは正反対の社会になる。

一九九〇年代以降の日本思想史で、福沢とは別の意味での「失なわれた画期」の象徴として横井《よこい》小楠《しょうなん》（熊本藩士で儒者。福井藩に出仕したほか、坂本龍馬ら多くの幕末政治家に影響を与えた）の儒教的開国論が浮上したのも、[7]まさにそれゆえだったと思うのです。一橋派の有力者・松平春嶽《まつだいらしゅんがく》（慶永《よしなが》）のブレーンを務めた小楠は儒者として、近代西洋を儒教的な聖人の世の実現と見なすことで、日本の開国を経済的な貿易関係の締結のみではなく、全世界大での意見の交流を通じた国際公共圏を創造する契機にしようとした。東島さんの言葉で言えば、単なる物流ではなく思想的な語彙としての〈交通〉の可能性に賭けたわけですね。[8]

こういう構想は、儒教思想が本来的に中華主義、すなわちみずからの原理は自国や自民族に特殊なものではなくて、全世界に普遍的に通用する（べき）ものだと考えているからこそ、可能になるわけです。[9] だから小楠再評価というのは、もし明治維新が西洋化というより中国化を徹底していたらどうなっていたかという画期を、幕末に読み込もうとする潮流でもあったのではないか。明治維新を「西洋的な近代化（＝国民国家の形成）」として把握する国民国家論とは別系統の、日本の近代化を「儒教化」として捉え返す研究動向ですね。

東島――それは與那覇さんの議論が出たいまだからそう見えるだけで、小楠再評価はもっと単純な話だったと思いますね。結局再評価は一九九〇年代という時代とタイアップしていたんです。つまり、八九年に東欧各国で「遅ればせ」の市民革命が起こり、ハーバーマスが『公共圏の構造変動（邦訳＝公共性の構造転換）』の新しい序文を書いて、「市民的公共圏」という問題があらためて議論されるようになった。公共哲学が一時期ブームになって、じゃあ日本で「公共」という言葉を使った思想家には誰がいたのかというような、より短絡的な問いとして小楠が浮上したわけです。いっぽうでは西欧近代が暴落し、最安値を更新しつつあった時期ですから、アジア発の議論はブームの渦中だったと言ってよい。

横井小楠の取り上げ方にしても、「こういうタイプの思想がふたたび出てきた」という話だったら中国化論と呼べるだろうけど、いかにも斬新と持ち上げるものだから、しょせんは開国のなかに西洋近代の契機を探す議論を出ない。しかしながら「公議」「公論」みたいな言葉は、もともと儒家思想に組み込まれていたものです。国境を軽々と越えて思考できた中世の禅僧のほうが小楠などよりはるかに悩み深く使っているわけでして、これを私は「日本のなかの中国、中世のなかの近代」と呼んでいるわけです。

だから幕末の儒者の思想に西洋近代の亜種を見出す類の議論は、いつも胡散臭《うさんくさ》く思っているんですね。まあ小楠の場合は、結局のところ明治のはじめに尊攘派の残党に暗殺されてしまうから、「未完のプロジェクト」——さきの言葉で言えば「失なわれた画期」としては、いかにも取り扱いやすい素材だったとは言えるでしょうか。

與那覇——辛辣ですね（笑）。東島さんとしてはやはり、近世期に成立した日本型システムにロックインされていた分、それ以前の中世期に比べれば、どうしても越境的な〈交通〉のポテンシャルが減耗せざるをえなかったと捉えるわけですね。

実際に近年ではむしろ、渡辺浩先生にしても苅部直先生にしても——どちらも、丸山の学統を引く日本政治思想史の研究者ですが——「やはりそのような儒教的近代は、西洋近代そのものとは異なる」という側面を強調されているように見えます。[10] 中江兆民《なかえちょうみん》ですら「理想的な政党ができれば一党制でよい」と考えていた節があるように、[11] 儒教的な公共性というのは結局のところ、治者と被治者とが同一の道徳理念を共有して、社会にとってただひとつの「正しい思想」を執行してゆく徳治主義の発想だから、多元性の擁護には向かわないのですね。

むしろ小楠の弟子である元田永孚《もとだながざね》（熊本藩士、儒者。明治天皇の侍講・侍補を務めた）が一枚かんだ教育勅語が「正しい道徳」として、中華的な天子となった明治天皇によって一八九〇年に宣布され、津々浦々の学校で暗唱させられて、思想空間の自由度としては明治のほうが江戸よりも息苦しくなるわけです。つまり、ヨーロッパのように近代化にともなって社会が世俗化するというより、むしろ「道徳化」していくことになる。これが、明治維新が西洋化ではなく中国化だったということの含意です。だから「誰それ不敬事件」のようなものが頻発して、内閣がひっくり返ったりする。これも、政策よりスキャンダルで動くいまの政局の起源かもしれませんね（笑）。

河野有理さんの『明六雑誌の政治思想』は、明六社《めいろくしゃ》（明治初期の開明的知識人による結社）の思想を西洋から輸入された近代啓蒙としてではなく、むしろ近世以来の儒教思想の系譜に位置づけて読み解く試みですが、とくにおもしろかったのが津田真道《つだまみち》（西洋法の普及に努めた洋学者。衆議院・貴族院議員も務めた）の話で、彼は「選挙権は財産で、被選挙権は知識で制限しろ」と言う。お金持ちでないと投票できないのは当時の欧米も同じですが、そこに「貧乏でも知識があれば立候補はできる（裕福でも知識がなければ立候補できない）」という発想を付加しているわけで、いわば議会政治と科挙《かきょ》の折衷形態です。宮崎市定《みやざきいちさだ》（世界史家。内藤湖南の次の世代の京大東洋史を代表）が書いたように[12]、そもそも伝統中国で「選挙」と言えば科挙のことを指すわけだから、当然と言えば当然かもしれませんが。

実際、一八九四年から戦前を通じて行なわれた高等文官任用試験のルーツも、科挙にあると言われますよね。[13]（教育勅語というかたちで）人民に徳を垂れる君主に仕官すべき人材を、身分や資産にかかわりなく、ただし男性限定の筆記試験で選抜する。官僚がエリート主義になるのも当然です。とすると問題は、エリート層がその体得度を試験によって国家に判定される「正しい価値観」の中身に、どれだけリベラルな要素を入れていけるかということになる。

東島――だとすれば、日本中世で儒学が受容された禅林世界は、明治よりもはるかにリベラルで西洋近代的ということになりますね。「江湖《ごうこ》」の理念のもとに多元性へと開かれているし、おまけに住持《じゅうじ》（いわゆる住職）の「公選」制を謳っている。でもそれは当時随一の国際的文化人であった禅僧にして初めて可能なわけで、禅林世界はやはり日本社会のなかの「異空間」であり、五山禅僧は室町将軍のブレーンを務めるエリート集団だった。

有り体に言えば、官学というのは、安富歩さんの言う「東大話法」（東大出身者が多いとされる原子力関係者の論法を批判するための造語。「本人自身が信じていないにもかかわらず、立場を守るために口にされるタテマエ」の意）も使うけど、[14]いっぽうでは、いまも昔も案外リベラルだったりするんですよね。このヤヌス（双面神）をどう捉えるか、そこが問題でしょう。

與那覇―大陸中国の科挙では、公定解釈である朱子学に沿った答案を書かないと出世できない。それを批判するかたちで明末から陽明学（王陽明を祖とする儒教の学派。人々の素朴な心情こそ道徳的であるとする「心即理」を謳って、自己修養を説く朱子学の「性即理」に対抗した）が出てくるわけですが、安富先生の東大＝官学批判も、私には後者の系譜を継ぐものに見えます。つまり朱子学よりも「ラディカル」だけど、少なくとも西洋近代的な意味では、リベラルじゃない。

もちろん、中国の朱子学体制だってリベラルじゃなかったけど、日本の場合はたまたま西洋化と中国化の時期が重なった分、帝国大学内の空気はそこそこリベラルだった。美濃部達吉《みのべたつきち》の天皇機関説（君主もまた国家の一機関として、その権力は憲法により制約されると説いた学説。天皇の不可侵性を、政治的決定を内閣や議会に委ねるがゆえと解釈し、国民には政策の討議や政府批判の自由があるとした）が、ある時期までは高文試験を受験する際も「正しい解釈」とされていたわけですから。

しかし、ここには原理的な困難が二つあって、ひとつはたまたまリベラルな教養が「国家の教え」として採用されているからリベラルな状態を、真の意味での自由社会と呼んでよいのか。もうひとつは、その解釈（久野収が言う近代天皇制の「密教」[15]）を学習できるのはエリート層限定で、一般大衆は「われらの主張だけが天壌無窮《てんじょうむきゅう》の真理」というまったくリベラルでない発想（顕教）で行動していた場合、はたしてエリート・リベラリズムは最後まで維持できるのか。

「市民」を探した丸山眞男の苦悩

與那覇——この問題の解決策もまた、原理的に二つしかない。全国民にリベラリズムの真髄を教育し、他者への寛容や多元性の尊重という自由社会の原理を社会の隅々にまで行きわたらせて、「真の意味でリベラルな社会」を作るのか。逆に、どうせリベラリズムなんて理解できない愚昧《ぐまい》な民衆は徹底的に政治から排除して、英明な君主と能吏だけによる統治を貫徹することで「エリート・リベラリズム」を永続化させるのか。

前者が、現実のヨーロッパ諸国の実態はともあれ、理念化された西洋化のモデルであり、後者がやはり、きわめて理想的にうまくいった場合の中国化の道ですよね。堯舜三代《ぎょうしゅんさんだい》の治世（儒教において理想とされる時代）に帰れと。

「『である』ことと『する』こと」として国語の教科書に入っているおかげで、丸山眞男の『日本の思想』の末尾にある「ラディカルな精神的貴族主義がラディカルな民主主義と内面的に結びつくこと」という一節は非常に有名で、ぱっと読むと双方いいとこどりでカッコいいなと思うのですが（笑）、こう考えるとむしろ苦痛に満ちた表現にも見えるのです。もうエリーティズムだけを突き進めて、いわば中国化でいいじゃないか、とは言いたくない。しかしエリートしかリベラルではない日本の現状で、無学な一般庶民さん、誰でも「いらはい、いらはい」な民主化を進めるだけでは、自分が規範としている意味での西洋化から遠ざかるばかりだということも眼に見えている。だから、エリートがすべてだとも民主主義こそ正義だとも単純に書けなくて、本来は矛盾する両者が結びつくという「虚妄に賭ける」[16]しかなかったのかな、とも思えます。

だとすると丸山思想史とは、いわば「中国化にも西洋化にも徹しきれない日本」の起源を探る系譜学としても読み返せるのかなと考えるのですが、いかがでしょうか。

東島——なるほど。ただ、丸山の近代化論は、中国化か西洋化かのアンビバレンツというよりは、それらを時系列に流し込むかたちで、二段階的に問題化していったように見えるんですね。ヨーロッパの近代化にあっては、何も最初から議会制民主主義が成立しているわけではなく、公共性を国家が独占している絶対王政の段階から、やがて経済力をつけた市民（ブルジョワ）社会の公共性が成熟し、ついに市民革命によって王政が打倒される段階へ、という二段階を踏んでいるわけです。その前段を意識して描いたのが、戦前に書かれ、戦後、一九五二年版で修訂された『日本政治思想史研究』。後段を意識して描いたのが、六〇年安保前後の論考、すなわち「開国」と「忠誠と反逆」です。[17]

まずは『日本政治思想史研究』ですが、丸山が荻生徂徠《おぎゅうそらい》（江戸中期の儒学者、政論家）の思想に「近代的思惟様式」を見出したことで有名です。そこで用いられた「自然nature」から「作為invention」へという基本図式は、それこそそのちの「である」ことと「する」ことに対応しています。平たく言えば、「あるがままの社会」を肯定するのが朱子学で、「創り上げる社会」へ向かおうとしたのが徂徠学だと見立てたわけです。いまどき朱子学が江戸幕府の体制教学だったなどと言う人はいないわけですが、これは時代の制約下にあるから仕方のないところですね。

ともかくも丸山によれば、徂徠は万人が「社会を創り上げる」ことはまだ無理だと考え、このため為政者の側が聖人君子として公共的な秩序を作り上げるべきだと考えたというわけです。丸山が「一般庶民には無理」と言うとき、そこにエリート主義的な愚民観が漂うのはおっしゃるとおりですが、では誰がと問うたとき、「作為」するのは為政者であって決してエリートではありません。その時点で丸山の頭にあったのはあくまで日本と西洋の対です。そこに儒教的徳治が織り込まれているので、中国化志向の議論とあとづけで評価することは可能ですが、そもそもはヨーロッパ近代化の第一段階、すなわち絶対王政下に国家が公共性を独占していた段階までが描けていれば充分だったし、「市民革命」を経験しない日本を炙り出すには、かえってそのほうがよかったわけです。

いっぽう、六〇年の「忠誠と反逆」は、「中間勢力の自主性」やその行動エネルギーの源泉を武士道のエートスに求めた長文の論考ですが、より重要なのは五九年に発表された「開国」のほうですね。「読書公衆《リーディング・パブリック》という抽象的な関係」の形成、アテネ民主政型の「自由討議、自主的集団の多様な形成、及びその間の競争と闘争」「明六社のような非政治的な目的をもった自主的結社」なんてくだりは、数年後にハーバーマスが「文芸的公共圏」と呼んだものとほとんど同じ議論なんです。[18] かくして『日本政治思想史研究』の段階では無理だとしていた日本社会における市民革命の可能性が、六〇年安保前後の論考で正面から探究されたわけですね。だから丸山にとっての近代化とは、二者択一というよりは二段階的な考察だったと思いますね。

與那覇──たしかに、ライフストーリーに沿った思考の転回でもありますよね。竹内洋さんによると、[19] 軍国主義の下で丸山の原点となったトラウマは、助手時代に経験した蓑田胸喜《みのだむねき》（右翼思想家。原理日本社を主宰し、左翼や自由主義者を攻撃した）らによる帝大教授糾弾だったという。

エリートがリベラルであるというだけで「アカ」と認定されて、学外の衆愚の声援によってコキ降ろされる。おまけに、戦時中は二等兵で徴兵されて、中学にも進んでいない一等兵に執拗にイジメ抜かれたわけですから、「一般庶民にすべてを委ねるのは時期尚早」という発想になるのは、当然と言えば当然です。最初から「戦後民主主義者」だったわけではなくて、民衆に任せたらとんでもないことになった、という体験をしていた。

ところが六〇年安保に至る戦後市民運動の高揚に接して、エリート主義的な側面よりも、市民のなかで自覚を持った人たちとともに歩もうという色彩が強くなってきたと。社会変革のエネルギー源として、武士のエートスを肯定的に取り上げはじめるというのも、徂徠学をはじめとする儒教思想に比べれば、それが「国民全体」の気風に通じているように見えたということでしょうか。もっとも実際には、江戸時代の全人口のうち武士は一割くらいしかいないわけなので、それは本当に国民に開かれていたのかという疑問は残りますが。

東島――自由民権運動の第一段階に士族民権を置くのは、ごく教科書的な説明ですから、武士の人口比率は問題にならないように思いますが……。丸山の言う武士的なエートスというのは、忠誠も知らないやつに反逆なんかできるはずがないというレベルの話で、なおかつそれを、ストレートに「中間勢力の自主性」につなげて議論しているわけではない。むしろそこにつなげる屈曲多い論理展開こそが丸山節なわけですよね。

ただ福沢のような下級藩士に眼をつけ、ほとんどそこだけを基軸にして、あとは力技というほかない仕方で歴史を整序し直したのが「忠誠と反逆」ですから、與那覇さんのような読みも出てくるんでしょうね。つまり、丸山の議論は、主権主体としての「市民」[20]になりえていない大多数の「日本国民」を巻き込めていない、という批判がありうるだろうと。

與那覇―実際にその六〇年安保のころから、「啓蒙された市民」にしか開かれていない丸山のお上品民主主義なんてだめだ、もっと非合理的でどろどろとした庶民の根源的パワーをすくい上げろ、という批判も出てくるわけですね。思想的には吉本隆明から新左翼へ至るムードで、これが七〇年安保と連合赤軍の時代まで続く。学問としては、色川大吉さんや安丸良夫さんたちが創始した民衆思想史の系譜が紡がれていく。[21] ヨーロッパで言えば、「近代ブルジョワ公共圏」のハーバーマスvs「理性の名の下に排除された人々」のフーコー、と同じ構図ですね。

ところが、安丸さんの『日本の近代化と民衆思想』を私はそのように読んでいるのですが、調べれば調べるほど日本の民衆は結局「江戸時代」のままで、やっぱり市民社会を担うとか無理なんじゃないかという気がしてくる。「悪代官」（岸信介《きしのぶすけ》）の首だけすげ替えれば終わってしまった安保闘争とは、「よりよいお上」を期待するばかりで自分自身が主権者になる気のない百姓一揆と、何も変わらなかった。

被治者根性、ないし牧原憲夫さんが明治の民権運動に見出した「客分意識《きゃくぶん》」ですね。[22] 聡明な政府がご飯を食べさせてくれればOKで、国民主権だからこの国の秩序はわれわれが担う！だなんて高尚なことは民衆は考えない。いまでも自分が投票して選んでおきながら、「最近の政治家は……」と文句ばかり言うように、政治が他人事のほうが楽ちんなわけです。

荻生徂徠から進歩しない論壇

與那覇――そういう次第でぐるっと一巡した恰好になって、今日の思想界の雰囲気も結局「丸山＝徂徠」（丸山が近代主義的に読み込んだ徂徠）の路線に回帰したのかな、と感じることがあります。民衆を丸ごと信頼するのも、逆に全員啓蒙して主体化するのも無理だから、たとえば地域の社会運動やNGO／NPOのリーダークラスだけをしっかり育てて、彼らには教養人になってもらおうと。残りの人たちは私的な趣味にいそしんでもらうか、動員するなら正しさよりも「アツさ」や「おもしろさ」の感染力で引っ張ろうという発想ですね。[23]ゲーミフィケーション（社会活動をゲーム化することで参加へのハードルを下げる技術。原発事故後に流行した「節電ゲーム」などから注目された）の議論が典型ですけど、しかしそうなるともう、衆庶は「礼楽《れいがく》」（儀礼と音楽、およびその実践を通じておのずと礼節ある秩序が営まれるとする儒学の統治術）によって教化するという、本当の儒教社会のような……。[24]

東島――ところが、ちょっと待った、という声をあげた人たちが江戸時代にもいたんですね。近年の上安祥子さんの研究[25]によれば、ポスト徂徠の思想家たちは、丸山的な意味での徂徠路線に対する強烈なアンチを打ち出すためにこそ、朱子学へ回帰すると言われているんですね。たとえば、徂徠の弟子の太宰春台《だざいしゅんだい》は徂徠が切り捨てた「個人」の修養を重視したが、それは為政者ではなく、人々のレベルから公共性を立ち上げる思考＝志向を持っていたからだというわけです。松平定信《まつだいらさだのぶ》における朱子学への回帰は、文字どおり革命＝回帰的な思考の転換だとも言われていますね。

　そうなると「丸山＝徂徠」的な枠組みへの批判の視座は、なにも一九九六年の丸山の死去を待たなくても、とっくに江戸時代からあったことになりますね。

與那覇―なるほど。徂徠は、制度さえきちんと聖人が作為すれば、庶民は放っておいてもおのずとなんとかなるものだと考えていた。しかしその弟子たちからは、いや、やっぱり民衆全体に自己修養させて、社会を底上げせんといかんだろうという批判が出てくると。つくづく、すべての起源は江戸時代に出尽くしているという気になります（笑）。

丸山が彼の言う「亜インテリ」を忌み嫌ったのは、そこに一種のブロン（與那覇の著書で「二つのもののわるいところどり」を指す概念。星新一の小説に登場する、ブドウとメロンをかけあわせた品種が語源）を見たからだと思います。在郷軍人や地方の名望家、下級官吏レベルの、帝大を出た真のエリートではないけれども、かといって完全に無知なただのお百姓さんでもない人たちが、半可通の知識で皇国史観にかぶれて日本をだめにしたという話ですよね。たしかに徂徠路線を徹底するなら、ものを考えるのは帝大へ行った人だけでいいので、それ以外は政治に口を挟まないで、ということになる。

ところが学問がほどほどに大衆化してくると、これは今日では評判のわるい言い方ですが、岩波文化は知らないくせに講談社文化（『キング』などの大衆雑誌を刊行していた講談社を、戦前の非エリート文化の象徴とする表現）にはどっぷり浸かった識字層が出てきてしまう。こういう中途半端な連中がいちばんわるさをするのだ、というのが丸山の怨みだった。

しかし、そうはいっても一般庶民にも礼楽を与えないことには、中国化した社会は回らないわけで。こういう近代メディアや大衆文化の問題は、どうお考えになりますか。

東島——佐藤卓己さんの『「キング」の時代』は国民大衆雑誌の公共性と銘打っているわけですが、徂徠から大正期まで飛んでしまいますか（笑）。では私のほうでちょっと明治期を埋めておきますと、一八七二年に『日新真事誌《にっしんしんじし》』を発刊した英国人ジョン・R・ブラックは、黎明期の日本の新聞を批判して、「大部分の日本人は新聞のなんたるかがわかっていない」と言うわけです。一八七四年にブラックは民撰議院設立建白書の全文を紙面に載せて、それこそ新聞とはなんたるかを示したわけですが、しょせんは市民革命で王政を倒していない人々の西洋化ですからね。わかっていなくて当然です。同じ年には『東京日日新聞大錦』をはじめ、ショッキングな事件現場だとか、〈見ることへの欲望〉みたいなものを錦絵で示す、『フライデー』の起源みたいなものまで出てくるわけです。

じつは日本の新聞に関しては、大衆化路線のほうが先行してある、つまり〈自然〉なんですね。中江兆民と西園寺公望《さいおんじきんもち》が一八八一年に創刊した『東洋自由新聞』のように「江湖の君子」、すなわち議論する公衆を相手にするような、〈作為〉せんとする新聞は基本的に短命で、ほかの新聞も含めて、だいたい一八七四年から一八八二年くらい、つまり征韓論《せいかんろん》政変後から明治一四年の政変後ぐらいまでがピークです。以後は一気に「三千有余万の同胞衆庶」を相手にした大衆化の奔流へと流れ出してしまうわけですね。

かくして帝国憲法が発布され、帝国議会が開設されるころに「読者」という名の〈読者〉が誕生する、[26]というわけです。それは丸山＝與那覇さんふうに言えば、一君万民型の「中国化」に適合的な、「亜インテリ」のリテラシーということになるのでしょうか？

與那覇――いま同じ構図で議論されているのが、「アメリカのような政論型のブロゴスフィア（ブログ論壇）」が作られない日本のネット環境」ですよね。濱野智史さんなどは逆に、2ちゃんねるやニコニコ動画といった擬似的な同調メディアを発展させた日本だからこそ、欧米にはな

上：東京日々新聞第1号（原版1872年、錦絵版1874年）
東京大学大学院情報学環・学際情報学府図書室蔵
下：大阪日々新聞第310号（1875年）
東京大学大学院法学政治学研究科附属近代日本法政史料センター 明治新聞雑誌文庫蔵

い可能性があると言うのですが……。[27] さすがに丸山ほど「上から目線」にはなれませんけれど（笑）、自分はやっぱり、そこはややネガティブかもしれませんね。

元老制はバッファー政治への回帰

與那覇――丸山の蹉跌《さてつ》が示すように、明治維新とは西洋化のみならず、中国化の面でも中途半端に終わった運動だったのですが、どうしてそうなるのか。『中国化する日本』では「江戸時代の伝統が強すぎたからだ」という書き方をしましたが、これはマクロな問題を言い換えただけで、答えにはなっていない。よりミクロにその理由を探求してみると、明治維新が指導者なき革命だったという点が重要なのではないか。つまり、レーニンや毛沢東に相当する人物がいない。

明治天皇は即位したとき満一四歳とかで、お神輿《みこし》に担いでいるだけだと維新の元勲《げんくん》はみんなわかっているので、元田永孚なんかがあとから天皇親政運動をやって、「この方こそ中華皇帝並みの専制君主、みなしたがえ！」と言ったって無理がある。ところが元勲の側でも、維新の三傑と呼ばれた西郷・大久保・木戸はそれぞれの事情で早めに死んでしまうから、伊藤博文や山縣有朋《やまがたありとも》らの中堅どころしか残っていない。政権全体の普遍的ビジョンを書けそうだった坂本龍馬なり横井小楠なりも早々と暗殺されて、ほとんど影響を残さない。

こうなると、そもそも中国皇帝並みの権力独占者の地位に座れる人が最初からいなかった。

だから必然的に、レーニン時代を経ないトロイカ方式というか、集団指導体制での政権運営になる。元老政治とはそういうものですよね。

そう考えると、「王政復古」を掲げてはじまった明治維新は意外にも、推古《すいこ》朝で天皇が成立する以前の豪族順送りの世界にまで復古してしまったのかもしれません（笑）。政権内部では、明治天皇なんてお飾りなのをみんなが知っているから、元老がぜんぶ仕切って「伊藤くん、政党作るだなんて本気で言ってるの？」「山縣くん、ぼくなりの考えだ。一度やらせてほしい」みたいな感じで政権を回していく。

しかも、その回し方にも社交クラブのように細やかなマナーが決まっていたらしい。実際に渡す前に断わることを見越して禅譲を持ちかけて、辞退した相手から譲歩を引き出しておくとか、逆に本気で後継指名されたかったらあえて会議は欠席して、みんなに推挙されてやむなく受けましたという形式を整えるとか、誰か単一の人物の独裁ではなく「お互いイーブン」という見た目を維持するために、涙ぐましい努力をしている。こうなってくると、どう見てもナポレオン帝政やビスマルクの鉄血政治というより、平安貴族なり室町幕府なりの「儀礼と贈答の政治」を連想してしまいます。

東島――昭和期の宇垣一成《うがきかずしげ》（陸軍軍人。陸相を歴任し宇垣閥を形成）みたいに、いよいよおれの番かというチャンスは何度もあったのに、周りの空気を読み過ぎてなかなか煮え切らないというのも、いかにも根回しとか星の貸し借り勘定が重要な世界ですよね。盟友の西原亀三《にしはらかめぞう》[28]（第一次大戦期、寺内正毅内閣の西原借款で知られる）に「これ宇垣氏の癖《くせ》より出でたるものと解す」だとか「宇垣氏にはその勇気がなかった」[29]などと言われるわけです。宇垣なんかは結局バッファー内に留まったまま終わったという感じですよね。

ただ借りは返すこともできるというか、明治に話を戻すと、大隈重信みたいに急進的にイギリス路線の立憲制で行こうとして漸進派の伊藤博文に負け、明治一四年の政変で下野《げや》する羽目になっても、はたまた外相時代に玄洋社《げんようしゃ》（旧福岡藩士を中心に設立された国家主義・大アジア主義の草分け的団体）員に爆弾を投げられて右足を失なう重傷を負っても、あとになって敗者復活で浮上みたいなこともいっぽうではありえるわけですね。ところが昇りつめた総理の椅子も捨て、南北朝時代の禅僧義堂周信《ぎどうしゅうしん》みたいに引退記念を「江湖の楽」と洒落《しゃれ》こんで早大総長に転身したかと思えば、[30]第一次護憲運動の波に乗って再び組閣。これはこれで壮大なバッファーになっているという気もしますが、大隈あたりはどのように見ておられますか？

與那覇――丸山眞男が未完の契機として眼をつけた福沢諭吉をブレーンにしただけあって、そういう日本社会の異端児だったということではないでしょうか（笑）。政治史の泰斗《たいと》である坂野潤治さんが描いてきたのは、[31]日本で挫折し続ける二大政党制の歴史で、その第一幕が大隈・福沢コンビと明治一四年の政変ですよね。

福沢が日本に持ち込んだ、英国流の「安定的に政権交代可能な二大政党制」のビジョンに大隈が乗って、議会と政党をベースにした内閣を作る代わりに、失政があれば他党に譲ると。つまり、「政権を握っているあいだは責任内閣が権力を独占するが、つねに取って代わりうるもうひとつの政党が見張っているから、大丈夫ですよ」というウェストミンスター・モデルを導入しようとしたところ、過激すぎるとして元老クラブを追放になってしまった。派閥どうしの馴れ合いだったぬるま湯的な五五年体制をやめて、政権交代がある代わりに責任を持って決める政治を作れと主張した小沢一郎さんが、自民党を追い出される姿の原風景です。

ここで問題になってくるのは、近日の日本でも民主党の政治主導がコケて議院内閣制の英国化に失敗したわけですが、さて、この一八八一年に大隈路線が採用されなかった地点に、その起源を見てよいか。それともむしろ、明治以前から日本社会には二大政党制よりは「元老順送り」のようなかたちでのバッファーを好む気質があって、大隈の失敗は最初から決まっていたと考えるべきなのか。

東島——なるほど、二大政党のように対立するものどうしがバッファーを形成しているパターンと、派閥均衡のように単一のシステム内にバッファーが形成されるパターンの二つがあって、日本史上は後者が主流であると考えておられるわけですね。與那覇さんが中世の朝廷と幕府をバッファーと捉えたい心理の秘密も、おそらくそのあたりにあるのでしょうか。こうなるとやはり、與那覇さんは権門体制論者ですね（笑）。

ところで昨今の二大政党のみならず、日本人はけっこう足の引っ張り合いが得意という感じがしますので、このパターンはかならずしも英国モデルとは言えないのではという気もしますがいかがでしょう?

議会政治は二党制よりも二頭制

與那覇——前近代以来の議論を振り返ると、たとえば英国モデルの二党制に対して、日本モデルとして二頭制を考えてみるのはどうでしょうか。

中世の事例を見ても、二人のトップが分野別に機能を分担し合う二頭制というバッファーであれば、少なくとも一定の期間はかなり安定する。しかし二党制の、ある時期はわが党が全権力を独占するが、次は向こうの党がぜんぶ独占して……というスタイルは南北朝みたいなもので、日本人の心性では異常事態に見えてしまう。ひとつの秩序のあり方というよりも、単にカオスとしか受け取られない。だからこそ、「永遠に俺が独占」を目論む後醍醐《ごだいご》のような人物も出てくる。

実際、明治憲法体制もまた、当初は二党制ではなく二頭制として安定を見るわけですよね。英国化を主張した大隈を追い出してドイツ、オーストリアに学んだ憲法を書いたものの、途中からやはり政党の必要を感じて立憲政友会を作る伊藤博文と、あくまで議会や政党に意義を認めず、軍と官僚に依拠した超然主義を堅持する山縣有朋の二頭制。この二つの路線のあいだで政権を渡し合って、しかも大隈重信なり板垣退助なりの民党指導者も、もとはいちおう元老クラブの一員で、そのときのコネクションが完全に切れてはいないから、ときどき入閣しちゃったりする。小沢さんでも一時は自自公連立（小渕恵三内閣下、一九九九・二〇〇〇年）を組んだようなものでしょう。

個人的に、高校生のころどうしてもわからなかったのが、「民権運動は明治政府と対立したと書いてあるのに、どうして指導者が入閣してるの？」ということだったんです。それは政治権力のバッファーが二党制的な「交代」ではなく、二頭制の周囲に張り巡らされた「順送り」のネットワークという形態をとっていたからですよね。

東島――交互に交替する二党制を中世にたとえるのでしたら、ご指摘になった南北朝時代というよりは、むしろ鎌倉後期の両統迭立《てつりつ》でしょうね。それはともかく、二党制ではなく二頭制で安定する、というのは、結局はじめに人物ありきの伝統的支配だということですか。南北朝時代の話で言えば、主従制的支配と統治権的支配とはいうものの、それを握っているのは結局、足利尊氏・直義《ただよし》兄弟の二頭だということでした。

民権運動指導者の入閣事例

第1次伊藤博文内閣・黒田清隆内閣

大隈重信 外相（1888～89）
理由：条約改正交渉を担当
結末：大隈へのテロにより総辞職

第2次伊藤博文内閣（元勲内閣）

板垣退助 内相（1896）
理由：日清戦後経営（自由党の抱き込み）
結末：元老間の軋轢で総辞職

第2次松方正義内閣（松隈内閣）

大隈重信 外相・農商務相（1896～97）
理由：議会対策（進歩党の抱き込み）
結末：地租増徴問題で決裂

第1次大隈重信内閣（隈板内閣）

大隈重信 首相・外相（1898）
板垣退助 内相（1898）
理由：第3次伊藤博文内閣が新党準備のため総辞職
結末：旧自由党・進歩党の分裂で自壊

第2次大隈重信内閣

大隈重信 首相（1914～1916）
理由：第1次山本権兵衛内閣がシーメンス事件で総辞職
結末：大浦内相事件で人気低下、寺内正毅内閣に交代

でもたしかに、二頭を中心にした構図のほうが、抽象度の高い思考にアレルギーを示す人にも話が見えやすい。二頭制は、えてしてそれに群がる人脈が制度を食い物にしてしまうというふうにも言えそうだけど、そうではなく、與那覇さんはむしろこれをポジティブに捉えようとされている。そうですよね（笑）。

與那覇——いや、まったくポジティブではなく、「それしかできないならしょうがない」という感じです（笑）。いずれにせよ、この二頭制的な安定が最も洗練されて完成をみたのが、明治後半のいわゆる桂園《けいえん》時代でしょう。

政友会総裁を伊藤から継いだ西園寺公望と、老いた山縣に代わって陸軍および官僚の中核を担った桂太郎とが、相互に首班を務めた一九〇一年から一三年までの約一二年間。一二年間で二人しか首相をやっていないというのも、近年の政局と比べたらにわかに信じがたい感覚ですよね。しかも、決して平穏無事な時代ではなくて、そのあいだに日露戦争も韓国併合も大逆事件もぜんぶ入る。どうして、そんなことが可能になったのか。

千葉功さんの『桂太郎』を読むと、どうも鍵は「最後の元老」として従来から評価の高い西園寺よりも、むしろ山縣有朋のロボットだとバカにされてきた桂にあるらしい。実際には、桂は八方美人と揶揄《やゆ》された伊藤博文が「十六方美人」と言い返したくらいの、協調型の政治家なんですね。ボスの山縣が終生軍拡を至上視したのに対して、桂は財政健全化を優先して途中からストップをかけるなど、軍人としても柔軟だった。よく言えば、古代以来の「日本的」な統治術を集大成した近代政治家であり、わるく言うと「結局日本を変えられなかった明治維新」

の申し子と見ることもできます。

この体制の安定にもまた、対外危機が大きくかかわっていて、最も重要なのは日露戦争です。欧米諸国に外債を買わせるには日本が挙国一致しているように見えないとだめなので、戦時中から桂は西園寺に将来の禅譲を約束し、講和条約への政友会の賛成も確保してから、政権を譲った。しかし、西園寺のように政友会、つまり政党を基盤として組閣してしまうと、選挙が気になる党員に突き上げられて拡大財政になってゆく。要は、鉄道敷設をはじめとした選挙区への利権のバラマキで、内務大臣としてこれを仕切って台頭したのが原敬《はらたかし》。

しかしちょっとやり過ぎで、財政均衡上これはアカンなと判断すると桂がまた首相に返り咲いて、こちらは官僚閥だから別に選挙は関係ないので、バサッと行革をやって予算をカットする。この繰り返しで一〇年間はうまくいった。戦後の自民党体制下でもあった、「党人派と官僚派」による擬似政権交代の起源とも見ることができます。

実際、いまの日本では民主党政権への失望から、かつての期待が嘘のように二大政党制への批判ばかりが語られていますよね。いわば桂園時代のように「官僚＝選挙と無縁＝歳出削減担当」と、「政党＝選挙が重要＝公共事業担当」の二つの職能に完全に役割分担してしまって、相互に牽制しあう二頭制のバッファーのほうが、政党という同種の組織が二つあって競い合う二党制よりも、中世以来の日本人の政治観になじむのかもしれない。

東島——もっとも、いわゆる憲政擁護・閥族打破の護憲運動の流れから言うと、国民党の犬養毅《いぬかいつよし》、政友会の尾崎行雄《おざきゆきお》こそが「憲政二柱の神」であって、第三次桂内閣は一九一三年の大正政変で倒されてしまうわけですが、そのあたりはどう説明されますか。

與那覇—現在は『明治国家の終焉』というタイトルで出ている、坂野さんの『大正政変』が古典的な分析ですよね。要はツートップの二頭制ではまとめきれないくらい、政治勢力が多極化してしまったことが大きい。

官僚閥は、予算を絞りたい大蔵省系とバラマキたい内務省系に分かれてきて、前者は桂、後者は原とくっつく。いっぽうで軍部のほうも、陸軍の増師と海軍の建艦のどちらを優先するかで対立が生じて、西園寺は途中から海軍と結んで、陸軍の要求を抑えようという発想に傾いた。この結果、まず増師を要求する上原勇作陸相が辞表をたたきつけて西園寺内閣（第二次）をつぶすのですが、返り咲いた桂内閣（第三次）も政友会と民意の糾弾を浴びて倒れてしまう。これが、あらゆる教科書に載っている第一次護憲運動の真相ですね。

ところが、こうして政友会と結んで海軍がめでたく山本権兵衛《やまもとごんべえ》内閣を作ったのに、こちらもシーメンス事件（一九一四年に発覚した、日本海軍高官の収賄事件）でやめざるをえなくなって、そのときに足を引っ張ったのは山縣閥が強かった貴族院。順送り式の権力移譲って、要は八百長の貸し借り表みたいな話ですから、相手からリベート（見返り）が来ているうちはうまく回る。だけど、「おまえ、あのとき俺に損をさせやがったな」という報復合戦に陥ると意外にもろくて、途端にぜんぶがだめになる。

こうして元老クラブのあらゆる勢力に傷がついたところで、しょうがないから呼び戻されて総理になるのが大隈重信だったわけです（笑）。つまり、明治維新でも結局変わらなかった日本型システムが一回、その限界を露呈したのが、明治末から大正にかけての政変劇だった。

都市を食べさせることに失敗した政党政治

與那覇――高校の教科書ふうに言うと、ここからが「大正デモクラシー」の時代ですね。坂野潤治さん流に言えば、大隈の副官（第二次内閣で外相）だった加藤高明《かとうたかあき》の憲政会から立憲民政党に至る、戦前の二大政党制志向の第二幕がはじまる。

東島――いわゆる「憲政の常道」という言葉が象徴するように、日本で二大政党制の内閣が誕生するのは、二頭制の桂園時代よりもずっとあとの一九二五年のことですが、わずか七年後の一九三二年には、「話せばわかる」の犬養首相の暗殺、五・一五事件でもって終わりを告げるわけですよね。当時の二大政党、つまり立憲政友会と立憲民政党のあいだでの政権交代はどうだったかと言えば、衆議院の第一党が総辞職した結果、第二党が少数のまま政権をとるということでした。

現今の二大政党制では総選挙の結果、多数を占めたほうが政権をとるわけですが、当時は選挙前に政権交代するわけです。バッファー理論からすれば、「もうひとつの政党が見張っている」という意味合いは戦前の二大政党制のほうが強いような気がしますが、いかがでしょう？

與那覇――たしかに、そこはそうですよね。天皇（実際には元老）という第三者の審級が、「おまえ（第一党）は統治に失敗している」と判定すると、第二党というバッファーのほうに政権が転がり込む。

東島――つまり、それこそ坂野さんの『日本政治「失敗」の研究』じゃないけど、与党の政治が「失敗」したからバッファーに回るのか、民意（選挙結果）がそうだからバッファーに回るのか、この二つは同じことのようでかなり違うと思うんですね。とくに、総選挙というフィルターを通して「国民が見張っている」と言えば聞こえはよいが、要はいまのほうがより「客分」状態なんじゃないかという気もしないではない。

與那覇―だって現在は、民意が「天皇」の位置に座りましたから（笑）。天皇なり元老なりは、政権の理非曲直《りひきょくちょく》を自分で判断できるように、それなりには政治の修養に励んだのでしょうけれど、今日の有権者はそんな努力はしませんよね。世論調査とかネットの書き込みとかの空気を読んで、「辞めろ、辞めろ」と同調するだけ。

東島――大学の授業アンケートなんかもまさにそうで、丸山あたりが学生はインテリと亜インテリの両方に分かれると言ったのは「いまは昔」のことで、もはや大学を問わず、学生はおしなべて教育サービスを受ける客分になってしまっている。だからさっきの話で言えば、二大政党制はやっぱりだめだと言う前に、ポピュリズムを許容している客分意識のほうをなんとかしたほうがよい、ということになるでしょうか。

與那覇―客分たちのポピュリズムを捉えるうえで重要なのは、中世の二頭政治にせよ明治の元老クラブにせよ、一見すると寡頭《かとう》制の下で諸勢力が調和・均衡した安定状態にあるように見えても、かならずそこには包摂しきれていない外部があるということだと思います。日本型システムといっても、本当に日本全土をくまなく覆うことなどできないから。そういう場所がいちばん、「俺たちはいまの政治にきちんと代表されていない、社会に包摂されてないぞ」という意識の温床になる。

網野善彦の中世史はそういう〈外部〉の歴史（ないし、外部と内部の関係史）を描こうとしたものだったのですが、近代政治につながるうえで着目すべきは、近世篇でも議論した都市の問題でしょう。江戸時代であれば、地方で農家を継げれば「まっとうな人間」として家職が与えられて、そこそこの生活が保障されていたのですが、継げずに都市に出てきたものには、最悪「ボランティアにでも頼れ」と言われて見捨てられる過酷な状態が待っていた。

明治の桂園体制の下でも、政友会というのは農村の地主層が地盤の政党だから、利権のバラマキに与《あずか》れるのは旧庄屋層だけなんですよね。都市部の中小商工業者や、ましてプロレタリアートにはなんの恩恵もない。護憲運動のときもシーメンス事件のときも、そういう人々が激昂して国会を取り巻いた。

こういう「日本的な秩序」がじつは包摂できていない人々が、政治的に代表してもらえる回路をいかに作るか。それが中世以来、今日に至るまで未解決の課題で、だからいまもポピュリズム首長は都市から出てくる。[32]

東島──「都市」の問題というと、私などがまっさきに思い浮かべるのは宮地正人さんの『日露戦後政治史の研究』です。そうしたある種の「激昂」が、同時に、いわゆる国民主義的対外硬派（政府の協調外交姿勢を批判する都市政治集団）をかたちづくって、外に向かって吐き出されてしまう空気というのも、ますます今日的な課題になっていますね。

與那覇――おっしゃるとおりで、近年もまた都市部で排外主義のデモが噴き出しはじめた。[33] 江戸時代なら抑え込めていた都市という外部の問題を無視できなくなっていくのが、産業革命により一貫して都市化が進んでゆく、近代という時代の大きなファクターです。戦後は、農村重視の田中派自民党というオールド保守がその流れを抑制してきたけど、それを生ぬるいと感じる人たちが、また都市部で騒ぎ出している。これは、けっこう怖いことだと思います。

彼らを政治秩序の内部に位置づけるひとつの解決策は、いまもやっているように「都市型新党を作る」というもので、だから桂太郎も、第三次内閣の際に結成を模索した。倒閣および桂の死が早すぎて間に合いませんでしたが、ともかく立憲同志会という政党ができて、これが（憲政会を経て）二大政党の一たる立憲民政党になって、若槻礼次郎《わかつきれいじろう》や浜口雄幸《はまぐちおさち》が総理になった。ともにもともとは桂系の大蔵官僚で、政友会式のバラマキ政治を抑えようとしたもので、とくに浜口内閣は強硬な緊縮財政で知られます。だから自民党政権でも小泉純一郎首相のときは、明示的に自分の改革の起源として利用されたわけですね。

もうひとつは、いまふうに言うと「反貧困の社会運動をはじめる」路線で、労働組合を組織するか、新党といっても無産政党（戦前の合法社会主義政党）を作ってゆく流れですね。戦前だとこの辺までが、帝大卒のインテリ・エリートがギリギリ指導できる範囲内。

ところがじつはその外側に、「天皇陛下をひたすら礼賛し、善政を期待する」という亜インテリ御用達のルートがあって、じつはこれがいちばん動員力が高い（笑）。天皇が空虚な中心だという元老クラブ限定の了解事項なんか知らないで、暗唱させられた教育勅語を素朴に信じている一般民衆でも入ってこられる路線だから。だから大衆化の進展とともに、昭和初期にはそちらが二大政党制を駆逐して、無産政党の一部も飲み込んで大政翼賛会になった。

さも自然を作為する社会

與那覇―民主党が政権交代を実現するまでの論壇では、それこそ坂野さんの議論などが参照されて、「戦前の日本にだって二大政党制も政権交代もあった。だから、やればできる」というかたちで歴史が活用されてきました。ところがその後がさんざんだったので、いまは同じ時代の一コマでも「政友会と民政党の二大政党制が戦前に自壊したように、やはり日本では機能しない」とする、正反対の教訓として語られる。[34] 政論なんだから時流に応じてなんぼ、と割り切ってしまえばそれまでかもしれませんが、やはり歴史研究の領域では、むしろ「ではなぜ機能しないのか」をもう一段、近代以前の深い深度にまで遡って探究する姿勢が求められるのではないでしょうか。

そう考えたときに、初期の丸山眞男が徂徠研究から見出した「自然と作為」の問題を援用して、「創り上げる社会」という発想が結局定着しない場所として、日本を捉える視点を立ててみてはどうかと思うのです。つまり、政治秩序の要《かなめ》となる主体が「二つ」に収斂して、かわりばんこに政権を握るという体制は、どう見ても自然というよりは作為、放っておいたら自然にそうなるとは思えない秩序だからこそ、日本人にはうまく使いこなせない。実際、戦前はともかく今日の二大政党制というのは、九〇年代初頭に小選挙区制導入に向けて有識者＝インテリが積極的に提言して、相当「作為的」に作ったものですよね。[35]

帰一《きいつ》する、という言葉があるように、ひとつの頂点の下におのずと人々がまとまって秩序ができるという発想は、いかにも自然です。殊に、徳治による感化を通じて支配する専制皇帝ひとりを万民が仰ぎ見る儒教的王権の理念を、隣国から受け容れた明治日本ではそうでしょう。いっぽうで、放っておけばみんなばらばらだから多数の塊《かたまり》に分かれるというのも、それはそれで自然にあるように見える。実際、諸藩の連合政権に近かった江戸時代の村落的秩序とは、そんなものですね。

しかし二つというのは、かなり不自然なのではないか。とくに二頭制のような「役割分担」ではなく、二党制のように「同じものが二つ」ある場合は、その印象が強くなる。

秩序を作為、ないし「である」ではなく「する」ことによって絶えず創造してゆくものとして捉える発想の欠如を丸山は批判したわけですが、より踏み込んで言うと、むしろ日本人は積極的に作為を嫌っているような気がします。だから江戸時代なんて本当は、ポピュリストの秀吉による相当ラディカルな革新がベースを敷いて、その跡地に人工的に作られた体制なのに、日本人はそう思っていない。イエもムラも太古以来ずっとあった、自然の秩序だと思い込んでいる。

儒教の本場である中国は、科挙を導入して道徳によるアカウンタビリティを人工的に構築する官僚制に帰着したけれども、日本の場合は系譜に沿った世襲、という一見自然らしく見えるアカウンタビリティのみに依存してきた。そういう古代以来の文脈が効いているのではないでしょうか。

東島——丸山ふうに、社会契約説に儒家思想を継ぎ足した言い方を用いれば、万人が「道を作為する」のは無理で、要するに聖人になりうるものは先天的に決まっている、という「思い込み」の歴史ですね。予定説的と言ってもよい。

ただ一点気をつけたほうがよいと思うのは、丸山の言う「自然」「作為」とは、社会学者テンニースのゲマインシャフト（自然にそこに帰属する社会集団）・ゲゼルシャフト（選択意思によって参入する社会集団）の翻案で、だからこそ一九七四年に出た『日本政治思想史研究』の英語版では、「作為」にはinventionという訳語が充当されているわけです。まさしくヴィヴァルディの協奏曲集『四季』、「和声と創意《インベンション》への試み」で言うところの「創意」であって、いわゆる「作為的」とか「人為的」というようなネガティブな語彙ではありません。そうとってしまうと、ミイラとりである（「作為」を嫌う日本人を炙り出そうとする）はずの與那覇さん自身がミイラ（「作為」が嫌いな人）ということになってしまう。

とはいえ、「日本は古来こうだった」というような「思い込み」の歴史として見ると、作為することの困難さが浮き出てくるのは、間違いないところです。古代篇で力説してきたように、世襲制自体、ある時期以降という明確な起源を持つのであって、それは原風景でも自然でもないわけですから。

與那覇――聖人＝為政者を試験で選ぶ科挙に対して、日本は血統で選ぶよう作為した。イエ制度が一般庶民をあまねく覆うのも、地域ごとの完結性が高いムラ社会ができるのも、江戸時代の家職制と村請制《むらうけ》によって作為されたものなのに、それを自然だと思いたがる。

安倍晋三さんが首相に返り咲いて、自分が目指すのは「瑞穂の国の資本主義」だと言うわけです。自分のルーツである山口県（長門市）の棚田が広がる景観を、「美しい国」のシンボルとして市場競争から守るのだと。[36] そういう言い方をされると棚田が自然に見えてくるけど、山間部の傾斜を切り崩して田んぼにするなんて本来は相当不自然なことで、稲作が全国に普及しきるのも、江戸時代初期（一七世紀）の大新田開発による作為の産物なのですが。

また、自民党の総務会といえば全会一致の慣行をとることで知られますが、これもまた宮本常一が『忘れられた日本人』で描いた、丸一日だらだら雑談しながら擬似的な全会一致で物事を決める寄合システムの水脈を引いている。リーダーによる作為ではなく、あたかもおのずから自然と決まった「かのように」、村落の意思決定を擬装する技術ですよね。中世篇で議論した、一揆の首謀者を隠すためと言われてきた傘連判状《からかされんばんじょう》も、機能的には同様でしょう。

つまり、「自然であるかのように見える秩序を作為して、しかしそれが作為であることは忘れて自然だと思い込む」という、すごくねじれたことを日本人はやりたがる。民主党政権とは理念的には、二大政党制による政権交代という「あからさまな作為」を持ち込んで、その系譜を断ち切ろうという試みだったのでしょうが、劇症アレルギーのような拒否反応が猛烈に起こって、結局弾《はじ》かれてしまった。

東島――棚田学会の初代会長であった石井進の最後の修論指導を受けた者として一言すれば、文献上の「棚田」の起源は中世に遡るものです。ですから、江戸時代の人にとって、あらかじめあったという意味では、自然と言えなくもない（笑）。

それはともかく、しょせんは「リーダーによる作為」にすぎない合意なのに、それが「さも自然なもの」として偽装されている、というのも、じつは中世に起源するものなんですね。佐藤進一さんが指摘されたように、中世で「時宜（時議）」と言えば、意味するところは為政者の意向なわけです。[37] ところがそれをさも時宜にかなう議論だ、つまりは「さも自然」として受け容れてしまうわけです。

だとすればますます、戦国時代に村人から白い眼で見られた「江湖の寄合」という名の合議形式（一六世紀末の『日葡辞書《にっぽじしょ》』に所見）は、この時代に一夜一輪だけ花開いた、本気で作為することを肯定しようとする異質な文化だった、ということがわかりますね。[38]

與那覇―その「さも自然に見える」という点が日本社会の暗黙の掟で、露骨に自然に見えないことをやると嫌われる。これは政党政治以外の問題でも、今日も続いていることだと思います。東日本大震災の被害は津波をはじめ山ほどあるのに、原発事故だけがいつまでもクローズアップされるのも、津波と違って原発が「見るからに作為」の産物だからですね。津波は自然災害だからあきらめのつけようもあろうけれど、原発だけは作為しなければそもそも存在しなかったのだから絶対許せない、というのが、多くの日本人の想いではないでしょうか。だから、「これは天災ではない、人災だ」という言い方がいつも飛び交う。

じつは、両者の境界は曖昧なんです。津波だって「高さ三〇メートルの堤防を作っていれば防げた。だから自然災害ではなく人災だ」と言ってしまえば人災になる。ウルリッヒ・ベックのリスク社会論とはそういうもので、[39]近代化にともなってあらゆる「危険」（danger）は人間の行為によって管理可能な「リスク」（risk）になってしまうから、もはや純粋な自然などというものは存在しない。われわれが「これは〝自然〟に起きたことだから、仕方ないと見なそう」と人為的に定義したものしか、今日の世界には残っていない。

つまり「自然とされるものも含めて、すべては畢竟《ひっきょう》〝作為〟だ」というのが西洋近代のコアにある発想なのですが、日本人はそれとは一八〇度逆のことをいまも信じている。その意味でも、西洋化なんかしていないわけです。

助手論文で徂徠学に仮託して以来、丸山が伝えたかったのは、日本人もいい加減「社会の秩序は、作為の産物であるということ」に合意しようよ、というメッセージだったと思います。それが、西洋的な社会契約論への憧れにもなっていた。ところが全共闘に吊るし上げられたショックもあって東大を退官してから書いた「歴史意識の「古層」」（一九七二年）では、[40]結局日本人は記紀神話の時代以来、まさしく自然そのものというべき「つぎつぎに・なりゆく・いきほひ」にしたがうことでしか秩序をイメージしない、という諦念を吐露していますよね。

この丸山の古層論については、とくに国民国家論以降の研究状況では、「古代の神話時代以来、変わらぬ日本人の不変の本質」を実体化したものとして、むしろ批判のほうが強い。しかしここまで議論してきた、つねに二頭制的なバッファーを設けて「誰による作為なのか」を明快にしない政治の構造や、その帰結として中国の皇帝に相当する専断的なリーダーがいない、完全には中国化しえない社会のあり方を考えると、むしろ「誰かによる作為ではないふりをする」日本人の起源を、正しく指摘していたのかもしれない。

東島――じつを言えばほとんど賛成なんだけど、與那覇さんはどうも、丸山の「作為」をごく平たく「人為」だと捉えていらっしゃるようで、やはりそこが気になるんですね。「自然」か「人為」かというだけであれば、かならずしも丸山に登場いただく必要もない。

マックス・ヴェーバーは、いわゆるアンシュタルト（国家や教会等、強制的に帰属させられるゲゼルシャフト）の対概念（強制ではなく諒解行為に基づくもの）として、『理解社会学のカテゴリー』では漠然と団体《フェアバント》を立てていたのですが、『社会学の基礎概念』にいたって結社《フェライン》へと改めたわけですね。丸山が「作為」と呼んだのは、この「結社形成的《アソシエイティブ》」であることのほうなんです。実際『日本政治思想史研究』では、（ヴェーバーではなくテンニース由来の概念構成ではあるものの、）「しかり窮極的には社団《フェライン》の！」とまで言っているんですね。

ですので、與那覇さんのように「しょせんは作為の産物なんだよ」と捉えてしまうと、同じゲゼルシャフトでもアンシュタルト的なもの（下手をすると「自然」）まで肯定してしまうことになってしまう。もはや「する」ではなく「される」や「である」でいいと。だから丸山が「徂徠学に仮託して以来」一貫してそうだったというのは間違いで、そこはやはり、丸山自身のオプティミズムからペシミズムへの変貌として受けとめないといけないわけです。

與那覇――本来は市民自身が結社を自発的につくることこそが「作為」であり、だから東島さんのいう江湖が、日本史上ではその貴重な表れになると。しかし、それは最初からハードルが高すぎた気がします。むしろ専制君主による「人為」ですら「不自然」として忌避してきた歴史が、より高度な市民社会への道をも阻んでいる、というふうに捉え返せないでしょうか。

日本文化論と「古層」の永久運動

東島――おそらくはそこに、丸山眞男と與那覇さんの分岐点があるのだと思います。丸山の「作為」論は、西洋モデルとの対比において「日本人は作為が不得手だ」と主張したものです。いっぽう與那覇さんの「作為」論は、「日本人は自然が好き、作為が嫌い」、だから「避けられない作為を一見自然なものに偽装する」という話ですよね。しかし「作為が嫌い」と「作為が不得手」は、同じようでじつは全然違う。

そこで與那覇さんの着想を活かす方向でその違いを矛盾なく説明するには、それぞれの主語を別のものに割り振るしかなく、「亜インテリは作為が嫌い」、いっぽう「インテリは作為が不得手」と、こうなりますか？

與那覇―丸山自身のテキストからはより逸脱してしまうかもしれませんが、インテリ／亜インテリの対だと近代限定の議論になってしまうので、むしろ統治者／被治者と呼び換えてみるのはいかがでしょう。つまり、統治者は「作為が不得手」だから、それこそ中国皇帝のようなアカウンタビリティを、自力で作り出すことができない。いっぽうで被治者は「作為が嫌い」なので、そういう試みを察知すると足を引っ張りにかかる、と。

それこそ日本の「古層」としては、村の寄合よろしく豪族連合でぐるぐる回すはずだったのが、どうもそれだけでは物足りんと感じると、卑弥呼のように中国から金印をもらってきて「自分だけがリーダーです」と言いたくなる人が出てくる。もしそうだとすると、魏志倭人伝のころから「中国からの黒船」、国際的契機が絡んでいたことになりますね。

しかしその結果として、アカウンタビリティが得られてOKとなるケースはきわめてレアで、「なんだ、あいつ調子に乗りやがって。引きずりおろしてやれ」となる場合が多い。明朝から「日本国王」の権威を獲得しつつ、封建諸侯を弾圧した足利義満の最期などが典型です（死後、朝廷から「贈太上法皇」号を宣下されるも、幕府の宿老斯波義将《しばよしゆき》が固辞した）。そういう状態が、近代以降も続いていると見るべきではないでしょうか。

東島――出る杭は打たれるが、誰も出ないとなると社会が燻《くすぶ》ってしまうというわけですか。中国化のような国際的契機が歴史上循環的に出てくる理由としてはそれがいちばんわかりやすい説明ですが、そうなると日本史を中国化と日本化の波で説明しようとする與那覇さんの議論は、二大政党制の政権交代のイメージを日本史全体に拡張したバージョンだという感じが、ますますしてきますよね。

だとすると、二大政党制の政権交代みたいなものは、もっと長いスパンで見て、数十年とか数百年とか、そういうサイクルでなら必要だという感じになりますか？　長く続いたものにお灸《きゅう》をすえる程度ならかまわないが、体制としてはなかなか受け容れられない。

與那覇――ショック療法にしかならないということですね。体質自体が、それによって改まるということはない。明治の元老にしても往時の自民党の派閥システムにしても、古代篇の豪族や郡司の話に重なるというか、まさしく「古層」そのものではないかと思わせるところがある。互いに権勢を争って、ときには激しく衝突するのですが、完全に別の国家や組織を作ってしまうほどには仲がわるくない。ほどほどにトップのポジションを順送りしつつ共存しているから、その地位も完全な世襲制ではない。

逆に、そこから飛び出してしまう人間というのは、日本社会では傍流というか異端児なんですね。彼らだけが例外的に、ラディカルな「指導者が権力を占有する代わりに、明快に責任をとる」体制への転換を唱えるのですが、一時的にはブームを起こしても最後は孤独に終わる。大隈重信しかり、小沢一郎しかり。二大政党制の夢も、彼らと浮沈をともにしているのかもしれない。

東島――それを日本史全体に拡張すれば、「新しい国づくり」を目指して日宋貿易を推進した平清盛も傍流に終わった、ということになりますか。あれだけインテリ受けがよく、亜インテリの支持率の低かった大河ドラマも珍しい。ただし主流と傍流、「あるがまま」派か「創り上げる」派かとか言った場合、丸山の好きなカール・マンハイム(ハンガリー生まれの社会学者。知識社会学の基礎を築く)[41]の言葉を最大限皮肉った酒井直樹さんの言い回しにしたがえば、「あるがまま」=現状維持を、イエスと言う側もノーと言う側も、結局、日本人であるという「存在被拘束性」から自由じゃない、ということになる。

與那覇さんの本のキャッチコピーのひとつが、「右派も左派も驚愕の日本史」ということだったけれど、左右両翼の対立が陳腐化したいま、あらためて使えそうなのが、かつてさんざんこき下ろされた丸山眞男の「自然」と「作為」だというのは賛成するとして、「作為」の側＝「創り上げる」派も、結局は「あるがまま」をサステイナブル（持続可能）に続けるための一部を形成していて、両者には意外なほど原理的な対立がない。まあ「私」が「公」の対立概念にならずに、その一部分を形成してきた社会ですからね[42]。

與那覇―保守派にとっては「とんでもない現状破壊の試み」に見えた民主党政権が、実際には「日本型システムを延命可能にする改革」しか視野に入れられなかったようなものですね。

いずれにせよ、この「本当は作為なのだけど、一見自然に見せかけることで、社会秩序に対する不満を起こさせず、みんなで共存するしくみ」こそが、権力集中を生み出さない日本社会の起源にあるのだと考えると、『中国化する日本』では江戸時代のイエ・ムラ・イネにその原点を求めたのですが、むしろ丸山が言うところの「古層」や、古代の豪族連合まで遡れるのかもしれません。

日本人論や日本文化批判とは、ほぼすべて同じことを主張してきたのだと思います。作為ではなく自然のように見えているがゆえに、日本人全員が拘束されてしまう何かがあるのだけれど、しかしあまりにも自然すぎるせいで、その正体がわからなくて（インテリには）居心地がわるい。丸山の場合は徂徠学なり、武士道なり、記紀神話なり、手を変え品を変えてその実像に迫ろうとして、一九八〇年の「闇斎学《あんさいがく》と闇斎学派」[43]では「オーソドクスなき正統」としてのアプローチも試みています。「儒教やキリスト教のような明文化された教義がないから、何が正統性の根源なのかがつねに曖昧なのだけど、でも何かはある」ということですね。

そういう融通無碍で軟体動物のようにネトネトした社会規範を、ルース・ベネディクトは「恥の文化」[44]と言い、山本七平は「空気の支配」[45]と言い、中根千枝は「場の論理」[46]と言い、土居健郎は「甘えの構造」[47]と言い、河合隼雄は「母性社会」[48]と言い、阿部謹也は「世間の原理」[49]と言ってそれぞれに探究した。みんなが表現を新たに工夫しつつ、実質的には同じことを言い続けるのですが、どうにも分析的な概念には高まっていかない。私の場合は、だったら歴史的にそれが成立した時点を見極めるという接近法しかなかろうと思って、「江戸時代化」と呼んでみたのですが、どうも最近、本当に江戸が起源と言ってよいのか、割り切れなくなっています。

東島――だとすれば、そこに『日本の起源』と題するこの本の存在意義があるということになりますか（笑）。ところでさきほどあがった名だたるベストセラーがそうなんですが、「日本文化批判」という名の「日本文化」の伝統ジャンルが連綿とあるんですね。丸山眞男がその代表選手で、自虐史観とたたかれない程度に日本批判を述べるのが受けがいい。赤よりもロゼがいいというわけです。

あとどういうわけか、保守派の論客ほど日本文化を知りませんね。京都御所一〇〇〇年の歴史なんて言う人は、里内裏《さとだいり》の歴史を勉強し直したほうがよい。

第五章 戦前篇

第一次世界大戦に起源を見る

與那覇—明治維新による国民国家の建設なるものは日本史上、じつはさしたる画期ではないことを見てきたのですが、むしろ今日の近現代史で注目を集めているのは大正期なんですね。一般的な歴史像では、いまでも「大正デモクラシーのように評価できる要素もあったけど、しょせん天皇制国家ゆえに民主主義ではなく「民本《みんぽん》主義」に留まる中途半端なもので、だから短命に終わった」というイメージでしょう。しかし歴史の画期としても、また今日の起源としても、大正のほうが明治よりはるかに重要かもしれない。

大正を画期と見なすべきゆえんを、第一次世界大戦のインパクトに求めるのがいわゆる「総力戦体制論」です。山之内靖さんたちの『総力戦と現代化』がエポックとなった潮流ですが、同書は論文集なので、いまは別タイトルで出ている筒井清忠さんの『昭和期日本の構造』とか、[1]黒沢文貴さんの『大戦間期の日本陸軍』などのほうがわかりやすい。端的に言えば、幕末の対外危機が単に「口実としての危機」だったのに対して、第一次大戦が世界初の総力戦となったことを、大正日本の軍人たちは相当真剣に受け止めた。そこから古代の律令《りつりょう》制導入以来の、戦争のショックによる「先進国への背伸び」がはじまる。

総力戦とは職業軍人や兵隊さんだけでなく、長期持久戦を銃後の全国民の総力をあげて、軍需物資を再生産し続けて敵国よりも長く持ちこたえることでしか、勝利できない戦争です。だから、軍民一体でなければまずい。いまの日本のままでは、来るべき次の世界戦争＝二度目の総力戦に突入したらかならず負ける。だから国民全員が社会秩序に心底同意し、国家のほうもあまねく国民の生活を保障するよう努めることで、欧米諸国との物量戦にも勝ち抜ける高度国防国家を建設しなければならない。

こういう発想が、永田鉄山《ながたてつざん》や小畑敏四郎《おばたとしろう》（陸軍軍人。のち対ソ短期決戦を説き、永田と訣別）らがドイツのバーデン＝バーデンで軍部刷新に向けた盟約を結んだ一九二一年以降、永田の統制派と小畑の皇道派への分裂を経つつも軍の内外にまで流布して、ファシストから社会民主主義者まで広範な人々を引き寄せてゆく構図を明らかにしたのが、筒井さんの議論でした。

となると軍部の側も、これまでのようにふんぞり返って民衆に威張り散らすのではだめで、民意に支持される軍隊になる必要がある。こうして第一次大戦後に陸軍の潮流が変わったから、晩年の山縣有朋《やまがたありとも》は原敬《はらたかし》と妥協して政党内閣を容認し、のちには宇垣一成《うがきかずしげ》が軍縮を断行した。[2]

東島――宇垣自身が日記に書いている言葉で言えば、「軍民接触一致の事業」ですね。しかし「宇垣軍縮」というのは、これも宇垣自身が言っているように、軍縮と見せかけて、その実、陸軍四師団の廃止で浮いた金を新兵器充実等の国防費の増加に充てたもので、[3]言うなれば「宇垣軍拡」だったわけですよね。

與那覇――「装備が近代化された分、スリムでスマートな軍隊」を作ろうとした。さらに、黒沢文貴さんが着目したのは田中義一《たなかぎいち》です。もともと長州閥の軍人であるにもかかわらず、立憲政友会に入って政党総裁として（昭和初期に）総理大臣に就いた。明治憲法以来ずっと対立してきた、伊藤博文系の政党路線と山縣流の軍・官僚路線を合流させて、将来の総力戦にも対応できる体制を目指したわけです。

東島——山室信一さんは最近、第一次大戦を二つの実戦（日独戦争・シベリア戦争）と三つの外交戦（日英外交戦・日中外交戦・日米外交戦）からなる「複合戦争」と捉えることで、戦争の下限を一九二五年にまで下げ、いっぽう、国際連盟が誕生した一九二〇年の時点にすでに日米必戦の空気を読むことで、両大戦を貫く歴史像を描き出されていますね。[4] そうしたなか、すでに田中義一の一九一五年一二月の講演には、「国家総力戦」という言葉が出てくる、と言われています。これはレオン・ドーデ（フランスの右翼団体アクシオン・フランセーズの指導者）が一九一八年の著『総力戦』で概念化するよりはるかに先行しているとされています。

第一次大戦の主戦場からすれば日本にはまだ余裕があるはずですが、それでも言葉だけは先行して出てくる。田中の危機意識は相当なもので、一九一〇年に帝国在郷軍人会を組織し、一九一五年には大隈内閣に働きかけて青年団三〇〇万人の全国組織化を図ったりもしています。一九二七年にいざ組閣して第一次山東出兵とかの強硬外交を敷くよりも、かなり早い段階から国民の組織化に余念がない。

組閣した田中は、いよいよ一九二八年六月には、緊急勅令で悪名高い治安維持法の第二次法を成立させ、最高刑を死刑に引き上げて「目的遂行罪（処罰対象を「結社の目的遂行のためにする行為」一般に拡大）」も新設するわけですが、この治安維持法は、もともと大正期の終わり近い一九二五年に、護憲三派内閣が（男子）普通選挙法とセットで成立させたものです。ですので大正デモクラシーや護憲運動が生み出したのは、結局治安維持法じゃないかというイメージが、中世史を専攻する私などには、どうしても強くあるわけです。

それと言うのも、治安維持法が制定された当時の司法大臣はと言えば、かつての対外硬の急先鋒であった小川平吉《おがわへいきち》（立憲政友会の政治家。タカ派的言動で鳴らした）なんですね。対露同志会を組織して対露戦を煽り、戦後は「ポーツマス条約反対」の日比谷焼打ち事件の引き金を引いてしまう。これが笑止千万なことに、大正デモクラシーの走りと見なされているわけです。いっぽう二〇世紀初頭の普選運動を支えたのが、小川と袂《たもと》を分かって「江湖《こうこ》」の理想を地で行く花井卓蔵《はないたくぞう》（弁護士、政治家。足尾鉱毒事件や大逆事件を担当するなど、人権派として知られた）であり、また日比谷公園で講和条約反対国民大会の座長をやっていた河野広中《こうのひろなか》（自由民権運動家として福島事件の中心を担う。のち衆議院議長・農商務大臣）です。花井と小川は一枚のコインの表と裏みたいなもので、そこに大正期の難しさとおもしろさがある。

大正デモクラシーは議会制不信の起源

與那覇——まさにその問題ゆえに、近年では大正デモクラシーという用語を、じつは歴史学者はあまり使わないわけですね。いまふうに言えば、現実的な採算を度外視して「原発再稼働、許せん！」と叫ぶ反原発デモと、「尖閣・竹島での腰抜け外交、許せん！」と憤るネット右翼と、民意の質としてどこまで違うのかという問題です。前章で見たように、それらはどちらも国家が都市を飼い慣らせなくなった時代の、住民の激情の噴出でしかないのではないか、という懸念がぬぐえない。

かくしてここで、もうひとつの今日的状況の起源が見出される。３・11以降、とくに原発問題を中心に代議制（間接民主制）への不満が非常な高まりを見せた。国民の多くは脱原発を望んでいるのに、代議士に任せていたら党利党略や業界団体の圧力といった「不純物」が混じりこんで、原発維持派が勝ってしまうと。だから、原発の可否は議会の採決ではなく国民投票（直接民主制）で決めようとか[5]、デモで大挙して国会を取り巻いて社会を変えようとか[6]、いやむしろデモという祝祭空間のなかにすでにアナーキーかつ自発的な新たな秩序の芽が生まれているとか[7]、さまざまな夢が語られたわけです。

しかし、じつはそれらは大正期に一度、すでに問われた問題だったのではないか。もっとも当時はまだ制限選挙ですから、「いまの議会や内閣が民意を反映しないのは、参政権が一部の金持ちに限られているからだ。普通選挙が実現すれば、私たちの声は政治に届く」という議論はありえた。その方向に民意を誘導しようとしたのが、あらゆる教科書に載っている吉野作造《よしのさくぞう》の民本主義です。これを一般に「大正デモクラシー」と呼ぶわけですが、しかしその輝きが徐々に薄れてゆくのが戦前の政治史の展開です。

坂野潤治さんにしたがえば、最初は北一輝《きたいっき》でさえ同じ路線だったのですね。一九〇六年の『国体論及び純正社会主義』で北が書いたのは、要するに国民全体で日露戦争を支えたのだから、戦後は普通選挙を実施せよ、そうすれば議会を通じて国家が経済的な民主化（大資本の接収と労働者への再分配）をも達成するであろう、ということだった。

ところが、むろん男子限定とはいえ、実際に一九二五年に普通選挙法ができちゃうわけです。それなのに、当初は無産政党がわずか数議席しかとれない。こりゃだめだということで、北の場合はクーデターによる国家改造に望みを託すようになって、三六年の二・二六事件に連座して処刑される。じつはその直前の選挙では、社会大衆党として大同団結した無産政党が二二議席に初めて躍進、翌年には四〇議席に迫ったのですが、そこで日中戦争がはじまって戦前日本の議会政治はタイムオーバーになったというのが、坂野さんの見方ですよね。[8]

東島——北一輝の場合、日露戦争直後はもとより、二・二六事件で皇道派の青年将校たちに影響を及ぼした、あの『日本改造法案大綱』（一九二三年、原型一九一九年）でも、巻一「国民の天

戦前の普通選挙における各党の獲得議席数（※黒塗りが無産政党）

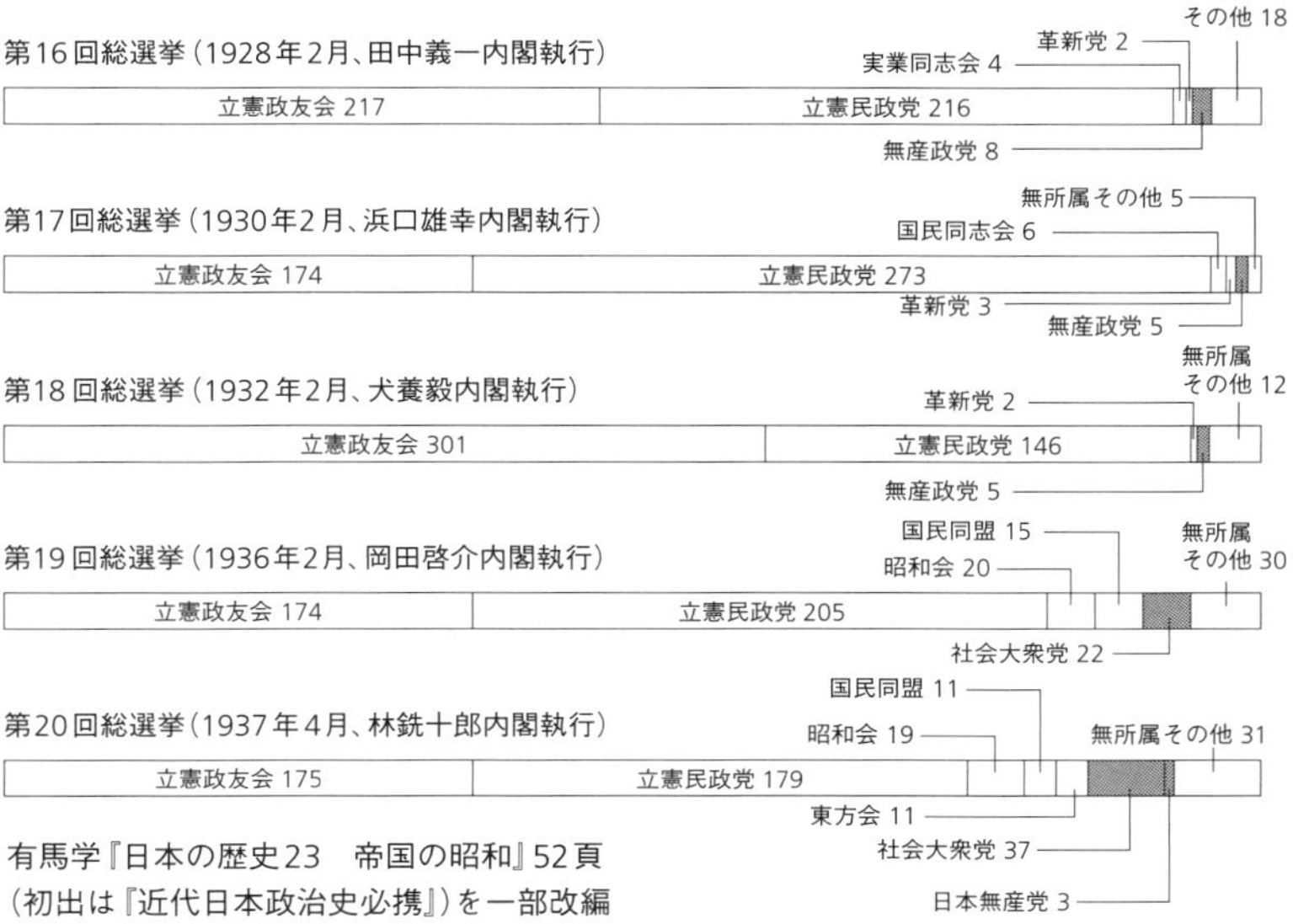

有馬学『日本の歴史23　帝国の昭和』52頁
（初出は『近代日本政治史必携』）を一部改編

皇」のところに男子普選は入っていますよね。つまり、最初だけではないわけです。ここらあたりの一貫性はどうお考えですか?

與那覇—朝日平吾《あさひへいご》(大正維新を唱えて一九二一年に安田財閥当主を刺殺し、その場で自害)の遺書ですら、あとに続く青年にテロとセットで普選実現を勧めているように、まったくリベラルでなくてもデモクラットではありえた、ということでしょうか。前章での議論のとおり、明治のころから日本の近代には「自由主義」(思想の多元性の擁護)の芽がない。逆に、単一化された民意が政治に反映すべきという意味での「民主主義」なら意外に豊富で、こちらは君主政とも(テロとも?)矛盾しない。

つまり日本の民主主義には、欧米も含めて議会政治一般が共有する問題と、日本に特殊な要因に規定された問題の双方がある。前者の典型が、さきほどタイムオーバーと言いましたが、意思決定のスピードの遅さです。いますぐ純正社会主義とか、即時原発ゼロというわけにはいかない。さらに、今日のように男女とも完全な普通選挙にしたところで、結局代議士として選ばれるのは人脈や時間的余裕のある上流階層に限られた、エリート民主主義に陥るのでは、という批判もついてまわる。

天皇に独占された一般意志

與那覇—住友陽文さんが『皇国日本のデモクラシー』で描いたのは、そうした疑問もやはり大正期にいったん出尽くしている、ということだと思うのですね。あくまで議会政治の長所を説く吉野作造に対しては、おまえの主張は結局エリート偏重で、大衆化の時代に対応できていないとする批判がつねにあった。

むしろ住友さんが注目するのは、吉野や美濃部達吉《みのべたつきち》との対比で「保守反動のわるい人」というイメージだった上杉慎吉《うえすぎしんきち》で、彼の天皇主権説は、じつは大正期における直接民主制的な志向とつながっていた。参加資格が上流階層に限られ、おまけに私的利害を代表する「党派」という不純な媒介物によって議論が歪められる議会とは異なり、あまねく庶民の民意や心情を酌《く》みとってくださる天皇陛下こそが完全なる公共性の担い手、いわばルソー的な一般意志（上杉の用語では、体制意志）の体現者たりえるのだと。

いわゆる一君万民思想ということですが、こうなるともう「大正ラディカル・デモクラシー」と呼んでもよいでしょう。こういうアイデアが出てきて影響力を持ってしまうのが、やはり有史以来、ずっと天皇を中国化の媒体としてきた日本社会に固有の問題だと思います。

東島――ただ中間団体があまり期待できないというだけなら、天皇親政とは違うモデルもあったはずですよね。たとえば樋口陽一さんが強調されるルソー＝ジャコバン型の自由、つまり封建的であろうと近代的であろうとタイプかまわず中間団体を廃棄して、力ずくで個人を創り出そうとしたのが、フランス革命の核心だとする考え方です。[9] 逆に公共性の担い手として中間団体の役割を重視するのが、トクヴィル＝アメリカ型の自由です。

日本の場合は、中間団体を廃棄しようとすると、それがイコール天皇親政というかたちになってしまうということですか？　もっともフランス革命の場合も、ジャコバン独裁をどう評価するかは、意見の分かれるところなわけですが。

與那覇―天皇親政ではないかたちで、しかし中間団体抜きの全的結合を体感できるような想像力は、少なくとも戦前の日本では持てなかったのではないでしょうか。たとえばゼネラルストライキで国の経済をぜんぶ止めて、「いま俺たちはひとつになって闘っている」みたいな実感を共有しようにも、その担い手がいない。これが共産主義運動が失敗した理由で、だから野坂《のさか》参三《さんぞう》（日本共産党の指導者、敗戦までをソ連・中国に亡命して過ごす。晩年、ソ連時代の日本人粛清への関与を問われ党を除名）は戦後に帰国して、まず「天皇制打倒」の要求を緩和した。[10]とにかく亜インテリ以下は全員、民主主義と一君万民の区別がないのだから（笑）、天皇幻想を取り込まないと日本では「人民戦線」が組めない。

　これはまんざら絵空事でもなくて、じつは戦前以来、日本の極右と極左は「議会主義の否定」という点では意外と似通っているのです。福家崇洋さんが紹介している例ですが、[11]一九三〇年にできた愛国勤労党（愛国大衆党）という右翼政党は、なんと選挙の方針に「原則として落選主義」を掲げていた（笑）。議会で代表されるのは多数の意志であって全体の意志ではなく、さらに人々を心服させる天皇による徳治と異なり、もっぱら権力による威嚇で秩序を維持するしくみだから、そもそも間接民主制自体が欺瞞《ぎまん》だという信念があるのですね。だから右翼のなかにも「いや、もうちょっとまじめに選挙やって、当選も目指しましょうよ」というグループが出てくると、「おまえらはただの「国家社会主義者」であって、隠れ左翼だ。真の「日本主義者」ではない」みたいな内ゲバをしていたらしい。

つまり「議会制は不純だ、あれは真の民主主義じゃない」という思想は、別に民主党政権に失望して出てきたわけでも、ポストモダン左翼の専有物でもなくて、大正期ないし戦間期にすでに起源があるのです。これは東島さんがつねに強調される「可能態としての江湖」の問題とも重なると思うのですが、あらゆる民主体制は可能性としてのみ、すべての民意を公平に糾合《きゅうごう》しえるのであって、現実態となったら、当然どこかで歪められる議論や排除される意見はかならず出てくる。

それに対して、「いや、あくまでも理念としては、パーフェクトな民主政がありえるはずなんだ」というビジョンでわれわれはやっていくしかないのですが、その理想的な秩序イメージの根幹に天皇を置いて思考する人のことを、日本では一般に右翼と呼ぶのですね。実際、二大政党の公約を読み比べて合理的に選択するよりも、とにかく陛下の聖徳をお慕い申し上げるというほうが、有権者にとってもハードルが低いので、戦前にはそちらの道をゆくほうが「ラディカル・デモクラシー」だった。少なくとも国会で泥仕合を繰り返す政友会や民政党よりは、多くの日本人にとって天皇のほうが、一般意志に近そうに見えたのでしょう。

東島――議会制不信とワンセットで天皇のほうに行く、という流れが大正デモクラシーから総力戦体制を経て、今日までずっとあるということですね。だとするといちばん大きな問題は、ラカンが「大文字の他者」(言説によって語り尽くしえない他者、小文字の他者に還元されない第三者)、大澤真幸さんが「第三者の審級」などと呼んできたものが、日本近代史の文脈のなかではなんで天皇に収斂していくのか、という問題です。
前近代史をやっていれば、「第三者の審級」に相当するものは、それこそ八百万《やおよろず》とありうるということにぶつからざるをえません。そこに天皇を置く必然性はかならずしもなかったわけです。

與那覇——起請文《きしょうもん》を差し出す神様でも、八幡大菩薩《はちまんだいぼさつ》でもなんでもよかったと。おそらく、天皇以外の信仰がすべて世俗化したのに、皇室にだけ宗教性が残っていた（ないし、新たに創り出された）時代が、日本の近代だったのでしょう。だから戦前のあいだだけ、天皇が第三者の審級を独り占めした。

いま焦点になっているのも、要するに天皇抜きのかたちで、日本で機能するラディカル・デモクラシーをどう構想するかという問題ですね。東浩紀さんが『一般意志2・0』で提示したのは、いわば「君主なき一君万民」の体制をソーシャルメディアで設計できないか、という話です。ツイッターやニコニコ動画のコメント画面で流れる民意の勢いこそが一般意志だ、と見なしてしまえば、天皇やロベスピエールのような「立法者」がいなくても、それを政治に反映していくしくみを作れるというアイデアですね。

中国文学者の福嶋亮大さんも、同書の書評でヴィリリオの言う「速度の政治」の観点から[12]、今日の中国の一党制のような独裁的機構を設けずに、大衆のスピードへの欲求を満たす方法の模索として論じていました。実際のところ中国共産党というのも、プロレタリア政党というより皇帝専制の継承者で、一君ならぬ「一党万民」の体制でしょう[13]。

東島――しかしニコ動的な民主主義というのは、ヴィリリオならば民主主義の危機と論じるんじゃないでしょうか。議院代表制民主主義がだめになって世論民主主義が台頭し、その世論民主主義さえも、彼が「毒入りの果実」と呼ぶ公共的情動の民主主義の無節操さに取って代わられる。[14] ニコ動的民主主義が情動の民主主義に回収される危険性を回避できるかどうか。

それどころか、熟議の民主政は手間暇かかり処理速度が遅いとか言っているうちに、自民党政権が復活して、またぞろ滅私奉公的な時代が戻ってくると、ソーシャルメディアの民主政は周回遅れのランナーにさえ追い抜かれてしまった。

與那覇――どれだけ最新のデバイスで武装しても、結局天皇という最強のプラットフォームを握っている側に勝てないと。日本は原理原則なく、なんでも「足して二で割る」なぁなぁ政治の国だというイメージがある半面、なぜか「絶対の真理」のような発想を括弧に入れて、手探りで相互に妥協しながら他者との合意を見出そうというプラグマティズム（デューイからローティに至る米国の哲学の流派。人の価値観には絶対的な根拠がないことを前提に思考する）が根づかない。これが不思議で仕方なかったのですが、どうもその理由が見えてきましたね。

プラグマティックな政治には、「あくまでもこれは理念で、現実とは違うのだけれども……」という割り切りが必要です。たとえばアメリカ独立宣言やフランス人権宣言に記された「あるべき姿」に、現実のアメリカやヨーロッパはまだ追いついていない、という自覚を持つことですね。[15]

東島――ハーバーマスの『近代　未完のプロジェクト』は西洋中心主義だとか近代主義だとか、

すか。

さんざん批判されてきたが、じつは「未完」の感覚があるだけまだましだった、ということで

與那覇――そう思います。逆に東アジアは中華皇帝にせよ天皇にせよ、あまりにもベタに「一君万民そのもの」な人格が存在してしまう。これではプラグマティズムにならない。「単に理念ではない。現にいる！」と言われてしまうと、不敬罪を覚悟でないと反論できないから。

いまの中国で言えば、「人民の党として共産党がすでにある。だから、あらゆる問題は党を通じて解決できる」という公式見解を否定したら、監獄送りになるのと同じです。だから、議会制に代表される妥協としての政治のほうを、理念として掲げてやってゆくことは中国のみならず、日本でも難しい。

もちろん日本には古代以来、権力集中がいつも未完成に終わる伝統はあって、複数勢力間での妥協が実態として成立することはある、というかむしろそちらが常態です。しかしそれは単に、放っておいたら「自然」にそうなったというかたちだから、「作為」して自覚的に、妥協としての政治でいこうという合意を作ったわけではない。となると、二大政党制という最も日本人の「古層」に反するかたちで政党政治を進展させた、教科書的な意味での大正デモクラシーにも、はじめから成算はあまりなかったことになります。

東島――たしかに二大政党制には成算がない。しかし大正デモクラシーがなぜだめだったのかを説明する際に、天皇を「現にいる！」というように与件として見てしまうと、ではなぜ八百万の「第三者」のうち、天皇のみが選択されたのか、という最初の問いに答えられないという

気はしますけどね。ここは今後に課題を残したということでしょうか。

アジア主義に可能性はあったのか

與那覇——その点はのちほど、「戦後民主主義」を論じる際にも立ち戻りたいテーマですが、大正デモクラシー以外で戦前の日本に可能性を見出そうとする場合、二一世紀初頭に焦点として浮上したのは一九三〇年代の革新思想でした。ポストコロニアリズムとリンクしつつ、東京外国語大学の米谷匡史先生たちがリードされた研究動向[16]で、典型的には京都学派や昭和研究会（三〇年代に、近衛文麿への献策を担ったブレーン・トラスト）による「東亜協同体論」の再評価ですね。

たとえば、哲学者の三木清（マルクス主義の影響が強い「京都学派左派」を代表）が東亜新秩序の建設に向かうことに支那事変の世界史的意義がある、と述べたことは、長らく侵略戦争の正当化として批判されてきた。しかし内在的に三木なり尾崎秀実《おざきほつみ》（新聞記者、中国評論家。ゾルゲ事件に連座して刑死）なりのテキストを読んでいくと、そこには資本主義体制の変革を通じて、日本中心のこれまでの帝国主義を清算するという構想があったのだ、という議論です。結局、彼らは大政翼賛会を作る際のヘゲモニー抗争に敗れて弾圧されてゆくのだけど、それでも初発の動機には未完の可能性として、見るべきものがあったと。

「侵略肯定」の一言で切り捨てられてきた戦前日本のアジア言説を読み直す作業は、もともと一九六〇年代に竹内好《たけうちよしみ》（中国文学者。魯迅の紹介で知られ、脱亜論的な日本の近代を厳しく批判した）がアジア主義再評価というかたちで先鞭をつけたものですね。[17] さらに、一九八〇年に『「近代の超克」論』を出していた廣松渉《ひろまつわたる》（哲学者。物象化論に着目したマルクス読解で現代思想界に影響を与えた）が最晩年、冷戦終焉後の新体制として「東亜」の再興を掲げるという系譜があり、[18] 米谷先生もそれを引き継がれています。宮台真司さんが同じころ、しきりとアンチ・グローバリズムとしての「亜細亜主義」を標榜していたのも廣松経由ですね。[19]

これは知識人論としては二重の意味があって、まず戦時体制下での「弾圧、沈黙」というイメージを反転させて、むしろブレーン政治を好んだ近衛文麿《このえふみまろ》をキーマンに日本史上、最も思想と政治の距離が近くなった時代として日中戦争期を捉え返した。さらに、時局を思想家が追認していくという構図ではなく、逆に勃発してしまった戦争をいかにして「せめて、思想的に有意味なものにしてゆくか」の模索として、知識人の営為を描く視点を作った。現実態としての野蛮な戦争を、拒絶して内面に引きこもることだけが抵抗なのか。そういう現実に、いわば過剰に可能態を読み込んでコミットした三木や尾崎の姿勢は本当に無価値なのか、という問いかけをしたわけですね。

このあたり、時代や手法は異なりながらも、つねに「可能態としてのみ価値を有するモデルネ（近代性）」を探求されてきた、東島さんにはどう見えるか気になるのですが……。

東島――米谷さんの三木の議論は、ちょうど和辻哲郎批判が流行していたころに、和辻との対比で参照させていただいています。[20] あと一九七〇年代末から八〇年代に東大駒場時代を経験した人で、廣松渉の存在を意識せずに学問ができる人なんてたぶんいないと思いますね。與那覇さんの世代だと、もう違うでしょうが。

可能態（デュナミス）というのはアリストテレス哲学の用語から借りたもので、「材木は机になりうる」という意味での材木の潜在力を考えようというわけです。丸山眞男であれば、「その思想の到達した結果というよりも、その初発点、孕まれて来る時点におけるアンビヴァレントなもの、つまりどっちにいくかわからない可能性」と言うでしょう。[21] 有り体に言えば歴史家は、哲学者の桑子敏雄さんのように、なかなかエネルゲイア（現実態、桑子訳では実現態[22]）のほうにはもっていきづらいわけでして……（笑）。

話を戻すと、近代批判の大合唱のなかで三木が救出できたのは、やっぱり獄中死した事実、尾崎にしても処刑された事実が学問的なアリバイになっている部分があるという気がしますけどね。

與那覇――前章の横井小楠《よこいしょうなん》に続き、手厳しいですね。東島さんにとって評価すべきは、あくまでも「思想としての未完の契機」であって、「非業の死を遂げたから未完に終わった契機」との混同を招く研究動向に対しては、点数が辛くなるということでしょうか。

じつは私の場合も別の理由で、三〇年代再評価には少し懐疑的なのです。資本主義体制の克服に取り組んだから立派だとする評価の背景には、どうしても「日本が東アジアで最初に西洋型の近代化（資本主義化）を遂げ、さらに進んでその超克に取り組んでいる」という歴史感覚が貼りついてしまうように思う。

しかし、西洋化ではなく中国化という座標軸をとり、さらに前近代まで視野を遡《さかのぼ》らせれば、帝国日本とは東アジアにおける「近代化の先進国」である以上に、「儒教化の後進国」でしょう。そこを踏まえないと、植民地問題の位相にしても捉え間違うのではないか。

たとえば一君万民の大正ラディカル・デモクラシーにしても、西洋型の議会制民主主義を乗り越えたさきに見えてくる秩序というよりは、東アジアの儒教的王権そのものです。この一君万民体制を、日朝比較の観点から初めて掘り下げたのは原武史さんの『直訴と王権』ですが、李氏朝鮮ではそもそも江戸時代に相当する時代から、王と民衆の距離が非常に近い。京都御所に閉じこもりきりだった当時の天皇と異なり、しょっちゅう国王が王宮を出て巡幸するし、その際に直訴することも認められていた。

明治天皇の全国巡幸というのは、いわばあとから朝鮮を追いかけて「儒教化＝一君万民化」していただけで、しかも非常に中途半端。行幸中の直訴が法的に認められたのは、維新当初のわずか三年だけで、のち一九〇一年に足尾鉱毒事件について直訴した田中正造《たなかしょうぞう》は、「この不敬なやつめ」と言われて捕まってしまうわけです。対して、朝鮮では国王の巡幸中どころか、一般庶民のほうから王宮に入ってきてお願いするのも問題なかった。

東島――中世は日本でも御所内に庶民が出入りできたので、はたしてあと追いと言えるかどうか。それがだめと「アク禁（アクセス禁止）」が掲げられたのは戦国時代のことです[23]。ただし、だめというのはそういう行為がむしろさかんに行なわれていた証左であって、清水克行さんは、最終的に一六一四年、大坂冬の陣の直前に京都所司代板倉勝重《いたくらかつしげ》が厳禁するまで、「開かれた禁裏」が継続していたことを指摘されています[24]。あと、現在では被災地巡幸等を除くと、皇居の

「一般参賀」が数少ない天皇との接点ということになりますが、もともと御霊会《ごりょうえ》のときに禁苑である神泉苑の門を開いて人々の出入りを認めたり、飢饉時に用水を引かせたりと、古代以来、時限的に禁域への越境を認める回路が確保されてきたわけです。[25]

では大坂の陣以降、江戸時代はどうだったかと言うと、藤田覚さんがお書きになっているように、天明の飢饉時の一七八七年には、いわゆる「御所千度参り」なるものが起きていますね。[26] 数万人もの民衆が御所の周りに押し寄せて築地塀の周囲をぐるぐる廻り、南門で拝礼して賽銭を投げ、何事かを祈願する。とはいえこれは、回転寿司みたいにぐるぐる廻るだけで、もはや御所内に立ち入れるというわけではありませんでした。

いっぽう直訴はどうかと言えば、佐倉惣五郎《さくらそうごろう》や磔茂左衛門《はりつけもざえもん》の例が有名ですね。ただこの場合、天皇ではなく将軍への直訴ということになりますし、時代も江戸前期がピークです。ところが幕末になると彼らを「義民」「義人」と呼ぶ風潮が生まれ、さらには自由民権運動と大正デモクラシーのなかで再顕彰されることで、直訴像が肯定されていくんですね。[27] そうした直訴肯定の流れのなかで田中正造の行動を見るならば、それは命がけではあるけれど、突飛とまでは言えないように思います。

與那覇――なるほど。帝国時代の臣民は、むしろ中世には存在したが近世期に失なわれた「日本を、取り戻す。」ことを目指したのかもしれないと。ちょっと安倍自民党ふうですが（笑）。

東島――田中があそこまでできたのは、直訴文の草稿を書いた幸徳秋水《こうとくしゅうすい》をはじめ、内村鑑三《うちむらかんぞう》、木下尚江《きのしたなおえ》ら、「理想団」という名の社会運動がしっかり後押ししていたからです。[28] 幸徳が鉱毒被害民の請願運動を支援すべく主張した「交通の自由」というのは、柄谷行人さんが「フクシマ」以来強調されている「デモが可能な社会」、つまりは「デモの自由」[29]の、当時における表現です。じつはそれは、自由民権運動下で植木枝盛《うえきえもり》が主張した「思想・論説を交通するの権義」の流れを、脈々と受け継いだものなんですね。[30]田中正造の背後にはこれだけの積み重ねがあったわけです。

與那覇―まさしく江湖の系譜であると。しかし問題は、東アジアの側からするとそんな秩序は、取り戻すまでもなくもともと現実だったということですよね。戦前の日本人があくまで君主政の可能態として夢見ていたことが、とっくの昔に現実態になっている。

これが、帝国日本が「儒教化の後進国」だったことの含意です。だとすると、日本人が「われわれは欧米列強の帝国主義を超克して、東亜新秩序を追求している」などと言っても、それは西洋化と称しつつ中途半端な中国化（儒教化）しかしていない日本が、釈迦に説法というか「孔子に説教」している状態にしか、じつのところならないのではないか。

これは、とくに朝鮮半島で顕著です。慎蒼宇《シンチャンウ》さんの『植民地朝鮮の警察と民衆世界』によると、朝鮮の徳治主義とはすごいもので、なんと叛乱が起きても説諭使《せつゆし》を送って説得するのだそうです。日本の右翼が天皇に仮託する「権力ではなく心服による秩序」を、わりとガチンコでやっていた。二・二六の青年将校が幻想した、「やむにやまれず決起に至った、われわれの内面に思いを馳せてくださる陛下」がちゃんといたわけです。日本の陛下は「鎮圧せよ」でおしまいでしたが（笑）。

だから日本による併合の過程で義兵運動が起きても、朝鮮の王室は当初、説諭使を派遣してなんとか収めようとする。ところが統監府《とうかんふ》（併合後に総督府）の日本人は、なにせ儒教化の後進国で徳治社会のしくみがわかっていないから、「弾圧しろと命令したのに、なんで話し合いをしてるんだ。朝鮮人は全員反日勢力とグルなのか」となってしまうのですね。そうやって、もともとあった徳治のメカニズムを破壊するから怨みを買ってゆくのに、そもそもそれを自覚できない。

東島――與那覇さんふうに言えば、日本の場合、中世にはまだ中国化の芽があったが、江戸時代にその契機を喪失して、それを近代までずっと引きずっているということなわけですね。

與那覇―東島さんの用語では、中世禅林の江湖思想における「日本のなかの中国」となると思いますが、近世期にそれを失なってしまったことは、近代以降に中国・朝鮮の社会とつきあううえでも大きなマイナスになったと思うのです。日本の植民地統治が最終的に破綻することの起源も、そこまで遡って考えたい。[31]

小川原宏幸さんの『伊藤博文の韓国併合構想と朝鮮社会』を読むと、初代統監として朝鮮に乗り込んだ伊藤博文は、要するに日本内地では成功した自分の手法を、朝鮮でもやろうとしたように見える。元田永孚《もとだながざね》らの天皇親政（＝完全な儒教体制）構想を排除したように、韓国でも皇帝親政はやめさせて「宮中と府中の別」（君主の家政にあたる宮廷事務と、国政とを分けること）を明確にし、政治への民意はあくまで内閣や政党で吸い上げようと。明治日本のコピーを朝鮮半島でも再現すれば、統治できるという自信があったのではないか。

だから伊藤はかつての明治天皇の巡幸よろしく、擁立した幼帝・純宗《じゅんそう》（朝鮮最後の皇帝）に半島を周遊させて、自分もそれについていく。「皇帝陛下も、日本による統治でよいとの仰《おお》せだぞ」とアピールさせて、民心の統合を図ったわけです。しかしこれが完全な逆効果で、「統監府が皇帝を日本に拉致する陰謀だ」という風説が流れて、抗議行動が続発した。

なぜそうなるかと言えば、伊藤がお節介などしなくても、もともと朝鮮では最初から皇帝（国王）と民衆が密着した一君万民の体制でやっていたから、ありがたみがない。むしろ権限を内閣に集めるために、儒生《じゅせい》の皇帝への直訴を統監府が禁じたことが、民衆と皇帝とのあいだを引き裂くものとして捉えられた。朝鮮人の視線では、日本は儒教的な秩序の破壊者でしかありえなかったのです。それで最後は伊藤も暗殺されて、もう暴力で脅して統治するしかない、という武断政治にいってしまう。

つまり日本が朝鮮半島、やがては中国大陸で向き合ったのは、「儒教化の後進国が先進国を統治する矛盾」だったのですね。そういう眼で見ないと、植民地問題もわからない。しかし、一九三〇年代の三木清たちが、儒教原理にのっとってアジアを論じたとは思えないですよね。彼らはむしろマルクス主義という西洋化の語彙で問題を解こうとして、帝国主義とは資本主義の発展の最高段階だから、「資本制の矛盾」を克服すれば、同時に帝国主義も超克できるはずだと思い込んだ。

しかしそうして生まれた新秩序は、王道楽土を掲げた満洲国を典型として、可能態として語られる理想とその現実態とが極度に乖離した、儒教王権の無自覚なイミテーション（模造品）

にしかなりえなかった。そう考えると、知識人たち（の一部）がいかに真摯に取り組んだとはいえ、一九三〇年代の構想には未完の可能性があったとする議論も、いったん突き放しての再検討が必要ではないかと思います。

儒教を使いこなせなかった日本人

與那覇―総力戦体制論や植民地帝国論といった、一見きわめて今日的で近現代史限定に見えるテーマも、じつは前近代以来の東アジアの文脈に位置づけないと答えが出せない。端的には日本史上で儒教が果たした役割についても、江戸時代や幕末維新期に限定せず、もっとあとの時代までくだって考えてみる必要が出てくると思うのです。私の考えではおそらく、近代の日本人は二つのポイントで、儒教思想の運用を大きく間違えた。

ひとつは、儒教体制におけるタテマエ（可能態）と実際（現実態）のギャップです。朝鮮史の宮嶋博史先生に論文でご批判いただいたことがあるのですが、[32]儒教思想はテキストとしてはすごく農本主義的（立国の基礎を農業に置く思想）なんですね。周代の井田法《せいでんほう》（一里四方の田を九等分し、周囲の八区画を八家に与え、中央の一区画を公田として共同耕作させるしくみ）が理想だという話だから、「自給自足できる取り分は保証するからそれ以上は欲しがらずに、安定したコミュニティでつつましく暮らそう」という感じがある。

ところが拙著で中国化した社会と呼んだ、科挙《かきょ》制度が全面化したうえに朱熹《しゅき》が朱子学を体系化して、儒教王権の体制が本格始動した宋朝以降の中国とは、むしろ逆に徹底した市場競争ベースで商業中心の世界です。こうなると道徳の意味も変わってきて、競争を勝ち抜いた（科挙に合格した）人間は道徳的にも優位者なんだから、どんだけ稼ごうが文句あるか、悔しかったらおまえも努力しろ、という雰囲気になってゆく。

明治以降の日本の儒教化は、最初は後者の路線で入ってきたのに、途中から前者に転回したのですね。日本人は儒教慣れしていなかった分、素朴にタテマエのほうを信じてしまったのかもしれない。福沢諭吉が「一身独立して一国独立す」[33]と唱えた明治初期は、野放図な功利主義が珍しく日本でも成立した時代で、「人間なんて欲で動いてるんだし、それでいいじゃないか」という空気があった。個人単位でガンガン競争して、稼ぐが勝ちでいい。それが結果的に国力も富ませていけば、おのずと秩序も生まれていくと。

坂本多加雄さんが描いたリバタリアン（自由至上主義者）としての福沢イメージそのままの、[34]最近だと小泉政権のころに喧伝されたネオリベラルな雰囲気の社会ができた。

東島――近世篇でも触れましたが、一八八一年には「貧民を救うことは社会の義務か」をめぐる大論争があって、肥塚龍《こいづかりゅう》は「貧困は自己責任だ」というネオリベ的論陣を張ったわけです。肥塚はのちに東京府知事になりますから、まさしく石原前都政の起源でもありますね。

與那覇―ところが同じ明治でも後半期、一九〇〇年前後から雰囲気が反転しますよね。日清戦争にも勝って、最初の武士道ブームが起きて、「封建社会の美風があったから、日本はここまでこれた。私利私欲まみれの個人の群れしかいない中国・朝鮮は没落した」みたいなムードになる。[35] さらに日露戦争が終わると戊申《ぼしん》詔書（一九〇八年発布。戦勝に浮かれず勤倹節約に励むことを説く）が出て、地方改良運動（内務省主導の保守的官製運動。町村の財政基盤の強化と国民教化を指令）や青年団運動が強化されて、「利欲追求の時代は終わり。ここからは地域の伝統たる醇風美俗《じゅんぷうびぞく》の復興です」という方向が基調になります。

いまでも一般には儒教と言うと、年長オヤジが「心の乱れが世の乱れ、戦後日本は自由を謳歌しすぎた。やはり家庭の道徳、地域の伝統を重んじる精神を教育し直してだなぁ」とか説教するイメージですけど、そういう保守的レジームの基軸としての儒教、農本主義的なタテマエが前面に出てくる。最初の（第一次）安倍内閣が「美しい国づくり」と言って、小泉改革の新自由主義を微修正したことが、もっと大規模に起こった感じですね。そのなかで大逆事件や南北朝正閏《せいじゅん》問題（一九一一年。国史教科書で両統並立ではなく、南朝正統を説くことを義務化）が起きて、石川啄木が「時代閉塞の現状」と呼んだ息苦しい雰囲気が煮詰まってゆく。

ここで、「近代日本版儒教」のもうひとつの過ちが出てきます。儒教的な徳治主義とは本来、天子をはじめとする治者の側に道徳を求めるもので、だから宋朝以降の科挙制度も、「官吏になりたいなら道徳を身につけろ、そうでないやつは知らんけど」というしくみだった。宮崎《みやざき》市定《いちさだ》が科挙の特徴を「教育抜きのメリトクラシー」である点に求めたように、一般庶民は被治者のままでいるなら、道徳的な修養なんてしなくても放っておいてくれたのです。

ところが明治日本の場合は、西洋から輸入した国民皆教育とセットで儒教化しているから、「上から下まで、国民みんなが徳を備えて美しい国を作りましょう」という話になっていく。

この全員に有徳者であることが要請（強要）される空気が、明治末から広がる閉塞感の源泉だった。

東島――丸山の話のときに出てきたように、個人の修養自体は、徂徠《そらい》学への反動としてすでに弟子の太宰春台《だざいしゅんだい》によって再発見されているわけですが、そうした「創り上げる」ための被治者の側の目覚め、といった江戸の文脈と明らかに違うのは、「あるがまま」を受け容れるための道徳というレベルになり下がっている点ですよね。『経済録』の著者太宰春台の思想が、ハンス・バロンからアダム・スミス、ポーコックへと流れ込むシヴィック・ヒューマニズム（共和主義思想）的なvirtueになぞらえられるとすれば、明治日本のそれは、いかにもカビ臭い「国民道徳」であり「修身」の世界ということになる。

與那覇―石原慎太郎さんが都知事時代、東日本大震災を「我欲への天罰だ」と呼んで批判されましたが、こういう間違った天譴《てんけん》論の起源は一九二三年の関東大震災後にも広く見出せるという史実を、尾原宏之さんが書かれています。[36] 儒教的な天譴論は本来、治者の側に道徳を求めるものだから、もし天罰がくだるなら石原氏のような為政者の不徳に対してくだる。

ところがそれを「都市化による繁栄と享楽に浮かれていた庶民への警鐘、神罰だ」という人々が、大正日本にはわらわら湧いてきた。そこから芥川龍之介の「唯《ただ》ぼんやりした不安」（一九二七年の自殺時、遺稿に残した言葉）まではあと一歩です。

東島――関東大震災のときに芥川は渋沢栄一（渋沢財閥を形成した実業家。近代企業の設立を促進し、社会事業も手がけた）の「天譴論」を批判したわけですから、石原慎太郎さんにはもう少し悩んでいただきたいですね。三浦綾子の『泥流地帯』のように、災害の苦難のなかで生きることの根源を問うていただきたい。「ヨブ記」をベースにしている『泥流地帯』は、東日本大震災のあとに多くの人が思い返した作品ですが、あそこまで天譴論に対するラディカルな批判が貫けるのは、やはりキリスト者だからでしょうね。

もちろんキリスト者のなかにも天譴論モドキを唱える人はいるわけですが、かならずひとひねりあって、世の天譴論者には同意しないというか、一緒にしてくれるな、というニュアンスが強く出るイメージがありますね。関東大震災時の内村鑑三なんかもやっぱりそうでして、日記を読んでいると山本権兵衛首相、もと東京市長の後藤新平内相、子爵渋沢栄一、さらにはこれを支持する国民を、いつもの内村節で批判しています。[37] 菊池寛《きくちかん》あたりも含めて、当時においても、それなりに天譴論批判の論調がはっきりあったことは、付け加えておいたほうがよいでしょうね。ただし、儒教的徳治についての無知というほかない、「我欲への天罰」論の起源みたいなものが、大正あたりに蔓延していた、ということだけはたしかでしょう。

一四世紀の南北朝期でさえ、吉田定房《よしださだふさ》みたいに、後醍醐天皇の宋学は徳治にあらずと、そのおかしさを指摘できる人もいたが、もはやおかしさすら感じないレベルというわけですね。

與那覇――そういう、何重もの意味でおかしなかたちに歪《ゆが》んだ儒教体制を、王道楽土や大東亜共栄圏などといって儒教の「本場」のほうに輸出したら、さんざんに嫌われて失敗したというのが、戦前日本の植民地主義の実態でしょう。天皇制というのも儒教王権としては中途半端で、天皇が「万世一系」ゆえに尊いのだとするのと、徳のない暴君や暗君でも崇拝せねばならないということになるから、完全な徳治主義にはならない。
駒込武先生の指摘によれば、[38] さすがに井上哲次郎《いのうえてつじろう》（哲学者。明治国家のイデオローグとして活躍）は国体論のプロとしてこれに気づいて、三・一独立運動で朝鮮統治が揺らいだ際に、教育勅語を「治者は道徳的であるがゆえに尊ばれる」という方向に修正しようとしたそうです。しかし、それが「万世一系の原理を侵し、中国の諸王朝と同様の易姓革命を可能にするもの」と攻撃されて消えていく。そんないい加減な徳治主義を、科挙体制なら放っておいてくれた東アジアの一般庶民にまで、学校教育だの神社参拝だのでくまなく押しつけたら、嫌われないほうがおかしい。

問題はその「おかしさ」を正しく儒教、ないし東アジアの歴史から指摘できる人物が、どれだけいたのかということです。福沢諭吉（一八三五年生）の世代なら洋学より前に儒学を学ぶわけだし、幕末生まれの井上哲次郎（一八五六年生）や内藤湖南《ないとうこなん》（一八六六年生）にも素養がある。明治の冒頭までは漢学塾も強いですから。

しかし吉野作造（一八七八年生）のような明治生まれになると、儒教的な教養の系譜からはだいぶ外れてくるし、三木清（一八九七年生）になると完全に切れてしまう。東アジアの問題も「ウィルソンの民族自決が」とか、「レーニン曰く帝国主義は」といった、西洋の言葉で考え出すわけです。なので、国内的には「インテリどもがなんか言っとるな」で終わってしまうし、本人の必死の努力に反して、実際の植民地における成果も芳しくない。
もちろん、西洋起源の言葉がまったく無力なわけではありません。趙寛子《ジョグァンジャ》先生の『植民地朝鮮／帝国日本の文化連環』や、洪宗郁《ホンジョンウク》さんの『戦時期朝鮮の転向者たち』を見ると、日本のマルクス主義者たちの講座派・労農派論争（明治以降の日本の資本主義を、封建制の残存と見る前者と完全な資本制と見る後者の論争）や、京都学派の世界史の哲学が、たしかに朝鮮の知識人にも影響を与えていたことがわかる。当然ながら彼らのほうが、帝国日本の現状に対してシビアな議論をするし、それを内地へフィードバックする思想のネットワークも、ある程度は存在していた。

しかし、それが前近代までの漢文脈のインフラを代替しえる共通の基盤になったかというと、やはり弱い。議論に入ってこられる教養を備えた人の範囲も狭かったし、また一般庶民の琴線に触れる度合いも低かったように思います。

儒教ないし漢文的な価値観をベースにした共感のネットワークがいつごろまであったのかというと、一九一〇年は韓国併合と大逆事件の年ですが、翌年に一高で徳富蘆花《とくとみろか》（『不如帰』で知られる小説家。ジャーナリストの徳富蘇峰の弟）が幸徳秋水を弁護した「謀叛論」という著名な講演がありますね。謀叛に走る者こそが、じつは最も社会に尽くそうという情熱に燃えた志士ではないのかと訴えた。

東島――そう、だから私の場合も、目下の研究対象は、いちおう一九一〇年前後が下限になっているんですね。それは「江湖」世界を理想とする漢学派たちが輝きを見せる最後の瞬間と言ってもよく、一時代を代表するものの見方といいますか、認識の枠組み自体が、そこではっきりと切れるんだと思います。じつは徳富蘆花だけでなく、『東亜説林《とうあぜいりん》』や『江湖文学《こうこぶんがく》』（当世の名だたる文学者をキラ星のごとくそろえた文芸雑誌）を支えた社会思想家田岡嶺雲《たおかれいうん》もまた、一九〇九年に

『明治叛臣伝』を書いて「謀叛論」を展開しているんですね。
だとすると結局、丸山眞男の『忠誠と反逆』の読みはまったく正しかった、ということにならざるをえない。丸山は徳富蘆花と田岡嶺雲の二人の「謀叛論」をもって、「日本の近代思想史において政治的反逆の問題を謀叛あるいは叛臣という伝統的な言葉で受け止めた思想論としてはほとんど最後の試み」だ、と論じたわけです。

與那覇—当人が用いた一次史料上の用語から概念を組み立てる場合、中世の禅林で最も開花した江湖の思想の系譜は、明治の終焉とともに途絶えるのですね。一九〇九年に安重根《あんじゅうこん》が伊藤博文を暗殺した際にも、安のことを単なる暴漢ではなく「義士」として評価した日本人がわずかながらもいたと、見城悌治さんが書かれています[39]。公判では日本人の弁護士が、安の抗日思想と幕末日本の攘夷運動の何が違うのか、当の伊藤公とてかつては憂国ゆえにテロを行なう志士ではなかったか、として極刑に反対したという。しかし、これは消えゆく炎の最後の反照のようなもので、ついに日本内地では大きな共感を呼び起こすことなく終わってしまった。

こうして義や理のような東アジアの思想言語で日中韓をつなぐ系譜が潰《つい》えたあとに、民族自決や反帝国主義といった西洋近代の言葉が、第一次大戦を契機に入ってくる。一九三〇年代には東亜協同体論というかたちで、それが再び東アジアの知識人をつなぐのですが、遺憾ながら儒教的な言葉と比べたときに、パフォーマンスはよくなかったということかと思います。それでも三木なり尾崎なりの言論には、命がけの真摯さが持つ輝きがあったけれども、戦後に安全地帯から「金日成主席の反帝民族運動万歳」を唱えた社会党訪朝団あたりはその堕落形態で[40]、そこまで現実から乖離してしまった。

江戸時代に回帰した「田舎臭いファシズム」

與那覇――かように農本主義的なタテマエをベタに信じすぎた、儒教ビギナーゆえの奇妙な徳治体制として戦前の日本を捉えると、結局、欧米並みの総力戦体制構築の試みもまた、中途半端に終わったゆえんが見えてきます。そもそも日本のファシズムって、どこか田舎臭い（笑）。ヒトラーやムッソリーニのように都市部の大群衆を集団行進させて、合理的に機械化した工場で軍需物資の大量生産に突貫していくという、モダンな感じがあまりしない。

むしろ権藤成卿《ごんどうせいきょう》（戦前の代表的農本主義者、右翼思想家）のように「明治以来のプロイセン型の中央集権化によって朽ち果てつつある、地方の村々の社稷《しゃしょく》の復興を」みたいな話が、昭和恐慌下で農村の窮状に心傷ついていた下級軍人にウケて、五・一五事件になる。圧倒的に土着志向でコミュニタリアン（共同体主義者）ですよね。

東島――権藤成卿といえば、一〇年以上も前に農業経済学の方に拙著を引用していただいて、ちょっと驚いたことがあります。「村々の社稷」的なものを公共性の基盤に据えようというような共同体ベッタリ型の発想を批判し、その対極をなすのが拙著の立場ですから。

與那覇――私もそうですが、やはり東島さんは都市の人なのですね（笑）。ともあれ、ファシズム研究にも新潮流をもたらした総力戦体制論は、そもそも「戦後」に今日の日本の起源を見出す神話への反論としてはじまりました。われわれが長らく「戦後民主主義」の達成と思っていたことの多くは、じつは「戦前軍国主義」の産物を引き継いでいただけですよ、と。

典型的には、（日本以外も含めて）福祉国家とは総力戦に備えるためにできるので、敗戦後のGHQの理想主義者たちの発明じゃない。厚生省の設置は日中戦争中の一九三八年で、銃後や前線を担う健康な生産力を育成し、傷痍軍人や戦没者遺族へのケアを充実させるために作られた。そうしないと、国民が本気で戦争を支えてくれないからです。間接金融優位や地方交付税交付金のような、自立できない企業や地域を中央政府が支援する制度も、戦時経済をコントロールするための道具が戦後も残っただけだというのが、野口悠紀雄さんの「四〇年体制論」でした。[41]あれが、最もポピュラーになった総力戦体制論でしょう。

とすると、この「戦前と戦後は断絶しておらず、じつは連続している」という見方は、戦後批判にも戦前再評価にも、どちらにも振れる。雨宮昭一さんの『占領と改革』は岩波新書の日本史シリーズの一冊ですが、ギリギリまで後者に寄った路線で、「敗戦や占領がなくても、GHQが行なったような改革は行なわれたはずだ」と書いてある。アフガン戦争やイラク戦争を背景に、「アメリカこそが世界を民主化しえる改革者だ」という通念を批判したい気持ちはわかりますが、はたしてどうでしょうか。むしろ私は、「戦争に負けなくても起きそうな程度の変化しか、戦後も起こせなかった」と、ネガティブに捉えるべきではないかと思います。

東島――雨宮さんのお話というのは、いかにも禁断の果実を口にしてしまった学問という感じです。さきにも述べた治安維持法その他によって自由主義派がだめにしてしまったものを、総力戦体制が実現したんだという「苦い真実」のほうに眼を向けなさいという話ですよね。基調にあるのは自由主義派の責任追及です。だから、単純に「戦後批判」にも「戦前再評価」にも、どちらにも振れるという言い方をすると、雨宮さんが仕掛けた壮大なトリックにもろに嵌《はま》ってしまうことになりませんか。実際そう読まれても仕方がないところはあって、叙述者としてはみずから書いたことの意図外の効果にまで責任を持つべきだ、という気もしないではない。

本来、総力戦体制論の意図するところは、戦前再評価どころか、戦後がいかに戦前・戦時に規定されているかを明らかにして、その両方を一貫して批判するための道筋をつけた枠組みであったはずです。ところが総力戦体制論の意図外の効果はいろいろあるわけでして、山之内靖さんたちが『総力戦と現代化』を出された同じ一九九五年には、じつは中世史家の藤木久志さんが『雑兵たちの戦場』を出されていて、戦争が平等化を進めたんだ、なんてときの議論を、かなり鋭敏に取り入れておられるんですね。それで私自身は、『自由にしてケシカラン人々の世紀』では、藤木さんの問題提起の重要さを評価しつつも、その歴史叙述の作法には、あえて厳しい注文をつけたわけです。

そういうわけですので、與那覇さんのお話を聞いていていちばんおもしろかったのは、なんといっても最後に言われた「辛口」の部分です。これはなかなか効いていると思いますね。つまり、雨宮さんの「同化型占領がなくても民主化は進展しえた」という物の言い方につられて、「そんなバカなことはない」と顔を赤くする必要はまったくない。戦後の民主化というのは、もっとはっきり言えば雨宮さんの考えている「民主化」というのは、せいぜいその程度の「民主化」なんですよと流したほうが、たしかにスマートではある。

與那覇――いえいえ（笑）。実際に雨宮さんほどトリッキーでなくとも、戦時中から先行していたことが通説化している改革は、小作人の地位向上です。国民の糧秣《りょうまつ》確保、および小作農出身の兵隊さんにも納得して戦地へ行っていただくために、一九四二年に食糧管理制度が導入されて、その下で小作料が実質的に金納化された。地主が小作人から米を取り上げて売りさばく明治以来のやり方を改めて、国家が小作農から公定価格で直接米を買い上げて、地主には一部しか回さないシステムにした結果、小作料に相当する負担は半分近くに下がる。

これが戦後に地主制度解体、自作農創出を行なったGHQの農地改革の原型をなしているのはたしかなのですが、しかし、それは日本の総力戦体制が農本ファシズムだったがゆえとも言える。私自身は「なんでも自由化論者」ではないですが、昨今のTPP論争での「議論の余地なく一切反対。農業だけは一から一〇まで国が面倒をみて保護しろ」という姿勢を見るにつけても、直接買い上げで（地主支配からは救うけれども）国家に依存させるという以外の貧農救済の道はなかったのだろうか、との念は感じます。それはやはり、あくまでも戦争を通じての改革だったためですよね。

東島――一般的には食管制度というのは食糧の供給不足で価格高騰した際に導入される政策で、その手のものとしてはすでに、鎌倉時代末期の元徳《げんとく》の飢饉（一三三〇年）で後醍醐天皇がとった政策などもあるわけですが[42]、近代日本のそれはまったく逆で、価格が安いと農民の支持が得られないので国が管理するという珍妙な制度が、それこそ五五年体制崩壊後までの半世紀以上も続いたんですね（一九九五年に廃止）。一九四二年にできたこの制度のルーツを探ると、一九三三年、昭和恐慌後の米穀統制法で、このとき、米価が下がった場合に政府が無制限で米を買うことになったわけです。ところが米以外に眼を向けますと、一九二八年の糸価安定融資補償法もまた、繭価の維持を図るものですから、こうなるとこの手の政策は昭和恐慌、否、「暗い木曜日」以前からある、ということになりますでしょうか。

昭和恐慌対策としては、それこそニューディールばりに一九三二年には高橋財政下で時局匡救《きょうきゅう》事業、つまり救農のための土木工事なんてのもやるわけですが、これなんかは高橋是清《たかはしこれきよ》（日銀総裁、首相、また七代の内閣で蔵相を歴任）が起源どころか、足利義政《あしかがよしまさ》や豊臣秀吉の時代にとっくに考えられていることなんですね。[43]だから「戦後起源の神話」はだめでじつは「戦前起源」なんだ、なんて語り方自体が、すでに二重に神話なんです。

與那覇――『中国化する日本』で、日本における総力戦体制構築を「再江戸時代化」と呼んだのも、まさにそのためでした。現代の福祉国家やシステム社会の起源が総力戦体制だ、と言うより、「それって単に、江戸時代に戻っただけじゃないですか」と言い直したほうが、より冷静にその功罪を仕分けできるのではないかと。

東島――江戸時代について言うと、徳川吉宗《とくがわよしむね》が頭を悩ませた「米価安の諸色高《しょじきだか》」というのは、農民が困るというより、年貢米を換金してもたいした額にならない武士のほうがより困ったわけで、そこはあるいは近代との相違点になるかもしれませんけどね。

ただ享保《きょうほう》の改革がらみで言えば、質地騒動《しっちそうどう》（一七二三年、田畑の質流れを禁止する前年の法令を有利に解釈した出羽国や越後国の農民が、質地の返還ほかを求めて蜂起した事件）と昭和恐慌時の小作争議の共通点はいかがですか？　一七二二年の流地《りゅうち》禁止令は本来、小作保護策だったが、これを逆手にとって質地騒動が起きた、みたいな文脈と比較した場合、昭和初期はどうだったのか。

與那覇――人々の暮らしを守る、といったときに、市場経済から守るのか、市場経済によって守るのか。どちらの発想が強く出るかは、近代以前にそれぞれの国の成り立ちによって決まっていて、アメリカなどは後者が強いけど、日本は圧倒的に前者なわけですね。

　借金を棒引きしたり、質に入れた土地をもとの所有者に戻したりすることが「徳政」だとみんな思う。戦前の小作争議で最も憎まれたのも、不在地主や産米検査といった市場化にともなう搾取だったから、近世以来のムラの結束でその流れを押し戻そうとした。[44]

　封建貴族＝巨大地主の比重が高い欧州と異なり、東アジアでは前近代から自立した小経営の農家が主体だった点に着目するのが、古代篇の末尾で触れた「東アジア小農社会論」なのですが、この点に関しては日本と中国はまるで違う。清朝中国の場合は、小作人が地主に断わらずに耕作権を勝手に売買できて、徳川幕府と逆に国家も土地取引を放任したから[45]、どんな貧農でも市場経済によって生き延びていた。もっとも、そこに日中戦争下で国民政府の裁量的な徴発がかかると、これはもう耐えきれんということで、共産党の土地国有化へと一気に反転したわけですが。

　いっぽうで江戸時代以来、日本人には「百姓成立《ひゃくしょうなりたち》」（各農家に生計を維持可能な水準を保証するという幕府のイデオロギー）の理念を市場自由化の抑制によって、各戸の自給自足に近いかたちで実現しようとするバイアスがある。しかし、このモラルが国家単位での「生存圏」の発想と結びつくと、かなり怖いことになってきます。

総力戦体制も律令以来の背伸び

與那覇――総力戦に勝ち抜くには貿易に依存せず、自前で軍需物資を生産できたほうが、いいといえばいい。しかしもともと日本のような狭い国土で、完全な自給自足をしようという発想自体に無理がある。だから川田稔さんの政軍関係史[46]にしたがえば、一九二〇年代、陸軍のトップといえば宇垣一成だったころまでは、資源の輸入元として「対米英協調の線だけは外さないでいこう」という話になっていた。

　ところが三〇年代、統制派を組織した永田鉄山が陸軍を牛耳って、「否、米英とすら必要に応じて縁を切ってもかまわないような、資源の完全自給を目指すべし」とする方針に変わる。こうなると満洲はもちろん、内蒙古や華北まで日本がぜんぶとらねばという発想にならざるをえませんが、しかしそれをやったら英米の対日感情が悪化して、最後は本当に縁を切られて米英中との全方位戦争になった。こんなもの勝てるわけがない。江戸時代の鎖国体制のような、「完全に自給自足して、他国には一切依存しない総力戦体制」を目指すという背伸びをして、壮絶にコケたわけです。

　この観点から読むと興味深いのが、太平洋戦争中の「神がかり戦術」の起源を思想史的に解明した、片山杜秀さんの『未完のファシズム』です。第一次大戦によって総力戦に備えはじめた日本陸軍にも、「背伸びすれば総力戦体制を作れる」とするグループと、「いや、日本の国力ではそんな背伸びは無理だ」というグループとがあった。前者が永田や東條英機《とうじょうひでき》らの統制派、後者が荒木貞夫《あらきさだお》（三〇年代初頭に陸相を務め、皇道派全盛期を現出）や小畑敏四郎の皇道派だと言うのですね。

統制派が上意下達で国家改造を図るのに対し、皇道派は二・二六事件のように、天皇崇拝思想によって下剋上的な社会革新を目指すという印象が一般にありますが、片山さんの見るところ、それは都市と農村という日本の二つのモダニティの反映だという。統制派のほうが、近代科学で効率的に計画を立てれば、日本も欧米並みに強力な国家を経営できるという都市インテリ型の発想ですね。皇道派は逆に、そういう計算合理性に「アカ」に近い設計主義を感じ、むしろ前近代的な君民一体の交情や地域共同体のぬくもりを求める農村のエートスだった。後者が「田舎臭いファシズム」の母体ですが、しかし、ある意味で身の丈《たけ》を知っていたとも言える。

だから一九二八年に『統帥綱領』を荒木・小畑が改訂した際、物質的な資源ではなく「精神要素」の力で一気に包囲殲滅《せんめつ》せよ、と書いたのも、「総力戦にはしない」ことが前提だった。日本は資源のない国なのだから、そもそも総力戦になった時点で負けは見えている。だから長期戦に持ち込ませないためにこそ、死にもの狂いで短期決戦でケリをつけろ、という含意でした。

しかし皇道派が権力闘争に敗れるいっぽう、ヘゲモニーを握った統制派のほうも司令塔の永田鉄山が三五年に斬殺されて、合理的な計画を立てられる人材がいない。そこにこの「資源よりも気合だ」がマニュアルとして引き継がれた結果、本来は「総力戦にさせないためには気合で短期決戦だ」という趣旨で書いてあったのが、「気合と根性で最後まで総力戦を勝ち抜け」に変換されてしまった。

こうして、東條英機のように現状追認しかできないタイプがトップに立つと、資源の補給もなく「皇国精神でがんばれ」だけで場当たり的に前線へ兵隊を送り込む（逐次投入する）から、餓死者が戦死者を上回るめちゃくちゃな戦争になる。

東島――藤原彰さんの言われる『餓死《うえじに》した英霊たち』ですね。アジア・太平洋戦争の戦死兵二三〇万人（日本政府の公式発表数）のうち六〇パーセントの一四〇万人が、じつは戦病死者（ほとんどが餓死者）だった。

これに引き換え、われわれのなかに映像として刷り込まれてしまっている特攻死は、じつは四〇〇〇人だったんですよね。だから「英霊たちの最期」みたいな二時間物のドキュメンタリー映画を、もしも愚直に撮るとすれば、七三分までは餓死するシーンで、特攻隊のシーンは一二・五秒という、コマーシャル未満の時間しか割り当てられないわけです。

與那覇――いかにポピュラーな歴史認識が、絵になる構図に沿ってデフォルメされるかの典型ですね。戦争映画史研究の第一人者である福間良明さんが近日、「二・二六もの」を取り上げられたのですが[47]、グローバリズムへの反発が強まる今日の日本だからこそ、審美化されがちな「皇道派的なるもの」の功罪をきちんと清算しておく必要を感じます。なにせ、総理大臣まで

「瑞穂の国の資本主義」とか言い出してるわけですから。

　自分が食べるものは自分で作り、分をわきまえて、大きすぎる夢は見ない。江戸時代の鎖国体制や農本主義的な儒教解釈が育んだエートスは、たしかにつつましやかなんですよね。しかし、それは時と場合によっては、非常に狂暴になる。絶対に自給自足をして他人には頼らない、妨害するやつは実力で排除する、そういう戦略が長期的に不利だと言うなら一撃で倒してやる、俺が俺自身の信念で生きていくと言ってるんだから邪魔をするな！　と。

東島――つまり「つつましやか」であって「つつましい」ではない、と言われるわけですね。江戸時代の鎖国体制（と一般に言われているもの）を、「絶対国防圏を死守する！」みたいな考えの一歩手前と考えられるわけですか。

與那覇―日本人にとっての「あるべき秩序」のプロトタイプが、その時代にインストールされたという捉え方です。近世篇の議論にも出ましたが、江戸時代といっても安定していたのは一八世紀の一〇〇年間くらいで、この期間は全国人口も三〇〇〇万人で横ばい。つまり、ある程度本当に自給自足できていれば、つつましやかなまま平和でいられる。厳密には、とくに大都市には食いつめた層がけっこういたわけですけど、それも松平定信《まつだいらさだのぶ》が手当てしたりして、どうにかごまかせた。

　しかし一九世紀に入ると再度、人口が増加に転じて均衡が破れる。するとヤクザものに煽られて、武器の携行や放火をともなう過激な一揆が暴発して[48]、これが維新の混乱を経て、自由民権運動末期の「激化事件」まで続きます。あれも、博徒や侠客がやっていましたから[49]。つまり、

「こんなに我慢してつつましくしているのに、それでも食えないってどういうことだ」となったときが怖くて、前章で見た都市部での対外硬派の暴徒化や、昭和初期のテロリズムまで、その水脈が流れているように思います。

東映のヤクザ映画で、高倉健さんがギリギリ限界まで忍耐を重ねて、それでも許せなくなった瞬間、一気に爆発するじゃないですか。あれが、日本人の「つつましさと裏腹の凶暴さ」だと思うんです。とくに、近代に入って人口は増加するいっぽう、おまけに文明開化だ総力戦だと背伸びをし続けて、国民に我慢を強いてきたから。実際に福間さんは、戦後の多くの「特攻もの」がヤクザ映画の文法で描かれてきたと指摘していますが[50]、そこには一片の真実があった気がします。

古代をも下回った「無責任の体系」

與那覇──また、さきほどの片山さんの議論からもうひとつ汲み取れる、前近代以来の伝統から来る戦争の教訓は、「なまじ権力が多元的だと、最悪の帰結を生むことがありえる」ということですね。統制派なり皇道派なりのどちらかが全権を掌握して、準備から開戦まで一元化してやってくれれば、よくもわるくも最初のプランで貫徹したかもしれない（それでも勝てなかったと思いますが）。ところが皇道派の要綱を統制派が運用したせいで、誰の責任で誰が何をやっているのか、さっぱりわからない戦争になった。

つまり日本の総力戦体制が中途半端に終わった要因は、資源の制約だけではなくて、軍隊すら完全なトップダウンにできなかったという組織の問題がある。こちらを明らかにしたのが、鈴木多聞さんの『「終戦」の政治史』だと思います。明治憲法体制は中華王朝のような皇帝親裁ではなく、元老の持ち回りで運用されたように、本来きわめて権力が分立的なレジームだった。国民の眼には「軍部独裁」に見えた時代でも、政権の内部は独裁からほど遠い状態で、統一した指揮権を振るえる存在がいない。

まず、そもそも陸軍と海軍が立場上対等だから、この時点で二元的。しかも「統帥権の独立」があるので、軍の編成を統《す》べる陸軍省のトップは陸軍大臣でも、作戦面での責任者は参謀総長という別の人で、海軍も同様に海軍大臣と軍令部総長がいる。ほぼ権限が対等なトップが軍内に四人もいて、もとから少ない資源を「こっちに寄こせ」と奪い合ったら、まともな戦争指導になるはずがない。

どうしようもないので首相の東條英機が、途中から陸相のほかに参謀総長も兼ねて、海相の嶋田繁太郎《しまだしげたろう》にも軍令部総長を兼務させて、フォートップをせめてツートップにした。ところが、これが「おまえらこそ、これまでさんざん批判してきた統帥権の独立違反じゃないか」という攻撃の口実を作って、サイパン陥落後に東條内閣は倒れてしまう。このほか、大本営幕僚長というポストを作って陸海共通のワントップにする案もあったのですが、なんと昭和天皇に「適当な人がない」と言われてとおらない。

東島――まず国内には統帥部と内閣（国務）の二つの政府（ダブル・ガバメント）があって、それぞれが陸・海に分かれているからフォートップになるという話ですね。

　これまでの議論のなかでは、バッファーというのは基本的にプラスに作用する例が多かったように思いますが、今回はそうではないということですね。その場合、統帥と国務のバッファー関係と陸・海のバッファー関係の、どちらがどのように作用したのでしょうか。


與那覇―鈴木さんの著書は戦争がはじまっていることが前提なので、バッファー機能がかえって暴走を招くメカニズムを具体的に見るには、森山優さんの日米開戦史のほうが適切かもしれません。[51] 要は、対等に近い権力者が複数いると、誰にも「損切り」を飲ませることができない。

　中国から撤兵さえすれば、対米開戦は回避できた。ところが海軍が「撤兵しても面子がつぶれるのは陸軍だけだもんね」とヘラヘラしてる反面、陸軍は「対米開戦でいいじゃないか。やるのは海軍なんだから」とか思っている。どちらも相手にババを引かせようとするのですが、対等だから完全には引かせられなくて、決定を先送りするうちに状況がどんどんわるくなる。最後は、「おまえらは対米戦のためだと言って、ウチの予算をさんざんかすめとったじゃないか」という明治以来の貸し借り表を持ち出されたのと、臥薪嘗胆《がしんしょうたん》して一般国民みんなに罵倒されるという「確実な損」よりは、先行き不明な開戦のほうがまだマシという理由で海軍が折れて、あっさり破滅した。

　権力集中を阻むバッファーが豊富なために、絶対権力者を欠く双頭体制や談合政治が常態化している社会は、それが機能しているあいだは和やかに過ごせるのですが、機能しないと本当にどうしようもなくなっていく。古代以来の議論を踏まえると、戦時体制以前から「ひとりのトップにすべてを担わせる代わり、失敗したらそのトップがきちんと責任をとる」政治体制が確立したことは、日本史上で一度もない、ということになりますか。

東島——古代のところでもお話しした平安時代の国司なんかは、じつはトップに権力集中して、失敗したらトップが責任をとる体制なんですね。律令制下のもともとの国司は、「守《かみ》」以下の四等官全員が連帯責任を負う制度だったのですが、九世紀なかごろになると、直接の責任が下級の国司にあった場合でも、罪は国司のトップひとりが負うべきである、[52] みたいになっていくわけです。

もちろん、この場合は地方の「国」の話であって、日本全体の統治体制ではありません。また受領の勤務評定が「朝《ちょう》の要事」となるような、地方丸投げ型の徴税体制のもとで出てきた話です。それでも原理的に見て、それは不可能でも皆無でもなかったわけですね。けれども全体として見れば、この体制は採用されなかった。ここをどう評価するかですね。

與那覇—たしかに第一章でも話題に出ましたが、それは責任ある決断者というより、徴税義務の「丸投げ」の副産物に見えます。中国だと「包《バオ》」（請負）と呼ばれる伝統的なしくみで、[53] 発注者（たとえば中央政府）が「とにかくこんだけ持ってこい。やり方は任せる」と丸投げするから、投げられたほうは成功すれば中間搾取でウハウハだけど、失敗したら首が飛ぶ。

東島——丸投げというのはあくまで朝廷（中央）と国司（地方）の関係の話ですからね。私が原理的にと言ったのは、国司の四等官内部の責任の取り方が連帯責任からトップの責任にかわる、という話のほうです。連帯責任の時代だって実質丸投げだったわけですから、そこは問うまでもない。しかし、さきほど述べたとおり、こういう責任の取り方は歴史上主流にはなりえず、それこそ東京裁判の「天皇の免責」にいたるまで採用されなかったわけです。

與那覇――権限を丸投げされて使い放題の人間を自制させるには本来、「その代わり、失敗するリスクもお前ひとりが負うんだぞ」といって、責任も彼に集中させないといけない。しかし、そこを連帯責任で不分明にする体制のほうが、後世に伝わったと。日本軍でも、前線の出先機関はたぶんそんな状態だったから、辻政信《つじまさのぶ》（陸軍参謀。ノモンハン事件で暴走し完敗）や牟田口廉也《むたぐちれんや》（陸軍軍人。インパール作戦を強行）が出てきた。

末端には「プチ独裁者」がけっこういるのに、国家全体の中枢がいつもバッファーだらけなのは、なんだかんだで平和な時代が長かったからということになりそうですね。権力を集中させなくてもそこそこうまくいく状態が前提で、いまふうに言えば「強いリーダー」がいなくてもなんとかなるのが、日本の強みだ」みたいな話というか、不思議なかたちで根拠なく現状への自信を持っている。

戦前も戦後もうまく機能しなかった二大政党制は逆に、最初からあきらめの体制なんです。「ばらばらすぎてもだめだし、ひとりに託したら独裁者になる。だからいったんは片方に任せるけれども、どうせそのうち腐敗するから、そのつど取り換えていこう」というドライな感覚がベースにあるから。その点、日本人は甘いというか、「みんな仲間なんだから、誰が責任者とかとやかく言うなよ。みんなが対等、みんなの責任でいいじゃん」くらいの感覚でいる。

でもそれは、何かがあっても誰も責任をとらず、「みんなの無責任」になるということです。

東島——つまりは主体が空虚であること、中世篇で取り上げた天皇制の問題に回帰していくわけですね。

第六章　戦後篇

敗戦まで続いていた権門体制

與那覇――こうして、おなじみの「天皇制と戦争責任」というテーマとともに、戦後へたどりつきました。当然ながら、この話題を考えることはまさしく、一九四五年の敗戦を日本史上の画期と見なしてよいのかという問いにつながります。すなわち今日の日本の起源を「戦後」に求める歴史区分――それが戦後民主主義の神話を支えてきたのですが――は、はたしていまも有効かという問題。

総力戦体制論を前提とすると、第一次大戦を契機に構築されたシステムが、第二次大戦後も福祉国家として持続するわけだから、答えは否になる。そしていわゆる「天皇の戦争責任」からのアプローチでも、まったく違った理由で否という、同じ答えが導かれる。

図式的にまとめると、昔懐かしの講座派マルクス主義の見解に立てば、戦前の日本は「天皇制絶対主義国家」で、明治から昭和までの天皇はルイ一四世のような絶対王政の君主だったのだから、当然全責任は天皇にありということになる。ただ、逆に言うとこれなら、じゃあ天皇を廃位して共和政にすれば、問題は万事解決ということになるわけですね。

対して敗戦の翌年、丸山眞男の有名な「超国家主義の論理と心理」[1]はむしろ、天皇が独裁者ですらなかった点こそが、真の問題だという書き方をしている。昭和天皇でさえ自分の責任で、主体的に作為して開戦を決めたのではなく、「皇祖皇宗の遺訓にしたがってやっただけです」

ということになるのが、日本の権力構造だから。そして、まったく同じ構造が「あのときは上官の命令で……」「だって社会の雰囲気が……」というかたちで、社会のあらゆる場所に蔓延しているので、こうなると天皇だけ取り除いたってたぶん何も変わらない。まさしく中世以来、百姓の傘連判状《からかされんばんじょう》に至るまで、空虚な中心が一貫していたことの遺産です。

　こう考えてくると、戦後が歴史の画期たりえない理由は、単に昭和天皇が退位しなかったとか、軍国主義の負債が清算されていないといった近現代史に固有の問題を超えて、むしろ古代以来の曖昧な政治的決定のしくみが敗戦を経ても一貫していたから、ということになります。権力集中を阻むバッファーが豊富すぎて、「私が全責任をとるから、私が単独で決める」という人がいつまでも出てこない。このあたりは、前近代史の立場からはどう見えるのでしょうか。

東島――戦争責任の問題を前近代史に投影しようとしたときに、黒田俊雄（戦後歴史学に多大の影響を与えたひとり）の権門体制論では国王の設定が不可欠でした。これは日本の社会構造を諸権門からなる体制と表象したうえで、なおかつその構造の責任者として天皇を名指ししたものと言えるでしょう。東大系の東国国家論の場合は、要は国家はひとつではない、つまり朝廷・天皇を相対化しうるもうひとつの国家・首長として幕府・将軍を対置するという方向で天皇制の克服を考えようとしてきたわけですが、権門体制論の場合は武家も貴族も、さらには寺社勢力も、等価に扱うところにポイントがあります。

　しばしば権門体制は単一国家であって、諸権門が諸部門を相互補完的に担った体制というふうに説明されることが多いのですが、それは権門体制論の核心を正しく捉えた説明ではない。

そうではなくて、武家も貴族も寺社勢力も、どれも同じ構造だというのが重要なんです。どの権門も荘園制を基盤とする相似の支配構造を持っていたわけです。

つまり、単一の国家があったというのではなく、どこを切っても同じ顔が断面に現れる、単一の構造があるというのが権門体制のいちばん正しい説明なんだと私は思います。日本という国家の責任者ではなく、日本という構造の責任者として「国王」を名指ししたところに、黒田の学問の核心がある。

與那覇――権門体制論とは単に、「中世以降も天皇（院）の機能は衰えず」と説いたものではなく、日本社会のフラクタル（金太郎飴的）な構造を指摘した点に意義があるということですね。いま東島さんは共時的なフラクタル性を指摘されたわけですが、この対談を振り返ると、むしろ通時的にも同じことが言える気がします。

たとえば権門体制は、明治憲法の権力分立制とも非常に似通って見える。名目的なトップの天皇（権門体制では治天の君）だけが全体をつなぐハブのような恰好になっていて、あとは各部門がバラバラにぶらさがる構造ですね。権門体制では、貴族・武士・寺社が個別にぶらさがる。明治憲法の場合は、そもそも文面上は「内閣」という言葉もないから、原理的には国務各大臣が個別に天皇を「輔弼《ほひつ》」するだけで、おまけに議会は議会で勝手に天皇の立法行為に「協賛」するし、軍部は「統帥権の独立」で、内閣や議会の掣肘《せいちゅう》を受けずに天皇に直結する。

そういうレジームを機能させる方法は、二種類あると思います。ひとつは、名義上は全機関を直結させている天皇の地位に、超強力な君主がつくことで、彼がすべてをうまく差配する。

天皇親政、ないし中華皇帝化という意味での中国化の道です。しかしそんな名君なんて普通はいないので、たとえば後醍醐《ごだいご》天皇は自分ならできると思い込んだけど、建武新政を起こして大失敗した。

もうひとつは、バラバラにぶらさがっている権力者どうしが仲良しで、妥協しながらなぁなぁにやっていく路線です。鎌倉・室町幕府の初期に機能した頼朝・義経、尊氏・直義《ただよし》の二頭政治とか、明治憲法下で最も安定した桂《かつら》・西園寺《さいおんじ》の桂園《けいえん》体制。しかし、これも結局は当人のパーソナリティに依存するから、仲がわるくなったらすぐ崩壊してしまう。

古代以来の「主従制」を払拭してこなかった日本の政治構造には、中国の人治社会と同様ですが、最後は人頼みという印象がある。近年、ともに昭和天皇論を出された伊藤之雄さんと古川隆久さんの討論が『中央公論』に載って話題

明治憲法体制における「ハブとしての天皇」

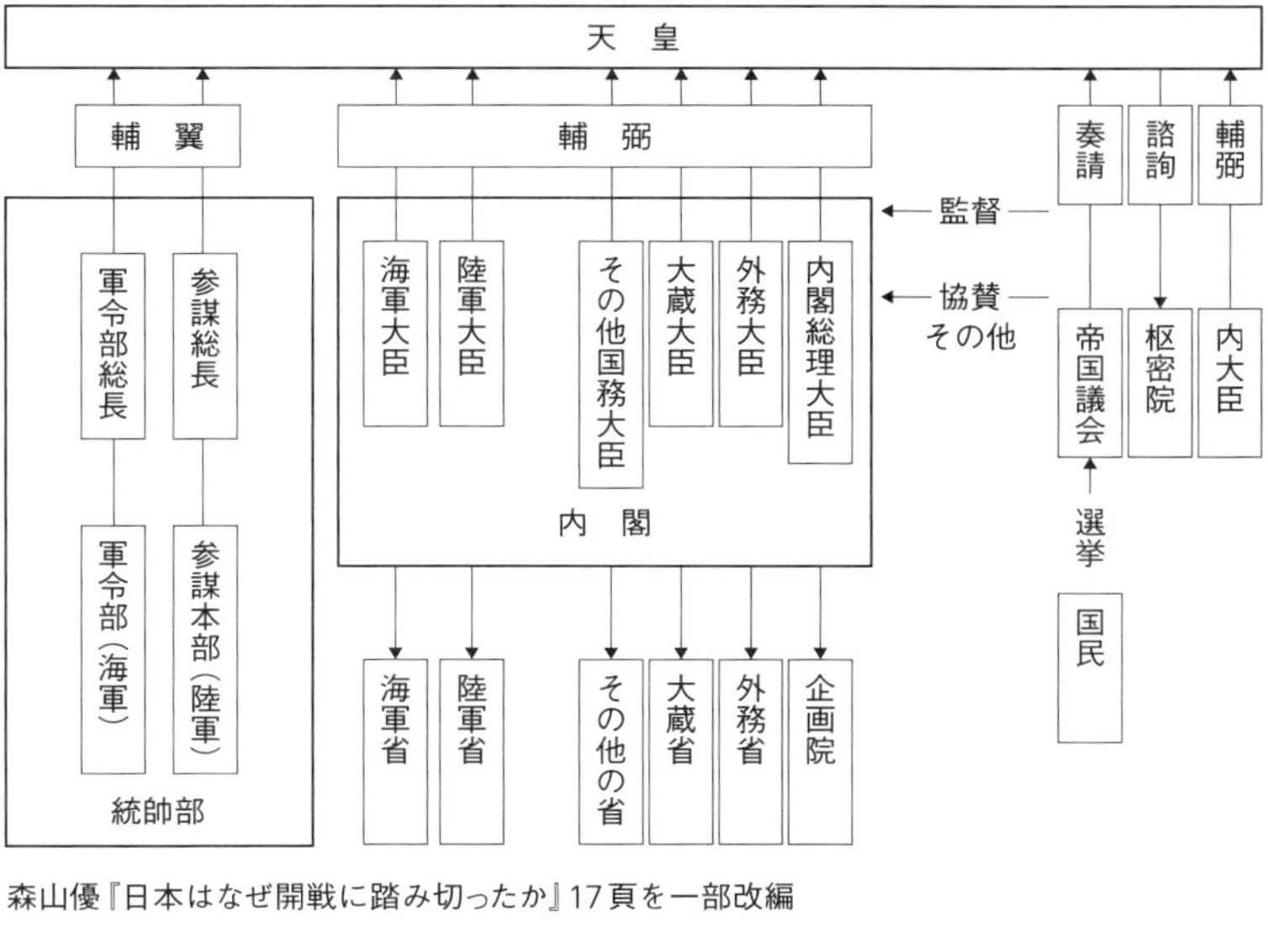

森山優『日本はなぜ開戦に踏み切ったか』17頁を一部改編

になったのですが、伊藤さんが「しくみを熟知した明治天皇や原敬《はらたかし》が長生きすれば、明治憲法でも充分イギリスのような立憲君主制として機能したはずだ」、古川さんが「いや、そういう特定の人格に依存しないと動かせない体制だった時点で、すでに欠陥があったと考えるべき」という水掛け論で、最後までかみあわない（笑）。[2]

統治者の能力に依存せず、どんな場合でもきちんと動くように制度は設計されるべきだという発想が、日本社会ではそもそも弱いのでしょうか。

東島——土田直鎮の『王朝の貴族』に紹介されている有名なエピソードですが、冷泉《れいぜい》天皇が連日大声で歌を歌っているなか、関白藤原実頼《ふじわらのさねより》が「誰も人事の相談に来ない、こんな名ばかり関白はやっとられん」と日記でぼやく状況下でも、天皇の「外戚」である藤原伊尹《これただ》の人脈をベースにした政治は回っているわけだから、トップ（天皇・関白）が機能しなくてもそれなりに回るシステムだったと言えなくもない。

與那覇——なるほど。「天皇は空虚な中心だ」という言い方は、現にそうなっていますという事実の指摘として言われることが多いのですが、むしろ規範的にも言い直せるというか、「空虚だからこそうまくいく」という含意で捉えたほうがよいことになりますか。

東島——空虚であるということはコンテクストに応じて取り替えがきくということです。中世篇や戦前篇でも話題になったように、前近代にあっては、そこの部分をたとえば八幡大菩薩であるとか、神龍であるとか、いろんなものが代替できたわけです。それこそ、豊臣秀吉がみずからの威光を示すシンボルとして造立した東山大仏が、一五九六年の慶長大地震であっけなく大破した際に、じゃあということで、甲斐国の善光寺如来をつれてきて代わりにそこに据えても、大仏殿の外からは見えないのでノー・プロブレムという世界です。[3]
だからもしそれを天皇制と呼ぶのであれば、仮に現在の皇室が途絶えるような事態になっても、別の天皇制を立ち上げてしまうんじゃないですか。

挫折した「天皇に代わるもの」の夢

與那覇——その可能性が「結局、天皇制の無限ループから出られない」という絶望ではなく、むしろ希望として語られたのが、いわゆる「戦後が熱かった」時代ですよね。天皇ではなく平和憲法という理念を君主の地位に置いたって、われわれはやっていけるのではないか。それが戦後の左翼やリベラルの夢だった。「大日本帝国の「実在」よりも戦後民主主義の「虚妄」の方に賭ける」という丸山眞男の有名な啖呵《たんか》も、そういうことが言いたかったのかもしれない。こうして、中世篇で詳論した「第三者の審級」の非人格化の問題が、再び噴き出してきます。
しかし丸山自身が『日本の思想』で書いているように、日本の場合は理念まで空虚なのですね。戦前であれば、なんでもかんでも「日本精神」の名のもとに無限抱擁してゆく。いまだと、「さまざまな外来文化を巧みに取り込むのが日本の個性だ」という、よく聞く物言いが典型です。芯のある理念を掲げて融通無碍《ゆうづうむげ》な人格に対抗するはずだったのが、理念のほうも中身がくるくる入れ代わっちゃってはお話にならない。これでは匙《さじ》を投げざるをえないというか、どうせ空虚なものどうしなら、歴史的に見て吸引力のある天皇制のほうが実効性は高い。
だいたい同書にしたがえば、明治のキリスト教と、昭和のマルクス主義だけは、きちんと体系だった教義を持つ理念なので、日本思想の融通無碍さに取り込まれないはずだったのですが……。

東島――ところが奇妙なことに、日本のキリスト者は往々にして天皇が大好きなんですよね。木下尚江《きのしたなおえ》（社会運動家。足尾鉱山鉱毒事件で活躍）みたいにキリスト教と社会主義がしっかりと結びついている「理想団」世代はともかく、その次の世代、つまり一八九〇年前後に生まれて、ちょうど「戦後」を迎えることのできた世代あたりに、とくに多いように思いますね。
東久邇宮稔彦《ひがしくにのみやなるひこ》内閣の参与となって「一億総懺悔」運動を展開した賀川豊彦《かがわとよひこ》（社会運動家。戦前のベストセラー『死線を越えて』でも知られる）の「不滅の理想国家へ天皇制は絶対必要」なる主張、「皇室中心立憲民主主義」がその典型ですが、賀川ひとりではありません。南原繁《なんばらしげる》（政治学者、西洋思想史家。東大総長。丸山眞男の師でもあった）や矢内原忠雄《やないはらただお》（植民政策学者。戦後、南原のあとを継いで東大総長を務めた）らを含むキリスト者の多くが、戦後、天皇を精神的中核に置いた共同体を構想したわけです。[4]

與那覇――丸山の思想が西洋中心主義的だという批判は、それこそ金太郎飴のように量産されましたけど、キリスト教なりマルクス主義なりの「西洋産のもの」への過度の期待には、たしかにその側面はあるのでしょう。もっとも、そこで「キリスト教をも取り込めるくらい、天皇制の魔力はすごい」などと考えては同じことの繰り返しだから、逆に「キリスト教なんてその程度」と捉えたほうがいい。オセアニアあたりにいけば、現地の土着信仰とチャンポンになったピジン・キリスト教なんていくらでもあるわけで、[5]天皇キリスト教もその一種くらいに思っておくのが、正しく「国民国家を超える」歴史観です（笑）。

興味深いのは原武史さんが宮中祭祀に着目して、[6]「皇太子時代にイギリスに外遊し、リベラルな立憲君主制の精神を身につけた近代的統治者」という既存の昭和天皇像に、一石を投じていることです。お母さんの貞明《ていめい》皇后が、大正天皇の脳病は祭祀をおろそかにしたがゆえの罰だと信じて、神がかり的に信仰心の重要性を説いたおかげで、昭和天皇は即位後、国民よりもむしろ皇祖皇宗、神のほうを向いて「まつりごと」を行なっていたのではないかと。

原さんによると、昭和天皇は敗戦も平和の神であるアマテラスに戦時中、戦勝を祈るという過ちを犯したことへの神罰と捉えた節《ふし》があって、だから戦後も一貫して、国民よりも神への負い目を感じ続けたようなのですが、その天皇が占領期、カトリックに非常に関心を示したという。実際、ローマ教皇庁は改宗の可能性まで議論していたらしい。

だとすると意外にも、天皇制の克服を目指した丸山とは逆側から、天皇自身が同じことを考えていた可能性がありますね。日本人もキリスト教のようにきちんとした教義をともなった、内面化された信仰の体系に近いものを持たないと、また同じ過ちを繰り返すのではないかと。

東島――いまの話はまるで、伊勢国多度《たど》神社の平安初期の資財帳[7]に出てくる託宣みたいですね（笑）。重き罪業によってもう神であることをやめ、仏に帰依したいという。[8]つまるところは神仏習合ならぬ、天皇とキリスト教の習合ですか。

與那覇――やっぱり古代・中世から変わらない（笑）。ともあれ、結局キリスト教でもマルクス主義でも断ち切れないズルズルベッタリしたものを覆《くつがえ》すには、嘘でもいいから「切断があった」という物語を作るしかない。米谷匡史先生の丸山眞男論[9]によると、宮沢俊義《みやざわとしよし》（憲法学者。美濃部達吉に学び、東大でも講座を継いだ）が唱えた八月革命説、つまりポツダム宣言受諾の時点で無血革命が起こって天皇から国民に主権が移り、しかるのちに日本国憲法は新たな主権者＝国民によって創られたとする議論にも、丸山のそういう構想が反映している可能性がある。

本当は、丸山本人も八月の時点では、そこまでラディカルな変革を予期していたわけではなかった。しかし、あとになってから戦後の民主国家を戦前の天皇制国家と断絶したものとして位置づけるために、「八月一五日に革命が起こってすべてが変わった」という〈起源〉の創作を行なったと言うのです。いわば、まさに自分自身で「作為」を実践したのですね。「自然」にだらだら戦前から戦後へ続くんじゃなくて、これからの日本の秩序は八月一五日をみずからの起点に置くと決めた私たちが、自分の手で作るのだと。だから、「復初の説」[10]にいくわけです。

東島――米谷さんの「丸山眞男と戦後日本」は、冒頭、丸山自身の命日がたまたま八月一五日になったことを「宿命のようなもの」と言われたわけですが、そこにはある大きな言い落としがありますよね。丸山の命日なんて、まあ「復初の集い」に集まる丸山関係者以外の人にはどうでもいい話です。もちろん米谷さんにとってもどうでもいい。

ところが丸山がこの日付にこだわる「個人的」事情は、「二〇世紀最大のパラドックス」でみずから述べているように、一九四五年のこの日が、母親の亡くなった日でもあったからですよね。広島にいた丸山自身の原爆経験とか、そういう生身の事情を投影して論じることは、これまで意図して避けられてきたようなところがありますが、與那覇さんはどうお考えですか？

與那覇――「言説分析か、精神分析か」という問題でしょうか。本人のライフヒストリーが思想に反映しないはずはないのですが、あまりに強調しすぎると、一種の生育環境決定論になってしまう。とくに「母性」が絡むときは要注意な気がしますね。古代篇で見たとおり、日本人は精神分析を知る前から精神分析的というか、「太古のお母さん」を仮想して物語を作ってしまう癖がありますから。

いずれにしても、丸山本人のテキストにしても、今日の丸山論の叙述にしても、それ自体が戦後日本の起源をめぐる物語の闘争の場になっていることは、疑いがないですよね。その意味では、皮肉にも丸山自身が神話のキャラクターになったというか、「天皇」の位置に座ったのかもしれない。

東島――あと丸山は、六〇年安保当時は、「五・一九転換の意義」とか「八・一五と五・一九」とか言って、新安保締結への強行採決の日付にも強いこだわりを見せていたわけですが、こっちは文字どおり不発に終わりましたね。

與那覇――六〇年安保は日本人が初めて天皇抜きで、いわば一君ならぬ「立憲万民」の人民戦線を作り上げた空前絶後の体験だったから、その高揚を記念日として残そうとした。しかし安保は収束してしまい、市民派の運動がぐだぐだになったあたりから、丸山本人も「やっぱり天皇制には勝てない。日本は昔のままで、変われない」と弱気になったと言われますよね。それで、東大法学部の講義ではのちの古層論の原型になるような、日本の変われなさの探究をはじめた。いま『丸山眞男講義録』として読めるシリーズのもとになったものです。

しかしそこに七〇年安保で、戦後民主主義なる「欺瞞」の象徴として全共闘の学生に糾弾されて、愕然とする。戦前の蓑田胸喜《みのだむねき》と同じどころか、今度は帝大（東大）生自身が帝大（東大）教授を吊し上げているのだから、よりわるくなっている。だからショックで東大をやめて、七二年に「歴史意識の「古層」」を世に問うたというのが、竹内洋さんの『丸山眞男の時代』の結末でした。

東島――ともかくも、戦後の民主化という問題系が一九六〇年安保を最後に賞味期限切れとなり、七〇年まで学問がどういう方向に向かうか、というときに、たしかに丸山は後ろ向きになったと言われるわけですが、本当に「変われない日本」みたいに考えていたのかどうか。「急がばまわれ」「うそから出たまこと」「まけるが勝ち」といった一九六〇年代半ばの丸山のジョークが、むしろ大真面目で論じられたのが、「歴史意識の「古層」」だと思うんですけどね。「執拗低音」なんて意味深長な訳語に惑わされた丸山論を見るにつけ、それは単にバッソ・オスティナートにすぎないんじゃ、と思うわけでして。率直に言って私は、そこに言葉の綾《あや》以上のものを感じないんですね。シベリウス（フィンランドの作曲家。加藤楸邨《しゅうそん》の俳句の季語、また福永武彦の『死の島』にも影響を与えた）におけるオスティナート進行と異質な他者との共存、というようなテーマでしたら、ことさらに論じるに値するでしょうけど[11]、それは残念なことに丸山にとっては関心の埒外《らちがい》なわけです。

それにしても世に数多いる丸山論者は、なぜアドルノ（ドイツの現代思想家。膨大な著作の約半数は音楽評論である）やサイード（パレスチナ系批評家。オリエンタリズムの理論は現代思想界に多大の影響を及ぼした）の音楽論を「見なかったこと」にしているんでしょうね。

ウィキ版『太平記』としての歴史論争

與那覇――いずれにしても、一九四五年八月一五日に日本史の画期ないし起源を求める歴史観とは、最初からフィクションだとわかって、あえてする作為だったわけです。そして、はじめから勝算は乏しかった。佐藤卓己さんの『八月十五日の神話』によって広く認知されましたが、そもそも八月一五日は「玉音放送の日」であって、対外的なポツダム宣言受諾の日（八月一四日）でも降伏文書調印の日（九月二日）でもない。天皇陛下のお言葉を臣民みな頭《こうべ》を垂れて聞いたあの日……という記憶が、一九五〇年代前半を中心にメディアで定着してゆく過程は、同書に詳述されていますが、最初から天皇に依存した神話で天皇制に挑むって、どう考えても勝ち目がない。
これを前近代以来の系譜から考えると、やはり空虚であるということはそれ自体が力なのでしょうね。治天の君として諸権門の上に乗っかっているだけだから、武家政権が成立しても、新興勢力が京都に乗り込んでも、決して天皇家はつぶさない。むしろ、「ぼくも担いで利用すればいいや」と考える。薩摩や長州の田舎侍が「俺たちにもあいつを担いでうまい汁を吸わせろ」と言って作った明治憲法体制がその最終形態だと思っていたのに、アメリカ軍のような超弩級の化外《けがい》の民まで、日本にやってきたら昭和天皇を担いでしまった（笑）。

タカシ・フジタニさんが発見した史料によると[12]、ライシャワー（ハーバード大の日本史研究者で円仁の研究で知られる。六〇年代には駐日大使も務めた）は開戦まもない時期から「傀儡《かいらい》天皇制構想」を提案したそうですが、さすがに日本史家ならではですね。GHQも内務省だけはつぶしたけど霞が関を温存して、「文書を通じて支配する権力」はそのまま活用した。まさしく源頼朝以来の伝統です。

東島――私自身は、「空虚な中心」というのはあまり超歴史的に考えるべきではない、と考えているんですね。中世篇でも述べたように、桟敷に天皇が列席していないということを表現するのに、一四世紀の『太平記』の時代であれば、乱痴気騒ぎのなかで、「あれっ、将軍も関白も天台座主もみんないるが、天皇だけは来てないぜ」と気づいた、そういう空虚さです。しかし一五世紀、応仁の乱前夜であれば、かつての騒ぎはどこへやら、みんなお行儀よく身分の序列にしたがって座っていて、「ではいちばん高い席はお見えにならない人のために空席にしておきましょうか」となるわけです。[13]

ですので、「空虚」というのは決して超歴史的ではなく、きわめて歴史的な事柄に属しているんですね。それはつねに歴史のなかで別のバージョンに書き換えられていったウィキ（Wiki）上のテキストと言ってよい。

與那覇——天皇は空虚だからこそ、時代に応じて軍国の象徴にもなりえたし、復興や平和の象徴にもなりえた。玉音放送の風景は数えきれない映画やドラマで描かれましたが、やっぱりいちばん日本人の心に響くのは『二十四の瞳』（木下惠介《きのしたけいすけ》、一九五四年）ではないですか。「八月十五日」の字幕に、張りぼてと化した武運長久《ぶうんちょうきゅう》の門、抜けるような蒼い空と浜辺に取り残された海女の籠《かご》、ただひとりわけもなく道をゆく人のカットがあって、しかも校庭に生徒が整列するところまでは映すけど、肝心の放送は流さない。文字どおり空白にするわけですね。だから、見た人がそれぞれに自分の解釈を書き込める。

実際、直後のシーンで高峰秀子演じるお母さんは「済んでよかったじゃないの」と言うのに、軍国少年の息子は「一億玉砕でなかった」とこぼす。空虚だからこそ、周りが勝手に物語を紡《つむ》いでくれる。物語を読み込むというのは天皇のイメージを、自分が使いたいように使うということですから。それは中世以来、京都の王権の帰趨《きすう》をめぐってずっと行なわれてきたことで、敗戦のときもそうだった。

東日本大震災は期せずして、天皇は「空虚だからいい」という感覚を多くの日本人に思い出させた節があります。3・11のあとに、菅直人首相（当時）が被災地に行くと評判がわるい。彼には実権があって、政治的な問題の当事者だから、「支持率をあげる打算で来たんだろう」「そもそもこうなったのもおまえのせいだ」という反感がさきに立つ。ところが天皇陛下が行くとそういうことは感じない、象徴天皇は「空虚な中心」の最高度の形態だから。本当かなんて誰にもわからないけど、とにかくこの方は一切の私心なく、純粋に国民を哀れんで来てくださったのだと感じる。

東島――丸山の「古層」論文に倣って絵巻の比喩を用いれば、顔の描かれていない美女といったところでしょうか。『土蜘蛛草紙絵巻《つちぐもぞうしえまき》』に出てくる、源頼光《みなもとのらいこう》を幻惑せんとする美女のように、見る者それぞれの想像（好み）にお任せします、というあれです。それこそウィキのように、誰でも思いのままにイメージを書き込むことができる。

逆にはっきりした顔、ギラギラした権力を持っていると思われると、受け容れられにくいのでしょうね。だから後醍醐天皇みたいなのは嫌われ、内からも外からも批判の飛礫《つぶて》にさらされる。

もし後醍醐のギラギラ路線が主流で、中世の天皇家が衰微してなかったら、天皇という制度はとっくになくなっていたでしょうね。

與那覇―平安京が早々と荒廃して以来、天皇制は衰微しているからこそ生き残れる王権だったと。これは、中国皇帝との決定的な違いですよね。圧倒的な富と権威があるから、みんながしたがうわけではない。その点でまさに、紫禁城（明・清朝の王宮。現在は故宮博物院）と皇居は宿命の対比ですね。共産党が勝った中国では、毛沢東が紫禁城を博物館にして使ってしまう。対して日本では幕末の内戦以来、江戸城の焼け跡に天皇家が住んでいて、だからこそ太平洋戦争後も生き残った。

中国だけではなく、欧米諸国と比してもかなり特異な例でしょう。第一次大戦でロシア、ドイツ、オーストリア＝ハンガリーと（ある程度以上に）実権を握った王権はみな崩壊して、とくに昭和天皇は、この皇太子時代のロシア革命のトラウマがあったから、戦後も共産革命を真剣に恐れたと言われますね。それが、執政を担った吉田茂以上に過度のＧＨＱへの譲歩、すなわち対米依存に舵《かじ》を切らせたというのが豊下楢彦《とよしたならひこ》さんの研究[14]で、沖縄の事実上の恒久基地化については、たしかにそこに起源がある。

しかし、本来はそこまで恐れる必要はなかったのですね。ロシアのツァーリのように繁栄によって成り立つのではなく、衰微によって維持される王権なのだから。ともあれ、その空虚さゆえに天皇家は生き残って、軍国主義から平和主義の象徴になった。戦時中、映画監督として唯一治安維持法で検挙された亀井文夫が撮った『日本の悲劇』（一九四六年）の有名なモンタージュのように、軍服姿から平服姿へ文字どおり衣替えしたわけです。

そのことをただ批判したり、馬鹿にしたりするのはたやすいけど、日本国民全体を武装解除するうえで、これ以上に強力なツールがほかにあったかというと難しい。実際にそれを当て込んで、戦後最初の内閣は皇族の東久邇宮稔彦が組閣して、実際にこれが軍人を説得するうえでも機能している。[15]

露骨に言えば、全国の学校で「あの戦争を正義の戦争だと言ってきましたが、じつは間違いでした。日本人もたくさん死にましたが、もっといっぱい中国人を殺しています。われわれ日本人は全員反省しないといけないのです」と教え込んでみんなを平和主義者にするのと、「みなさん同様、陛下も内心は戦争を望んでおられなくて、ずっと心苦しい思いをされていました。だから、ご聖断を下されて降伏したのです」というやり方で同じところに持っていくのと、どちらが手っ取り早くて実効性があるかと言えば、後者だったということですね。

そのストーリーは端的に嘘なので、歴史学者としては悔しいわけですけど、しかしどうやっても「天皇の物語」の訴求力に勝てる代替物が見つからない。大正期に続いてここでも、「速度の政治」の要請を満たすのは君主制だった。

東島――だから第一章で見た桓武《かんむ》天皇と同じなんです。徳政論争をやらせて対蝦夷《えぞ》戦争をやめることにしましたね。

與那覇―またしても、古代から進歩していない……。もちろん君主制国家でなければ共有する物語はないのかというと、そんなことはありません。アメリカのように最初から共和政の国でも、ピルグリム・ファーザーズ（自由を求めて最初に新大陸に渡ったピューリタンを扱う、合衆国の建国神話）のように国民大で共有する物語はある。

というより、共和政だからこそ物語を日々更新しなければ、ひとつの国民であることを維持できない[16]。オバマをはじめとして、大統領に名演説家が多いのはそのためでしょう。黒人が初めて大統領になって、そのことを自国の歩みのなかに位置づけて語り直すことで、“We are, and always will be, the United States of America”（二〇〇八年、オバマ初当選時の勝利演説）ということになる。毎週の礼拝における教会での説教の慣行が、そういう「言葉で秩序を作る」実践を支えているとも言われますよね。

しかしながら日本の場合は、なにせ歴史を書きはじめた時代が古すぎて、しかもそのときからずっと同じ王朝。もともと豪族の順送りで統治していたのを、推古《すいこ》のころに天皇というものができて、それを前提に『古事記』や『日本書紀』といった歴史が初めて書かれた。それ以来、天皇というメインキャラを外してしまうと、国民の物語というものが作れない。正確に言うと作っても、決して天皇がメインキャラの物語に勝てない。

　たとえば江戸時代だと、中国ばりに儒者が政権をとったのは新井白石《あらいはくせき》が唯一で、荻生徂徠《おぎゅうそらい》というのも実際のところは、徳川吉宗のブレーンになりそこねた人物ですよね（徂徠は『政談』で著名だが、その政策は幕府に採用されていない）。

東島――いや、松平定信《まつだいらさだのぶ》は、紛れもなく政権を担当した儒学者ですけどね。まあ、定信は将軍候補だった人ですから別格なんですが。いっぽう、白石はと言えば、かぶき者にして牢人《ろうにん》出身ですから、たしかに突出事例ではありますね。ただ「正徳《しょうとく》の治」を普通白石政権とは言わないとは思いますが。

與那覇――白石のような超マイナーなやつが「儒教の物語」をぐちぐち語っているだけで、近世人が自国の政治を意味づけるときに採用されたのは、圧倒的に『太平記』の物語だったというのが、若尾政希さんや兵藤裕己さんの議論です[17]。だから、近代になって丸山眞男のような人が、がんばって徂徠を発掘して「作為の論理で自然の秩序に挑んだ日本人の歴史」を作ろうとしても、どうしても無理が出る。

　前田勉さんの研究でも[18]、近世思想史の中心に来るのはそれこそ太平記読みも含めた兵学・軍学で、儒学はむしろ脇筋にしかならない。もちろん『大日本史』（江戸初期に水戸藩主・徳川光圀が藩の事業として発案し、明治に入って完成した南北朝までの日本通史。幕末の尊攘運動から戦前の皇国史観にまで甚大な影響を与えた）を生み出した水戸学は一種の儒学ですが、これも天皇を天子に見立てて儒教的正名論で歴史を書こうという話だから、結局メインキャラは天皇です。

東島——ところが元祖『太平記』では後醍醐天皇の評価が低い。足利直義らがテキストに介入して「聖人」を「亜聖」みたいに書き直させたからですが、これは「建武中興」の物語ではなく後醍醐の「失敗」がテーマで、修訂を重ねた挙句、最終的には義満政権誕生のために四国から細川頼之《ほそかわよりゆき》が召喚された、というところが物語の落としどころになったわけです。『太平記』はなかなか類例のない作品でして、新田一郎さんの『太平記の時代』の表現で言えば「公共的な性格」、私の表現で言えば「編集されたコレクティヴ・メモリー」で、それこそウィキみたいな作品なんですね。その後、今川了俊《いまがわりょうしゅん》（南北朝期の武将。九州探題時代には半独立勢力を築く）の『難太平記《なんたいへいき》』をはじめとして、『○○太平記』なんていうのが多数作られた点でも、やはりちょっと特異なジャンルを創り出している。

與那覇——たしかに中国でも自身の王朝を滅ぼす、ないし傾かせた暗君はわるく書かれるわけですから、なにも皇国史観のように「あらゆる天皇が絶対善」というストーリーでなくてもいいのですよね。歴史の主人公に相当するキャラとして出てくるか否かが重要で、「いい人キャラ」か否かは二義的な問題。江戸時代に天皇家の壮大な「炎上マーケティング」を担ったのが、『太平記』のなかの後醍醐であったと（笑）。

その意味では戦後、じつは左翼ほど天皇が好きだった。昭和天皇には戦争責任がある、あいつのせいでこんなひどい戦争になったとしゃかりきに論じ続けるのは、好きの裏返しなのですね。結局、「天皇を主人公とする国民の歴史」を語ってしまっているわけだから。日本史研究にポストモダニズムが入ってくる端緒《たんちょ》となった、酒井直樹さんの「天皇制批判」批判[19]も、そういうふうに受け取ることができると思います。

右翼も左翼も実際のところ、天皇が歴史の主人公であることは暗黙裡に共有しつつ、ストーリー上の善玉と悪玉のどちらにするかだけを争い続けた。そして、どちらのストーリーが選ばれるかに国民全体の命運がかかっていると本気で信じることができたから、みんながそれに熱くなれた。保革が正面衝突を繰り返した一九五〇年代が典型ですが、そのような時代を物語論的には「戦後」と呼ぶのだろうと思います。

東島――だとすると、「ポスト戦後」はいったいいつからはじまるのか。それがいちばん直近の過去に設定されうる、今日の日本の起源ではないでしょうか。

東島――まさに『戦後太平記』の落としどころをどこにするか、という話なわけですね。

日本を変えなかった高度成長と六八年

與那覇――近年ではすっかり、九〇年代の国民国家論ブームの際には明治にあった近現代史の前線が、戦後に移った感があります。そこで現在性の起源として注目されているのが、「一九六八年革命が、日本も含めて世界を変えた」といった切り口ですよね。

東島――ウォーラーステイン（アメリカの社会学者。人類史を再構成した「世界システム」論で知られる）の

「一九六八年革命」説ですか。小熊英二さんの二〇〇九年の大著『１９６８』は、現代の私たちが直面している不幸に最初に直面した若者たちの叛乱とその失敗から学ぶ、というスタンスですから、「いま」の起源がそこにあるというわけですね。続いて二〇一一年には、西川長夫さんの、「革命」と「私」のドキュメンタリーである『パリ五月革命私論』も出ました。

そうした動きを横目に見つつ、しかしそれでも私のイメージのなかにある一九六八年はというと、まっさきに思い浮かべるのは日本でもフランスでもなく、東欧圏なんですね。それもプラハの春の「二千語宣言」（チェコスロヴァキアの自由化路線に対する知識人たちの期待の表明）と「チェコスロヴァキア事件」（ソ連以下、ワルシャワ条約機構軍による、チェコスロヴァキア全土の占領）のセットよりも、どちらかと言えばアダム・ミツキェヴィチの詩劇『父祖の祭り』の上演をめぐるワルシャワ大学の闘争と「三月事件」（ゴムウカ政権による上演運動の弾圧とユダヤ人排斥）のセットのほうです。まあこれはひとえに、私がポーランド映画が好きだからですが（笑）。東欧圏からは、「失敗から学ぶ」なんて、いつでもやり直しのききそうな甘ったれた発想は、絶対出てこないですね。

ところが二〇年の紆余曲折を経て、その東欧圏で再びやり直せるかもしれないいまき直しの機運がめぐってきて、一九八九年革命にたどりついたとき、その年はちょうどフランス革命二〇〇年の年に重なり、樋口陽一さんであれば「四つの八九年」[20]の四つ目、ハーバーマスであれば「六つの一九八九年」[21]を論じることになる、その同じ年に、偶然にも日本社会は昭和の終焉を迎え、平成元年となった。

つまり、実際には問題を積み残したままであるにもかかわらず、気分だけはあたかも「昭和を清算できた」かのような幻覚を見ることができたわけです。そしてそれからさらに二〇年がたったとき、小熊さんは一九八九のほうではなく、一九六八のほうに向かわれたわけですね。世界史的に見れば、一九六八年の日本も一九八九年の日本もいかにも中途半端ですが、それでもこの二つの年を、時代を画する指標とせざるをえないといったところでしょうか。

こう言っては身も蓋《ふた》もありませんが、歴史は二〇年サイクルが基本ですからね。最近も、五五年体制の終焉した一九九三年（細川連立内閣の誕生）からほぼ二〇年後に、安倍自民党内閣へと回帰したわけですが、はるか昔、鎌倉幕府の時代だって、だいたい二〇年に一回のサイクルで将軍を京都に送還していたわけです。つまり「そこで何かが変わった」と思いたいかどうかにかかわらず、実際にそのサイクルで歴史は動いているし、そうした時間感覚は人々のあいだに経験として幾重にも織り畳まれているわけです。

というところでまずは一九六八年ですが、その前提状況はどう捉えておられますか？

與那覇――当然ながら、まずは六〇年代の高度成長を理解する必要があります。しばしば農村から都市への「民族大移動」にたとえられるように[22]、高度経済成長は戦国時代に続く日本史上、第二の分水嶺《ぶんすいれい》だった。

たびたび言及した内藤湖南の議論に表現を借りれば、応仁の乱以降に「日本全体の身代《しんだい》の入れ替り」が起こり、武士と百姓という身分が整備され、地元の大名が村ぐるみで保護する代わりに服従を要求するしくみもできて、これが江戸時代を通じて近代まで貫通する。戦前の政友会や一九五五年の結党直後の自民党は、村のまとめ役だった庄屋さんが地方名望家として党員になって、この「大名」の部分に代議士を座らせただけですから。

ところが、高度成長がはじまると農村から人口がどんどん都市に出てきて、まさしく身代の総入れ替えがもう一度起きるわけです。そうして、土間《どま》のある木造家屋の井戸で水をくむ暮らしが、上下水道完備のコンクリートの集合住宅に変わって、今日のわれわれが知る日常生活がはじまってゆく。

東島――私の言う「衣替えに要する時間」という観点から言うと、社会の転換は政権交代と違って「はい、今日で民主党政権は終わりです」というようにはいかず、ものすごく時間がかかるわけです。小学校のクラスで四月の終わりごろからちらほら半袖の生徒が出てきても、七月の終業式のギリギリまで長袖の生徒もいたりする。これまでの話でバッファーと言えば人的資源の話が主でしたが、「衣替え」というのは、時間のバッファーなんですね。

戦国時代の「身代の入れ替り」の場合、一四六七年の応仁の乱の勃発から数えて、いわゆる「元禄までは中世」だとすると、二〇〇年以上のバッファーを保持しながら脱皮した計算になりますが、高度成長にともなう「身代の入れ替り」の起点と終点はどこに置かれますか？

與那覇――のちに見るとおり終点は割にはっきりしていて、一九七〇年代初頭で間違いないと思います。起点のほうが難しくて、それこそ前章までの伏流だった江戸〜戦前期の「都市化」とつなげて考えることもできなくはない。つまり、高度成長だけを取り出して前時代との断絶を見るというより、より長い歴史の系譜の一コマとして扱うこともできる。

なぜそう言うかというと、日本の場合は経済成長の局面でも、農村的生活と都市のそれとをなだらかに接続させるバッファーがあったという研究が、近年さかんだからです。ひとつの典型は、『ALWAYS　三丁目の夕日』で堀北真希さんが乗ってくる集団就職列車で、個人バラバラの自己責任で都市部へ放り込まれるのではなく、地域や学校が就職先とのあいだを媒介していた。

就職列車自体は戦後の産物ですが、昨年邦訳の出たアンドルー・ゴードン先生の『日本労使関係史』によると、一般労働者でも地元の学校ぐるみで新卒者を募集するのは、戦時下で国策産業に人的資源を配分するためにはじまった方式です。それまでは職工層では流動的雇用があたりまえで、「新卒一斉採用」されたのは高等教育卒のホワイトカラーだけだった。[23] この意味でも、戦争遂行のために全国民を包摂した共同体が、戦後も生き続けたと言えます。

いっぽう、もうひとつの典型が「団地」だったというのが、原武史さんの視点です。[24] 高度成長が日本をアメリカ化したという通説的なイメージに対して、急増する都市人口の受入先として郊外に大量建設された同質的な団地群は、むしろソ連・東欧など社会主義圏の景観に近いという問題提起をされている。なぜそうなるかというと、マイカーの普及が遅くて鉄道頼みだからですね。

だから地価の安い郊外に増設した大団地に住んでもらって、職場までは猛ラッシュの通勤列車に乗せて儲《もう》けるという都市開発が進むわけですが、こうなると団地住民も結束して「運賃値上げ反対」の運動を起こすから、江戸の百姓一揆が村ぐるみで団地に引っ越してきた恰好になる（笑）。彼らが社会党や共産党を支持して、一九六三年の飛鳥田《あすかた》（一雄、横浜市長）市政、六七年の美濃部（亮吉、東京都知事。達吉の長男）都政と、革新自治体の叢生《そうせい》につながっていった。

つまり、普通は経済成長によって都市化が進むと農村的な共同性は崩壊に向かうのに、日本の場合は「都市なんだけど、周りのみんなとムラみたいに暮らせる」時代が長く続いた。[25] これは、無秩序な人口流入による途上国的なスラム化を避ける成果もあったのですが、いっぽうで都市の空気も自由にしない、都市のくせに妙に息苦しくてちっとも「都市的」にならない日本社会をかたちづくってもいる。まさしく、中世を舞台に東島さんが探究されてきたモチーフの現代版のように思うのですが、いかがでしょう。

東島――どうも私の履歴書をカミング・アウトしなければいけない空気をひしひしと感じますが……（笑）。原武史さんの『滝山コミューン一九七四』は、時代の〈ひんやりした温度〉を鮮烈に、しかもある種の〈郷愁〉とともに喚起してやまない、秀逸な一九七〇年代史です。ただし、東京は西武池袋線沿線の、マンモス団地の小学校で繰り広げられていたその〈光景〉は、同じことを経験していない人には、また読者の感受性によっては、たぶんわからないだろう、というところがあって、そこで評価の分かれる書物だと思います。

少なくとも私は、東京生まれでも団地住まいでもない。しかしながら蜷川《にながわ》（虎三、共産党・社会党を与党に戦後七期連続で京都府知事）府政という、革新自治体の独特の雰囲気がみなぎっていた京都近郊の小学校区に育ったせいか、この本で語られるのと同様の、コミューンあるいはコミュニティの掲げる〈理想〉が、〈暴力性〉に転化する瞬間、それが息苦しいほどの〈負の側面〉を露わにする現実を実際に経験したし、同じことは、うっかりするといつでもどこでも起こりうる可能性を持っているのだ、ということが学問の出発点にあるわけです。
原さんが『滝山コミューン』で私の中世史研究に言及してくださったのは、おそらくそうした同じ空気を私の書くものに読み取られたからではないでしょうか。

與那覇――いやはや、まことにあらゆる歴史は現代史ですね。結局、日本では「江戸時代」が強すぎる、すなわちまっとうな社会と見なされる秩序のイメージがそこで固定されているから、都市的なものが農村的なものを食い破れない。国政における自民党体制とはまさしくそういうもので、とくに六〇年代後半から急速に台頭した田中角栄によって、都市部の経済の果実を公共事業で農村部に分配する政治が行なわれてきた。

革新自治体とは、そういう保守政権の「地方が都市を搾取する」構造に対する叛乱だったのですが、なにせその担い手も団地住まいでエートスが百姓一揆のままだったし、当時は中央の官僚機構をがっちり握っている自民党に頼らないと、自治体単位では改革を進められなかったので、尻すぼみに終わってしまった。砂原庸介さんの『大阪――大都市は国家を超えるか』を読むと、日本では国家がいかに「大都市」が本来持ちうる力を、そうやって囲い込んできたかがよくわかります。

画期としての「一九六八年革命」を称揚《しょうよう》する論者、たとえば絓秀実《すがひでみ》さんのような人は、[26] こうして抑圧されてきた都市的な原理の爆発として、それを捉えたいわけでしょう。アメリカもソ連も、自民党政権も革新自治体も、両方うんざり。政党や組合みたいなムラ的な集団で運動やるんじゃなくて、俺たちはノンセクト・ラディカルで、コミュニティではなくネットワークで行くんだと。
しかし、そうして生まれた過激派集団が最後は仲間内で「村八分」をやりあって自滅していく顛末を見ると、やはりこれもまた日本では、真の画期になりそこねた現象と捉えるべきではないでしょうか。小熊英二さんもむしろ、高度成長で急速に豊かになったことへのうしろめたさや、運動で肉体をぶつけ合って満たされる承認欲求といった、いわば農村的なエートスの残存のほうが、当時の学生運動の背景だとしていますね。

東島——細かいことですが、内ゲバは「村八分」というよりは、「自検断《じけんだん》」「地下検断《じげけんだん》」（惣有財産・地下請（村請）・惣掟または地下検断の三つが、中世惣村自治の指標とされる）のほうでしょうね。

與那覇——あ、そうか。暴力を使うという点では、近世どころか中世に戻っていますものね（笑）。六八年のエンタープライズ寄港阻止闘争で全学連が投石する風景が、網野善彦の悪党論を触発したというのは、中沢新一さんが『僕の叔父さん　網野善彦』で紹介された挿話でした。

東島——播磨国《はりまのくに》鵤荘《いかるがのしょう》（兵庫県太子町）の斑鳩寺《はんきゅうじ》に伝わる南北朝時代の史料『峰相記《みねあいき》』には、はじ具を使って飛礫を投げる鎌倉末期の「悪党」の姿が登場するわけですが、しょせんはたいした武器にならないというか、むしろ柿色の帷子《かたびら》や高下駄といったその出で立ち同様、ファッションの世界です[27]。飛礫は端午の節句や祭礼のときに投げる習俗があるわけで[28]、つまりは全学連の闘争も祭りみたいなものだったと。

「大きな物語」の終わりと「津波てんでんこ」のはじまり

與那覇――しかし、それでは一九七〇年前後にはなんの起源もないのかというと、そうでもない。六八年革命は、江戸時代的な日本社会の「下部構造」は何も変えなかったけれど、上部構造の部分は大きく変えた――ないし、その転換期とシンクロした。つまり、学校や会社や団地という単位で高度成長後の都市にまで持ち越されたムラ的な共同性を解体するには至らなくても、その上に乗っかって国民共同体を演出してきた文化、すなわち「物語による統合」は打ち砕いたのだと思う。

象徴的には、一九七〇年に三島由紀夫が自決しますね。彼は「天皇を中心に置く物語」が共有される時代が終わりつつあることを自覚して、そういう日本でだらだら生きることを拒否した。[29] それで、天皇親政の実現に命を賭けた二・二六の青年将校を賛美して、それに倣って自衛隊に建軍《けんぐん》の本義を説いてクーデターを訴えるんだけど、誰も立ち上がらない。

大正政変のころから脈々とあった、日本でラディカル・デモクラシーをやりたかったら天皇を担ぐしかないという系譜が、ここで終わったわけです。右翼と左翼で両極端なのに、三島が全共闘の学生に妙に慕われたのも、議会政党の外部に「ラディカル・デモクラシー」を要求する志向では重なり合っていたからでしょう。三島自身が言うように、利用するシンボルが天皇か赤旗かが違っただけで。

いっぽう、左翼的知識人のあいだでも六八年革命の前後に進展したのが、「人民」の名を掲げて作りあげてきた革命家版の「国民の物語」の解体です。いままで人民を名乗ってきたのは結局男性マジョリティだけで、そこには女性も民族的マイノリティもいないじゃないかという告発が、ベトナム反戦運動との連帯や、当時はウーマン・リブと呼ばれたフェミニズムの台頭を通じて出てきた。するとこちらもこちらで、もはやベタに「われわれ人民はみな天皇制打倒という、革命の物語を共有している」などとは言えなくなってくる。

それで、「おまえは革命戦士を名乗りながら、じつは充分に物語を共有していないな？」という疑心暗鬼の連鎖がはじまり、内ゲバの果てに七二年の連合赤軍事件に至って、学生運動自体が社会から消えてゆく。その年の夏に総理大臣になった田中角栄はまさしく無思想の権化《ごんげ》で、ただただ物質的な充足感を追求するだけで物語など不用な人物だった……というのが、坪内祐三さんの『一九七二』の結末でした。

天皇を善のヒーローとする右翼版であれ、悪のラスボスと見なす左翼版であれ、戦中戦後の日本を動かしてきた熱い物語が一九七〇年ごろにふっと消えて、そこからあとは多種多様にとっちらかった個々人の趣味、小さな物語の群れしかなくなっていく。宮台真司さんが「島宇宙化」と呼ぶ状況ですね。[30]

東島——その坪内さんが、立花隆さんの「子殺しの未来学」[31]や「新種の子殺し」であるコイン・ロッカー・ベイビーを取り上げられたのも、まさに一九七〇年代初頭という画期と重なっているからですね。じつは母親の子殺しの問題は、フロイスの『日欧文化比較』に出てくる、

「日本の女性は、育てていくことができないと思うと、みんな喉の上に足をのせて殺してしまう」という、一六世紀後期の光景とそっくり重なって見えるわけです。

『自由にしてケシカラン人々の世紀』では、この問題に「信じられない」と反応するか、「またか」と感じるか、その感覚の麻痺具合が世代の分水嶺であり、もっと言えば「中世に向かう現代」という、時代の大きな曲がり角に立つ象徴的事例と見たわけですが、この時代の転換は一九七〇年前後にはじまり、一九九〇年代の国民国家批判、すなわち「忌まわしき二〇世紀の清算」まで、四半世紀を要したわけです。だとすれば、八〇年代の社会史ブーム、中世史ブームは、漫才ブームやアイドル・ブームと並ぶ、この転換期の「明るい谷間」だったと見ることができる。

しかしいっぽう、世界史的に見れば、一九七九年のソ連のアフガニスタン侵攻にともなう翌年のモスクワ・オリンピック不参加は、與那覇さん的には一種の鎖国と言うか、再江戸時代化の契機と捉えられることになりますでしょうか?

與那覇──なるほど、そこでさきほど「村八分でなく自検断」とおっしゃったのですね。つまり、六八年ないし七二年に、むしろ近世的な安定が崩れ去って中世的なカオスへと回帰しつつある、今日的な状況の起源を見出すこともできる。しかし、ここにもまたバッファーがあったがゆえに、しばらくのあいだその契機は、顕在化せず封印されていたのだと。私の場合は、むしろそのバッファー、危機を覆い隠す防護膜のことを「再江戸時代化」と呼んでいます。

実際に七〇年の三島由紀夫は、もうここからは日本ですらない、ただのからっぽな経済大国が残るだけだと言って、天皇という物語の空洞化に日本の終焉を見たのですが、しかし本来、もともと空虚であってこその天皇制でしょう。三島も含めて周囲が勝手に、めいめいの都合で物語を紡いで持ち上げていただけなのだから。翌七一年に出てベストセラーになった『「甘え」の構造』(著者は精神科医の土居健郎)は、「自分を輔弼《ほひつ》してくれる人が欲しい」と言ってきた患者の分析から、日本は個が自立せずお互い依存しあう「甘え」の原理で動く社会だという話を導いたのですが、明らかにそちらが正解です。

つまり、「全軍を指揮する大元帥としての天皇」のようなマッチョなキャラクターを創出し、強力な物語を打ち出して「俺についてこい!」と号令するほうが、たかだか一〇〇年程度の歴史しか持たない非・日本的(むしろ中国皇帝的)なやり方だった。だから明治憲法体制でも天皇は虚器《きょき》に近くて、実務は各分野を輔弼する大臣たちがばらばらに動かしていた。

七〇年代も田中角栄がリーダーシップを発揮できたのは組閣当初だけで、狂乱物価と汚職報道で人気が急落してからは、五大派閥長老の連合政権になるわけですね。自民党内の派閥抗争がいちばん激しくて、豪族順送り式で首相がコロコロ代わる政局が、中曽根康弘政権(一九八二年発足)の安定までずっと続く。誰がやっても大差ないくせに人だけは代わる状態を、実際に中村隆英さんは名著『昭和史』のあとがきで、江戸時代の老中政治にたとえていました。

だとすると、一九七〇年の転換は「日本的なものが終わった」という三島の主張とは逆に、「日本的な状態に戻った」というべきではないか。高度成長の結果として労働力不足に陥ったために、大企業で臨時工の正社員化が進んで、終身雇用制が定着するのもこのころです。ゴードン先生があげる東芝の例だと、六〇年代初頭は三〇パーセント強いた臨時従業員が、七〇年代に入ると一パーセントを切ってほぼ消滅する。

本物の江戸時代なら、村社会は安定していても都市部ではけっこうカオスな状況があったのに、もはや都市でも会社というムラに包摂してもらえる国になった。いわば、「江戸よりも江戸的」な時代のはじまりです。

東島――なるほど。「江戸よりも江戸的」な時代と言われると、これはもう、トロープ（比喩法）というか、歴史の詩学の問題ですね。ただ「日本的な状態に戻った」と言われる場合に、それでは江戸時代はいつ「日本的」ということになったのか、という問題は避けて通れないと思うわけです。

メタヒストリーとは、ごく平たく言えば、歴史の分析ではなく、歴史を見る眼を精神分析しようとする学問です。もう四〇年も前にこの問題を『メタヒストリー』で論じたヘイドン・ホワイトは、歴史家が過去の歴史事象を記述する際には、「歴史場《ヒストリカル・フィールド》」とでも呼ぶべき、それらの事象のすべてがひととおり群れ載っている全体像を、前認知的な無意識のレベルで、あらかじめ持っているはずだと言うんですね。[32]

與那覇さんが江戸時代を「日本的」と呼ばれるとき、あるいは古代篇の「二五年間同一内閣」をはじめとする本書の小見出しの多くがそうなのですが、その「歴史場」からどのようなトロープを使って歴史が言語化され、構成され、最終的に解釈されていくかという過程、とりわけ風刺的《サティリカル》なプロットの様式を、こうして対談者として目のあたりにすると、やはりメタヒストリー的な問いが生起してこざるをえないわけです。

この際問題をただ一点、歴史の相対性という点にしぼって問えば、江戸時代を「日本的」と捉える『中国化する日本』がいま世間で受けるということ自体、歴史を見る眼がいまという時点に設定され、いまという時代と不可分だからですよね。だとすれば、この「いま」が変われば、江戸時代が非・日本的であったり、反・日本的な時代と映じることだってあるわけです。たとえば英語が公用語となり、その結果二〇年後の日本人がほとんど漢字を読めなかったとしたら、そのとき江戸時代は、非常に中国的な時代と感じられるんじゃないでしょうか。したがって、江戸時代が「日本的」であることは相対的なものであって、かならずしも自明ではない。そこで、本書の冒頭でもなされた與那覇さんの説明を、もう一歩深めておいていただきたいと思うのですが。

與那覇——おっしゃる疑問を換言すると、何との比較において「日本的」と呼ぶのか、という問題になりますよね。私の場合は、やはりそれは社会の全的な流動化であり、アナーキーさとすれすれの自由奔放な熱気を放つ時代性だと思うのです。中世篇で東島さんが挙げられた江湖の「三度のせり上がり」、つまり南北朝・戦国・幕末維新期はすべてそうで、六八年革命というのもそのかすかなこだまに聞こえます。

しかしそれらは結局、この国では秩序の一時的な混乱としかみなされない。だとすれば、その正反対の位置に私たちが暗黙裡に想定している「あるべき秩序」があるはずで、それが江戸時代に代表される、不自由でも安定した社会なのだろうと。もちろん徳川幕府成立当初の人々が、われわれは「日本的」な秩序を築いたぞ、などと自覚的に思ったわけではないでしょう。しかし明治以降になると、陸軍皇道派から安倍自民党まで、意識的にそういう社会を日本的なものとみなして、「日本を、取り戻す。」と言いはじめる。

こうして社会のレジティマシー（正統性）がノスタルジアと一体化した状況が、私たちの生きている「歴史場」なのではないでしょうか。

東島——その場合の「歴史場」とは、歴史家の頭のなかに広がっているものというよりは、人々の間にある集団的無意識というか、共同幻想のようなものと考えておられるわけですね。そしてそれを言語化されたのが與那覇さんの議論だということになりそうです。

與那覇——そのほうが、メタヒストリーの議論を「歴史学業界の内輪話」に閉じることなく、社会全体の問題として展開できる気がするのですね。江戸時代を日本的とみなす感覚自体の起源を問う作業はこれからのフロンティアですが[33]、実際に一九七〇年の前後にも、「日本らしさ」の再定義があったのはまちがいない。もともとあまりにモダン、ブルジョワ的で浮世離れしていたはずの小津安二郎の家族映画が日本情緒のシンボルになり[34]、また輪島裕介さんによると[35]、演歌が「日本の心」とみなされるのも同じころだそうです。

六八年革命でみんなが吉本（隆明）主義者になった余波で、五木寛之さんたちが演歌（艶歌）に土俗の魂、アウトロー的な民衆の情念を読み込んでいったものが、くるりと反転して小奇麗な「ディスカバー・ジャパン」（七〇年に国鉄が始めた国内旅行キャンペーン。「美しい日本と私」をキャッチコピーとした）に化ける。こうなると呼び出されるのはやっぱり江戸時代で、ここで出てくるのが七一年、小柳ルミ子さんの「わたしの城下町」（笑）。

東島――さらに言えば、二〇〇〇年代のいわゆる昭和ノスタルジーと、歌川国芳の戯画あたりを筆頭とする江戸ブームとは、かなり違うもののようにも見える。さきほど触れられた『ＡＬＷＡＹＳ　三丁目の夕日』の描く昭和三〇年代が「暖かくて不自由な社会」であるのに対し、ゼロ年代の現代はそれとは正反対に「冷たくて自由な社会」である、と宇野常寛さんが『ゼロ年代の想像力』で書かれているように、もはや昭和ではない。

　つまり昭和が文字どおり「歴史」になり、安全圏から眺めることが可能になったいっぽうで、江戸時代は、渡辺京二さんの『逝きし世の面影』とはかならずしも関係ないレベルで、一貫してブームを続けているようにも思います。江戸が「島宇宙化」、あるいはサブカルチャーのリソースになっているとするならば、この二つの現象はどのようなかたちで表裏をなしているとお考えですか。

與那覇――宇野さんの同書は、直接には東浩紀さんの『動物化するポストモダン』への反論でしたが、「江戸的な感性」をどう捉えるか（日本的なものと見なすか）は、サブカルチャーの好みも左右するのかもしれません。東さんの本は、サブカルのなかで江戸的なモチーフが作る「疑似日本」を紹介するとともに、進歩なく循環し続ける日常を描いた『うる星やつら２　ビューティフル・ドリーマー』（押井守、一九八四年）への偏愛を示唆して終わる。いっぽうで宇野さんは、そういう同作への耽溺《たんでき》こそわるい意味で日本的な、男性目線での母性回帰願望だと批判する。

　そう考えると、「結局、日本とは江戸時代のことでいいのか」は歴史認識のみならず、文化批評でも争点たりうる気がするのですが、ともあれ七〇年代以降は江戸時代的なインフラの上で、今日につながる消費社会やサブカルチャーが展開していった。とはいえ、もはや太平記読み以来の（天皇を中心とした）「単一の物語」で人々を動員することはできないのだから、『大日本史』ぬきの近世文化史みたいなもので（笑）、めいめいばらばらな洒落本や滑稽本や浮世絵があるだけという感じですよね。

『サブカルチャー神話解体』の宮台真司さんのテーゼによれば、七〇年安保の破綻によって「大きな物語」の共有を前提としては他者とのコミュニケーションがとれなくなったこの状況に、うまく適応したのがモノローグを中心に置いた少女マンガ。逆に、偽史的な世界観や終末論をでっちあげて物語的な想像力に固執したのが、ＳＦアニメや『少年ジャンプ』を中心にした少年マンガだったと。

最近だと『テヅカ・イズ・デッド』で伊藤剛さんが、映画のように「ストーリーを語る装置」としてのみコマ割りを捉えてきた従来のマンガ評論を、批判していることとも重なります。ムラ的な社会生活という下部構造は残っても、その上に載っていた物語の共同体はもう死に絶えたのだから、いつまでも往時の感性を引きずっていても仕方ない。むしろ、新しい批評や表現の器を持つべきだということですね。

東島——じつは、「めいめいばらばら」が、まさに江戸時代的であることを示す語彙があるんですね。上安祥子さんが『経世論の近世』で詳細に論じられた「めんめんこう」がそれです。荻生徂徠はその著『政談』で、社会秩序が「てんでんばらばらになっている」という状態を

「めんめんこう」と呼んで問題にしているんですね。上安さんは江戸時代の語彙の検討から「めんめんこう」の「こう」は「鬼ごっこ」の「ごっこ」や「駈けっこ」の「こ」と同じであることを論証されています。

東日本大震災に際して、「津波が来たら、とるものもとりあえず、めいめいに逃げろ」という意味の「津波てんでんこ」という言葉が大きくクローズ・アップされましたよね。これは二〇〇八年に刊行された山下文男さんの『津波てんでんこ』で取り上げられた言葉ですが、山下さんは東北の「可愛い方言」だとされています。しかしながら、すでに上安さんが指摘されているように、江戸時代の代表的な俗語辞典である『俚言集覧《りげんしゅうらん》』では、「面々コウ」を「又テンテンコッコとも云」としており、さらに「手々向々」を「手々バラバラ、テンデンゴッコなと云」と説明しているんですね。この言葉に関心のある方はぜひ参照されるとよいと思いますが、徂徠の場合はネガティブな意味で、津波の場合はむしろポジティブな意味で、つまりはよくもわるくも「面々ばらばら」「てんでんばらばら」に相当する語彙が古くからあって、目下のところ、徳川吉宗時代に書かれた荻生徂徠の社会批評にまで遡《さかのぼ》れる、ということなんですね。

ということで、一九七〇年以降に登場した「めんめんこう」「てんでんこ」なる島宇宙の起源は、たしかに江戸時代にあると結論づけてよいかと思います。

ポストモダンが隠蔽した「長い江戸時代」

東島——一九七〇年代に再登場した「てんでんこ」の思想が、津波災害のようなシリアスな場面ではなく、むしろあっけらかんとした文脈で「てんでんこに逃げろ」と謳歌されたのが一九八〇年代です。浅田彰さんの『逃走論』の世界ですね。

與那覇—ポストモダニズムの全盛期ですね。おっしゃるとおり、一般には八〇年代にバブル景気の下でセゾン文化が花開き、フランス現代思想が浸透してゆくのが、ポスト近代社会のイメージでしょう。しかし私はそれに先行して、七〇年代からいわば「日本版ポストモダン」が展開していたと、考えるべきだと思うのです。

実際に『「甘え」の構造』も、母性的な甘えは日本社会に固有な原理だというトーンで話が進む割に、世界の一九六八年に言及する箇所では一転、「父なき社会」は現代社会に普遍的な特徴だという議論になっている。大統領として五月革命と対決したド・ゴールにしても、文革の紅衛兵が持ち上げた毛沢東にしても、それこそ天皇親政的な「強力な抑圧者としての父親」が本当はもういないからこそ、あえて求められているのだと位置づけた。

宇野常寛さんによる村上春樹への批判も同様で、[36]「ぼくは父親になれない」みたいな発想自体がアナクロニズムだという話ですね。GHQなり「米帝」（アメリカ帝国主義）なりを抑圧的な父親に見立てて、そこから自立してゆくことが成熟なんだ、というかたちで物語を語る技法を右翼・左翼ともに共有していたのが、戦後日本の想像力の基本フォーマットだけど、そんなもの一九七〇年でもう終わってるじゃありませんかと。

これは歴史研究者にとっても重要な問題で、歴史学にとってのポストモダニズムというと、通常は八〇年代の社会史ブームや九〇年代の国民国家批判を指すのですが、それ自体が底の浅い見方ではないか。単一のものとしての「日本史」などというのはそれ以前からとっくに揺らいでいて、たとえば網野善彦が中世史研究に衝撃を与えたのは七〇年代。

学界の外部では、保守論壇に山本七平が出てくるのも、司馬遼太郎が『街道をゆく』で史論家をはじめるのも七〇年代初頭です。とくに松本健一さんによれば、[37] 司馬が有名な「戦車で避難民を轢《ひ》き殺せと命令した大本営参謀」の挿話を創作したのは、明白に三島事件の衝撃によるものだという。三島的なものだけが「日本」だと誤解されたら、この国はまたひどいことになる。そういう危機感があったと言うのですね。

そこまで遡って考え直さないと、日本史学とポストモダンはいつまでも軽薄というか、「単なる一時の流行」の関係に終わると思うのですが、このあたりはどうご覧になりますか。

東島――さきほど私は、中世史ブームを一九八〇年代カルチャーとの関連で説明したのですが、じつは網野善彦『無縁・公界・楽』の最初の版が出たのが一九七八年、内藤湖南に言及した勝俣鎮夫『戦国法成立史論』が一九七九年ですから、先駆者たちの仕事は八〇年代より若干先行しているんですね。それこそモスクワ・オリンピック以前なんです。一般に火付け役とブーム化にはタイム・ラグがあるとしても、学問における先駆者と雷同者の「格差」「温度差」のようなものは、じつはけっこう深刻な問題でして……。

ポストモダンというのは本来、それまでの見方では見えなかった問題群を可視のものとするところに真骨頂があるわけですから、むしろ歴史学にとっては非常に有用なものだったはずなんですね。ところが一九八〇年代のブーム雷同の社会史は、もう親（＝近代）の言うことは聞かなくてもよい、何をして遊んでもかまわないんだという、ガキっぽい学問になってしまった。だから九〇年代に「新しい歴史教科書をつくる会」をはじめ歴史修正主義の流れが出てきて、南京大虐殺にせよ従軍慰安婦にせよ、「言語論的転回」（二〇世紀後半に生じた西洋哲学の一大潮流。言語は現実を反映するものではなく構成するものであるとする考え）以後の「事実」とは何か、という正念場の問題が浮上した際に、多くの歴史家は上野千鶴子さんの『ナショナリズムとジェンダー』の提言を受け止めきれずに猛反発してしまった。これは八〇年代の後遺症なんだと思いますね。

そこで與那覇さんに確認しておきたいのは、こうした歴史学とポストモダンの「不幸な出会い」に苛立ちを隠せないので、問題の根っこは一九七〇年代だ、だからそっちに目を向けよう、ということになりますか。それとも、「総力戦」のところで論じた戦前・戦後の話と同様、その程度のポストモダンなら一九七〇年代にとっくにあるよ、という構えになりますか。

與那覇――そこは前者というか、時代区分は内発的でなくては地域固有の問題を捉えられないという、懐かしのポスト・マルクス史学の命題ですね。「海外からポストモダニズムを輸入した時期」ではなく、あくまでも日本史の文脈において近代が終わった、つまり私流に言うと「江戸時代に戻った」時期を見定めて、脱近代なら脱近代の課題を考えないと、処方箋を間違えるのではないかと。

日本社会の展開に則して考えるかぎり、七〇年代と八〇年代は連続していて、せいぜい荒井由実か松任谷由実か（厳密には、改姓は七六年）くらいの違いしかない（笑）。つまり、中曽根政権がレーガン、サッチャーに倣って「新自由主義」（当時の呼称では新保守主義）を導入し、インテリがみんな浅田さんの『構造と力』を片手に高度資本主義からの逃走を云々《うんぬん》した時代でも、日本の消費社会のインフラは江戸時代ベッタリのままだった。九〇年代の日本が急速にだめになったのも、単に冷戦が終わったとかバブルが運悪く弾けたといった外在的な理由ではなくて、日本社会の原型となってきた「江戸的なるもの」の限界として捉えることが重要だと思います。
　ところがその八〇年代に流行したのは、「江戸ってじつはとってもポストモダンで、近代以降のモデルになるんです」とでも言いたげな江戸東京学という、まさしくガキっぽい学問で、九三年の江戸東京博物館開館に至る。小谷野敦さんが批判するところの「江戸幻想」ですが[38]、これに罹《かか》ると国の針路まで誤りかねない。

東島――となると、オールド・マルクス主義的な言い方をすれば、土台が江戸時代のまま、上部構造がポストモダンと、こうなりますでしょうか。もっとも「古層」は「土台」ではないと、丸山自身が口酸っぱく注意していますけどね。
　それはさておき、與那覇さんのお話は、『中国化する日本』のときは、日本化か中国化かの二者択一という並列関係だと読んでいたのですが、今回お話をうかがっていると、やはり基層には日本ないしは江戸時代的なものがあり、その基層が揺るぎつつある現在、というふうにお考えなんですね。

與那覇――いや、それはこの対談を通じて転向したんですよ（笑）。前著では扱えなかった古代について触れると、どうも敵は文字どおりの江戸時代よりも、さらに深いところにある気がしてきて……。とはいえ、江戸がひとつの完成型だったという認識は変わりませんが。

「じつは江戸時代が支えていた消費社会」を象徴するのは、一九七四年発祥のコンビニです。新雅史さんによれば、[39] 家族経営に依存して後継者が出てこない商店街からの転換を図ったコンビニも、じつは同じ問題を抱えていて、八〇年代のセブン‐イレブンでは「夫婦仲がよいか」を契約前にチェックしていた。家職を与えれば二四時間死ぬ気で働いて、なんとかするだろうというイエ制度の発想が、ポストモダンになっても続く。革新自治体が消えていくのも同じ理由で、団地というムラで結束して社会・共産に票を入れても、子供が成人して巣立っていったら限界集落のように老齢化するだけで、継承者が育たない。

当時クロヨン問題（課税所得に対する捕捉率の不平等を指した語。給与所得者は九割、自営業者は六割、農家は四割、の意）と言われましたが、サラリーマンが搾取されているという不満が出ても、自民党は八五年に第三号被保険者制度を作って、「専業主婦とカップルになればお得ですよ」というところで懐柔する。臨時工という雇用の調整弁が失なわれた分をパート主婦に代替させて、「旦那が食わしてくれるんだから、低賃金で解雇容易でもいいだろう」とするのも同様ですね。

いまでも自民党の政治家から、女は産む機械だとか、生活保護受給者はタカリだといった類《たぐい》の発言が出るのは、「イエという単位でなら、おまえら自給自足できるはずだろ」という発想が根底にあるからでしょう。そして、実際にイエが中途半端に強力なせいで、「それなしでやっていける社会を作るべきだ」という意識がいつまでも、日本では広がりを持てずにいる。

七〇年代には互角の党勢だった共産党と公明党のうち、前者が衰退して後者だけが勢力を維持持しているのも、創価学会という宗教とバンドルされてお仏壇を握っているから、世代の再生産ができたんですよね。玉野和志さんの研究によると、[40]創価学会の母体は高度成長期に上京して身寄りのない都市ニューカマーだから、信者数は六〇年代に急増する。ここまでは共産党員や『赤旗』購読者数と同じなのですが、学会員の世帯数は七〇年ごろに増加は止まっても、減らない。つまり、イエを継がせて現状維持ができている。

九〇年代末から保守政権の枠組みが自公連立になるのは、「家職制でOK」という発想の二党が、おのずとくっついたということなのでしょうね。逆に言うと、ムラないしイエに相当する部分を押さえないかぎり、日本社会では長期性のある権力をとれない。

東島——ムラやイエは、個人を守るためのセーフティ・ネットではなく/であると同時に、政権を守るためのネットだということです（笑）。そうなるとまさしく、家のためはお家のため、近世篇で登場した、「おまえはお上に楯つく気か」と見えを切る悪代官や、家ぐるみ、親族ぐるみで行動した赤穂浪士の世界です。

一見すると都市のほうが個人をベースにしているように見えるけれど、充分ムラ的だということですね。信者や支持者を個人ではなく、世帯数で勘定するとなると、地方の大家族も都会の核家族も同じですしね。

與那覇—共産党（京都）府政の下でも「都市的」になれなかった国ですから、保守政権に任せたら江戸時代が続くのは当然です（笑）。実際に福島第一の事故以降、にわかに歴史学界でも議論が高まる原発についても、大量消費社会を支えるための「江戸時代というインフラ」だったという視点がないと、解は見えないと思います。

山本昭宏さんや吉見俊哉さんが分析されていますが、[41]「原子力は輝く未来のエネルギー」といったイメージは、むしろ原発稼働が本格化する前の五〇年代に喧伝《けんでん》されたものですね。六九年に連載がはじまった『ドラえもん』も原子力で動いていたことは、開沼博さんが指摘していました。[42]そうして高めた前評判の総仕上げとして、一九七〇年に大阪万博開会に合わせて敦賀原発を動かして、会場まで電気を送ったわけです。

ここまでがいわば、江戸時代を立ち上げる直前にスタートアップとして、豊臣秀吉がド派手なイベントを打っていたのと同じ局面ですね。これからは画期的に新しい体制がはじまるんだから、ジャンジャカ贅沢してくれていいんだよと。こうして最初だけは大きな花火を打ち上げ

既存原発の誘致／運転開始時期一覧

発電所名	管轄企業	誘致開始年	運転開始年
泊発電所	北海道電力	1967	1989
東通原子力発電所	東北電力／東京電力	1965	2005
女川原子力発電所	東北電力	1967	1984
福島第一原子力発電所	東京電力	1960	1971
福島第二原子力発電所	東京電力	1968	1982
柏崎刈羽原子力発電所	東京電力	1969	1985
東海第二発電所	日本原子力発電	1956	1978
浜岡原子力発電所	中部電力	1967	1976
志賀原子力発電所	北陸電力	1967	1993
敦賀発電所	日本原子力発電	1965	1970
美浜発電所	関西電力	1962	1970
大飯発電所	関西電力	---	1979
高浜発電所	関西電力	---	1974
島根原子力発電所	中国電力	1966	1974
伊方発電所	四国電力	1969	1977
玄海原子力発電所	九州電力	1968	1975
川内原子力発電所	九州電力	1964	1984

※開沼博『「フクシマ」論』299頁を一部改編

て、統治者の権威にしっかり依存させる。

東島――だとすると結局、通産官僚時代に大阪万博のプロデュースをやり、『秀吉』その他の時代小説を書き、挙句の果てに経済どん底の二〇世紀末に経済企画庁長官になって、「景気回復の兆しがある」なんて気休めを毎度口走っていた堺屋太一さんが、問題の起源から、目下の問題である「世代間格差」にいたるまでのすべてにかかわっている、ということになりかねない（笑）。おまけに一九七六年に『団塊の世代』を書いて、近未来像を予測してちゃんと警告したはずだ、というアリバイまである。

そういう意味でも、一九七〇年の大阪万博を直近の起源と設定することは、かなり見通しのよい歴史像を提供してくれる。

與那覇—社会党を中心に革新勢力が反原発に転じて、新規の原発誘致が困難になるのがまさに七〇年代初頭という「祭りのあと」で、それ以降は百姓一揆と（新たな検地ができない）代官所のような、現状維持での均衡状態に入る。[43] 八〇年代には『風の谷のナウシカ』（宮崎駿、映画版は一九八四年）をはじめ、むしろ核エネルギーとアルマゲドンを結びつける想像力が台頭するので、原発がポジティブなイメージを帯びた時代は相対的には短かったのですが、しかしお祭り騒ぎが終わってからも、しっかり動き続けるところがポイントなわけです。

もはや積極的に持ち上げられることはないのだけど、社会に不可欠なしくみとして、暗部に追いやられて不可視化されている。それを支えたのが田中内閣下で成立した電源三法交付金で、過疎地の財源とセットになったから、地元としてはやめるにやめられない。途中から見栄《みば》えのわるい部分は表沙汰にしないで、人々には見えない世界に追いやる代わりに、依存し続けるなら面倒はみてやるよと。そういうかたちでオリジナルの江戸時代の安定も、七〇年代以降の「国土の均衡ある発展」も維持されてきた。

八六年にチェルノブイリ事故が起きると、翌年に広瀬隆氏の『危険な話』がベストセラーになるなど最初の反原発ブームが起きますが、当時書かれた大塚英志さんの「〈反原発〉の都市民俗学」（一九八八年）を読んで唖然としました。そこで当時の運動の問題点として描かれている光景が、ポスト3・11とまるで変わらない。

広瀬隆現象以降の反原発運動に欠落しているのは、原発を必要とし、それを地方に排除したのは実は自分たちであるという自覚である。……にわか反原発主義者が安心して「反原発」を唱えられるのも、広瀬隆の「電力は足りている」――つまり、原発を停止してもこの快適な生活は決して損なわれない――という心強い主張に支えられているからである、とぼくには思える。（『定本　物語消費論』角川文庫、一三三－四頁）

革新自治体の基盤が結局は団地というムラにあったように、日本では「江戸時代的な生活の安定を壊すな」というかたちでしか、社会運動が盛り上がらない。不可視の世界に追いやっておいたはずの不愉快なものが可視化されたから、「なんで見えるところに出てくるんだ！」と憤っているだけなので、俺は反原発だから瓦礫《がれき》の受け入れも拒否だとか、福島なんか廃県にしてそこで処分しろとか、めちゃくちゃな理屈が震災後も横行しました。

東島——大塚さんの言われる「自覚」について言えば、いまも昔も「原発の東京誘致」を求める運動は山とあるんですけれどね。ただ、昔からよくある主張のように「安全と言うなら皇居に原発を」と言ってしまうと、それは安全神話を崩すための修辞にすぎなくなってしまい、それを言った瞬間に、じゃあ誰が引き受けるか、という思考が停止してしまうことになるんですね。それどころか、星新一の「おーいでてこーい」みたいに何でも引き受けてくれるブラックホールとして皇居を想起するあたりなんかは、天皇制を全面的に受け容れた言い方になってしまっている。

ましてや3・11以後、安全神話が崩れたいまとなっては、「皇居に原発を」は修辞としても期限切れになったわけで、むしろ反原発運動をつぶそうとする側が流布しているんじゃないか、とさえ思えるわけです。

與那覇——中世篇で見た「神泉苑《しんせんえん》の論理」が、ポストモダンの「エコロジー」や反原発まで貫通していたと。『無縁・公界・楽』で西洋近代とは異なる「自由と平和」の論理を探った網野善彦なら、あえてそこにも可能性を見出したかもしれないけど、はたしてそれは本当に喜ぶべきことかどうか。

日本にも真の近代、本当の市民社会が必要だという議論は、それこそ丸山眞男以来ずっとあって、3・11の衝撃で立ち上がった人々が今度こそそれを作るんだ、と期待した知識人も多かった。しかしそれが明らかにしたのは今回もまた、江戸時代に象徴される「日本的なもの」から脱するための真の画期を逸したという、もう何度目かの反復だったのだと思います。[44]

東島――はたしてそんな期待などあったのでしょうか？　一九九五年の阪神・淡路大震災の場合は、「ボランティア元年」と呼ばれ、ＮＰＯなんて言葉がお茶の間に浸透するきっかけとなったように、そこには、一九八九年革命後の緩やかな余波のなかで市民社会の可能性を読み取ることもできました。これに対して二〇一一年の震災を市民社会というカテゴリーを使って、しかも事態の〈外側〉から観察する論客がはたしていたかどうか。私自身について言えば、『〈つながり〉の精神史』では、「死角への眼差し」を持つには市民社会的であるか否かは問題ではない、ということを強調したわけです。

あともう一点、「真の画期を逸した」と言うように、ネガを通してポジを語るのは学者の十八番みたいなところがあって、当の丸山自身もまた「真の画期を逸した」と言い続けてきたわけですよね。だとすれば、これからの歴史学はどちらに向かうのか。それが最後に語り合うべきテーマということになります。

混乱の平成へ、そして歴史学は何をすべきか

與那覇――それこそ一九九〇年代後半に東浩紀さんが批判した「否定神学」[45]（「それは真の〇〇ではない」とだけ主張して、「〇〇とは何か」を積極的に述べない言説）に、この対話を終わらせてはならないということですね。おそらくいま、歴史の立場から「変えられなかった日本」に提言できることは、

二つあるのだと思います。

ひとつは江戸時代的な、豊富なバッファーによる「安定した停滞」を好む性向は、遡ろうと思えば古代にまで遡れる日本人の原像だから、そう安易には変わりませんよということ。たしかに明治維新で一度、日本人は江戸時代的な停滞をやめたわけですが、そこから「もう一度安心して停滞できる」ようになるために、ものすごい勢いで物語を大量生産して人々を引っ張って、世界大戦や戦時変革から高度成長までぜんぶやった。その意味では、明治維新から一九七〇年代までは日本史上の一大例外期だったのですが、そこまでやっても再びの、安定した停滞に還《かえ》ってしまう。それが政権交代やデモのひとつ二つで、変わるはずがない。

しかしいっぽうで、もうひとつ重要なのは、そのように日本人がつねに回帰しようとする江戸時代的な安定が、持続した期間はかならずしも長くないということです。徳川幕府自体は一六〇三年にできても、一六八〇年ぐらいまでは中世的な諸要素が、ごちゃごちゃ残っている状態だった。逆に一七九二年にロシア船でラクスマンが来航してからは、鎖国体制もろとも幕府の安定が崩れていく過程ですから、じつは一〇〇年くらいしか「江戸時代らしい江戸時代」はない。

東島――実質的な江戸時代はそれくらいでしょうね。

與那覇―こうして一回、幕藩体制をガラガラポンする明治維新が起きて、そうなると中華皇帝の代理に天皇を担ぎ出して「国民の物語」を共有するかたちでしか、日本という国の輪郭を保てないから、「陛下のためなら何のその」という熱い物語の季節がやってきた。ところがやっぱり江戸時代的な安定が恋しいので、途中から「革命のためならなんのその」というカウンター・ナラティヴを作り出した革新勢力ともあいまって、左右ともに「あのすばらしい江戸をもう一度」と合唱しつつ、それぞれに懸命にがんばってきた。しかし、それでも完全に江戸時代を再現できたのは、一九七〇～八〇年代の二〇年間しかない。

だとすると、日本史のなかで本当に日本人の「心のふるさと」を作れたと言える時代は、一八世紀の江戸盛期と一九七〇～八〇年代とを合わせて、せいぜい一二〇年強だけだということになります。残りはつねに、たいへんな思いをしながら何かを生み出そうとしている過渡期でしかない。

近年、小熊英二さんたちが『平成史』を出されたりして、九〇年代以降の同時代的な混乱を歴史的に位置づける試みがさかんになっていますね。そこでも多くの論者が一致するのは、もう江戸時代的な日本システムの賞味期限は切れているのに、しかしそれが完全に死んでもいないから、いつまでも新しいシステムには移行できないと。中途半端な生殺し状態が続いているというイメージです。

東島――「いまは過渡期だ」という類の言説では、たいていランディングさきが決まっていないので、結局未完に終わってしまう。けれど、未完に終わってしまうということは、過渡期でもないという話になりますね。

與那覇――なるほど。結局どこにも到達できない状況だからこそ、多くの人が「直近の大事件」に歴史の画期を読み込んで、いま大きな変化が起きているんだ！　と叫ぶわけですが、もうそういう発想自体をやめたほうがいいのかもしれません。一九九五年の阪神・淡路大震災とオウム事件は「平和な戦後の終わり」と言われ[46]、二〇〇一年の小泉改革開始と9・11テロは「弱肉強食のグローバリズムのはじまり」と言われ[47]、二〇一一年の東日本大震災と福島第一原発事故は「成長神話と近代科学の終焉」と言われ[48]、そのつど時代の転機が云々されるのだけど、結局、何も実現しないと。

　突飛な連想かもしれませんが、一九七七年に最初の劇場版が公開された『宇宙戦艦ヤマト』といえば、戦艦大和を改造して人類のために放射能除去装置《コスモクリーナー》をとりに行かせるという、まさに戦中から戦後へと受け継がれた「物語の共同体」を延命する試みでした。しかしこのときは、イスカンダルについたら招いてくれたスターシアは死んでいる設定だった。戦争を支えたエネルギーを復興と平和に振り向けて、理想の日本が作れるならすばらしいけど、その目標は実現したと思ったときには失なわれているのかもしれないというアイロニーです。

　ところが日本人は往生際がわるいから、その後やっぱりスターシアは生きていて、しかも古代進と生き別れたお兄さんと結ばれるハッピーエンドに戻して、続編が三作くらい続いてしまう。「いまは過渡期でも、いつかは終着点に到着する」という物語をあきらめきれない。「いいじゃないか、いまだに「大きな物語」を楽しみたい人がやってるだけで、誰にも迷惑をかけてないんだから」ということで放っておいたら、なんと同作の世界観を取り込んでアルマゲドンからの救済を唱える教団がテロを起こして、みんなびっくりしたのがオウム真理教事件ですね。これとシンクロしたのが、同じ九五年からTV放映がはじまる『新世紀エヴァンゲリオン』ですが、ところが同作のメインモチーフも母性回帰願望だから、男は誰も「父」たりえないので本当はずっとお母さんに包まれていたい、という話だった。

白村江《はくそんこう》で負けなければ、ペリーの黒船なんて来なければ、総力戦なんて目指さなければ、われわれは背伸びなんかせず居心地のいい社会のままでいられたのに、という日本史上の例のトラウマが、延々と続いている。監督の庵野秀明氏はたぶんそれに気づいたから、最初の劇場版をそういう欲求自体が「気持ちわるい」と吐き捨てて終わらせたのでしょうが、結局またリメイクすることになって、ヤマトともどもいまも続いているわけです。

東島——『宇宙戦艦ヤマト２１９９』ですか。私はどちらかというと、元トレッカーでして、『新スタートレック（ＴＮＧ）』（一九八七–一九九四）、『ディープ・スペース・ナイン（ＤＳ９）』（一九九三–一九九九）、『ヴォイジャー（ＶＧＲ）』（一九九五–二〇〇一）と、のべ二一シーズン全五二四話を見、そこで「卒業」しました。続く『エンタープライズ』（二〇〇一–二〇〇五）は９・11の影響からか早期終了。その後、劇場映画は作られても、濃密な世界観を提示するＴＶシリーズは作られていません。とはいえ宇宙という「最後のフロンティア」を開拓し続ける未来史ですから、いまは到達できない終着点というふうにはならない。だから原作へのオマージュはあってもリメイクにはならないんですね。ところが日本では、もともと一シーズン二六話しかない『宇宙戦艦ヤマト』を、いまなおリメイクし続けているというわけですね。

さきほどのスタートレック三シリーズは放映時期も重なっていて、オルタナティブ（別の選択肢）でさえあります。ちょうどイラン・イラク戦争の停戦から湾岸戦争へと至る時期に展開された『TNG』のピカード艦長が掲げる「正義」は、時に、二つの移民星入植者を問答無用で「握手」させ、生殖基盤強化のため一夫一婦制を禁じたりもするが、にもかかわらずつねに「アメリカの現在」への自己点検、内省と批判の契機を持つ「理想」が描かれていたんですね。

ところが『DS9』のシスコ司令官を取り巻く世界は、もっと不透明な一九九〇年代の世界の現実に接近していて、何が正義かも曖昧です。非合理的なものが完全復権し、ポスト・コロニアル、ポスト・ナショナル、マルチ・カルチュラルな要素が交錯しつつ全面展開していく。そういう意味ではいちばんおもしろいシリーズだったと思います。そこで描かれるのは宇宙戦艦という強固な主体ではなく、宇宙ステーションという結節点の政治です。『VGR』のジェインウェイ艦長の場合は、ピカード艦長的理想を期限切れとしつつ、しかしシスコ司令官の相対主義的な現実からも脱出するために、第三の道を行く役回りです。「地球に帰還する」という「大きな物語」が掲げられ、物語のためにはアリエナイ相手とも手を組む、そこが見どころだった。「それしか手段がない」という、破れかぶれ的な決断によって任務を推進していくわけですね。ところが禁じ手を使って地球にたどり着いた瞬間、スタートレックの世界観そのものが事実上役割を終え、「歴史」となった。文字どおりTHE ENDなわけです。

これに対して『宇宙戦艦ヤマト』はどうかなんて、ちゃんと見てないで発言するのは危険なんですが、よくもわるくも「賞味期限切れがない」ということなんだろうと思います。それは逆に言えば、歴史の変化とさほどタイアップしていないから、あるいは日本史上の歴史の変化自体が、ある類型的なパターンの繰り返しであるから可能なんじゃないでしょうか。

與那覇――「やまと」が前近代には中華世界、近代以降は西洋世界の周縁にある土地で、みずから歴史を引っぱるというよりも、いつも翻弄されるだけだったから、物語のモチーフがひとつで済むということですか。ちょっと……寂《さみ》しい結論ですね（笑）。

いつまでも江戸時代ではいられないのだから、新しい日本には新しい想像力が必要だ、という問題意識は多くの人が持っていて、東浩紀さんなら村上隆氏の美術は世界で通用すると言い[49]、宇野常寛さんや濱野智史さんなら国内にもＡＫＢ48があると言うのですが[50]、おっしゃるように苦しさも覚えます。日本史をやっているものの眼だと、アートや芸能に時代を救済する可能性を求めるというのは、「江戸時代でも浮世絵はフランス（印象派）まで影響を与えた」という歴史観の反復にも見える。文化史だけは、本当にいつの時代を扱っても楽しそうなんですけど（笑）、それで歴史が動くのかと言われると、うーんと唸《うな》ってしまう。

むしろ、私たちは新時代への過渡期にいるのではなく、いつまでも可能態としてしか見えてこない（すなわち、実現しない）「理想の秩序」の幻影のもとに留まり続けていると言うべきかもしれない。想像力のアップデートなんて、できないのかもしれないと。それこそアダムとイブのように、普通は失なわれた古代の楽園は「決して帰ってこない」という話になるはずなのですが、日本人の場合はたまたま、江戸時代半ばと戦後半ばの一二〇年間くらいは憧れのノスタルジアを、かなりの精度で再現してしまった。だから、いつまでも同じイメージを夢見続ける。

東島――ただ、それはかならず失敗する。

與那覇―急激な社会変化も、政治権力の集中も、激しい市場競争も防遏《ぼうあつ》してくれるバッファーが豊富。しかも負担のしわ寄せがいく部分は、身分や地域の分断によって不可視化されている世界で、「無理な背伸びをせず、安定した停滞状況をまったりと生きたい」というのが、江戸時代に仮託された日本人好みの秩序です。しかし、その安定を許してくれる国際関係が、歴史上そんなに多くなかった。南蛮船を追い払ったらしばらく来なくなりました、という近世半ばの一世紀強と、冷戦体制の下で再び擬似的な鎖国状況に置かれた二〇世紀後半だけ。

東島―結局、日本列島、網野善彦ならば「花綵《かさい》列島」51 の地政学的な特性に由来するという話になってしまいますね。

與那覇―海で外界と隔離された島国だったおかげで、いまある社会や夢見る秩序の内容を変えなくても、ずっとやっていけそうだと幻想できたわけですね。しかし、まさに島国で国力のポテンシャルが限られているがゆえに、何かあったら対応しないといけない。普段はのんきに寝てるけど、起こされたときはいつもたいへんだった。ペリーに叩き起こされたあと、「どうなってるんだ、これは」と死ぬ気で変化に対応し続けて、ようやく一九七〇年ごろからまた寝られるようになったのですが、平成に入って再び叩き起こされて、でも夢の中身は以前と同じままで、あわてふためき続けていると。

社会人向けのセミナーなどで『中国化する日本』を読んでくださった方とお話しすると、かならず言われるのが、「江戸時代的な日本のしくみが行き詰まっているという、あなたの説はよくわかった。でも、それだと希望がなさすぎる。なんとか、日本の独自性や伝統、日本の本来のよさを活かしながら、やっていく道はないでしょうか」というご質問なんですよね。そういうとき、いつも悩みます。さすがに「ないです」とは言えない半面、自分で信じていない「日本の可能性」をでっちあげるわけにもいきませんから。

だからお答えするのは、「日本人が「日本的」だと思っているのは、じつは日本史のうち「江戸時代的」な一部分だけで、日本史の全体を見ればそれ以外の要素、場合によっては一八〇度正反対の部分だってたくさんありますよ」ということです。その部分のことを、同書では中国化の局面だと呼んだのですが、この対談で明らかになったのは、江戸時代的なバッファー秩序への回帰幻想は古代にまで遡るルーツを持つと同時に、それが現実態として実体化される瞬間は、近世のなかでもごく一部にすぎないという事実でした。それ以外は、ずっと実現することのない可能態としてのみ、日本人は「日本的なるもの」を夢見て生きてきただけで、しかも儒教的君主としての天皇親政の幻想のように、その内容はしばしば中国的なそれとすり替わることすらあった。

そこまで含めて私たちの国の歴史だし、逆に言えば、日本人が抱きがちな理想は「実現していないことのほうが常態」だと考えることで、私たちは先人と同じようにまだまだやっていける。ただし、その理想像のなかにある独特の歪《ゆが》みや、実現を焦って犯したさまざまな過ちを反省の糧《かて》としながら。今日の日本の起源がどこにあるのか、という問いは、そういうふうに読み替えられるべきなのでしょう。

これは、むしろ通常の意味では日本的ではない（江戸時代的なものとは逆の）理想像の軌跡を、可能態としての「江湖」と命名して探求されてきた、東島さんのビジョンとも重なるように思うのですが、いかがでしょうか。

東島――島国ということで思い出されるのは、福永武彦の長編小説『死の島』です。もう歴史的な役割は終わったかと思っていたら、佐村河内守《さむらごうちまもる》さんの交響曲『ＨＩＲＯＳＨＩＭＡ』ブームの影響からか、二〇一三年になって久しぶりに復刊されました。戦後、一九五〇年代に着手されつつも、一九六六年から七一年にかけて書き上げられた作品で、本章の議論で言えば一九七二年という、〈日本史上の転換点〉を越える前の作品ですね。広島の原爆経験が保続音《ペダル・ポイント》として鳴り続け、「読者をして迷宮をさ迷わしめる」と福永自身が言ってるように、一〇〇にひとつ足りない九九の断章が複雑に入り組んだ、非常に特異な作品です。おまけにエピローグが「朝」「別の朝」「更に別の朝」と三パターンも用意されている。広島市外の病院で服毒自殺を図った二人の内、死んだのは萌木素子なのか、相見綾子なのか、あるいはその両方なのか、というように。

福永が作曲家シベリウスに心酔し、その音楽技法を小説に取り入れていたことは、みずから「私の内なる音楽」[52]で語っているとおりです。にもかかわらずこの作品の深奥を流れているのは、しばしば誤解されているように『レンミンカイネン組曲』ではありません。[53]相見綾子が小説中で「どこがどう続くのだかわからなくなってしまって」と語る『交響曲第７番』（一九二四年）こそが、『死の島』のモデルです。[54]『交響曲第７番』は、ハ長調の上行音階《アシェンディング・スケール》で右肩あがりに離陸するものの、ベートーヴェンのように運命が克服されて凱歌が歌われるようなことは決してありません。全体が波のようにうねっている、ちょうど106ページに載せた「江湖の流行曲線」のような作品です。

いっぽう、ポーランドの映画監督クシシュトフ・キェシロフスキが西側に出る以前、つまりは一九八九年東欧革命という〈世界史上の転換点〉を越える以前に撮ったフィルムに、『偶然』(一九八一年)という作品があります。[55]その前年、ヴァウェンサ(ワレサ)を指導者とする自主管理労組「連帯」が誕生したものの、この年の末には早くもヤルゼルスキを首班とする政府が戒厳令を敷き、「連帯」を非合法化して幹部の逮捕に至る、そんな時代の作品です。この『偶然』にもまた、三つのifがある。もし走るヴィテクがワルシャワ行きの列車に乗り込むことができていたら、もし走るヴィテクが列車に乗り込めず駅の警備員に捕まっていたら、そして、もし走るヴィテクがただ単に列車に乗り込めていなかったら、というように。

そのキェシロフスキが、死の前年、一九九五年のインタビュー*I'm so-so*でこのように語っています。「すべての危機とは、世界がこういう波の下のほうにあるということだ。自然とはね上がりまた落ちる」。こう語るとき、キェシロフスキの指は、ちょうど「江湖の流行曲線」のように、三角関数の正弦波を描いているんですね。

「歴史にifはない」という言葉があります。しかしまた、パラレル・ワールドをイメージできない歴史学というものもまた、ありえないのではないでしょうか。しかもこのifは、ちょうど小説が、音楽が、映画が、およそ時間の芸術一般がそうであるように、かならずしも同時進行ではなく、時系列に沿ってわれわれの前に現れ、最初のifをまったく別のかたちでやり直すこともできる。そして、およそ日本的ではない「江湖」の思想もまた、歴史上、三度のせり上がりを見せ、いま「こういう波の下のほうにある」わけです。

歴史はただ右肩あがりに進歩する、という呪縛から解放されたとき、「江湖の流行曲線」のような時間感覚を持つことが必要なのではないでしょうか。もちろんそれは、いま目前にある喫緊の課題を放置してよい、ということでは決してありません。そうしたリアル・タイムの問題に敏感に反応する感性とともに、もうひとつの時間感覚を研ぎ澄ませていく必要がある。歴史学の使命もまた、そこにあるのだと思います。

あとがき

一〇年後、本書はどのように読まれているだろうか。一〇年を経てなお新鮮、というのは著者冥利に尽きる半面、それはすなわち、一〇年経っても日本社会の抱える諸問題が何ひとつ解決していないということになるのではないか。だとすれば、いっそ本書が読み捨てられているほうが幸せなのかもしれない。そんなふうに思ったりもする。

別段、本書の耐用年数を日和見するでもなく、結果的に昨年夏の対談から一年寝かせ、熟成させての刊行となった。この間、国内に限っても、政権交代があり、一気に円安が進みと、多くの変化があったようにも見える。だが長いスパンで歴史を見ると、その光景はまったく違ったものに見えてくるはずだ。本書の意図するところもまた、そこにある。だからいまコルクを抜いていただいても、一〇年後であっても、味は違えど飲みごろだと自負している。あとはその品評を、読者のみなさまにお委ねするしかない。

本書はいわゆる通史ではない。問題史の書である。歴史の起源を語るのではなく、起源の歴史を語り続けた。本書を読んだあとでは、ヤレ右だ、左だ、中道だというのが、いかに陳腐で凡庸な発想であるか、はっきりするだろう。

たとえば「わが国は古来……」だとか「昔から……」というような言い方がある。だが「古来」「昔から」っていったいいつからなのか。世間で超歴史的にあったと思われていることも、じつはどこかに起源があり、それはきわめて歴史的な事柄なのだ。一例を挙げれば皇位が血統継承に変わったのはいつからか、きちんと答えられる人は何人いるだろう。いっぽうで改革派が喧伝する「斬新な政策」というのも、本当にそうなのか。たとえば高橋財政の雇用政策なんて少しも新しくない。それはすでに中世にやられていたことなのだ。つまり、「昔から」と思われていることも、「新しい」と思われていることも、研究の現段階から見ると、相当アヤシイ知識だったりするわけだ。そろそろソフトウェアを入れ替えたほうがよい。

そういう起源をめぐる新しい知識を前提にしながら、しかし肝心なことは、そこから歴史像を組み直していく作業のほうだ。問題は時にループし、無数のバイパスを結節しながら、とめどなく話題は展開していった。それはもう、目も眩《くら》まんばかりであったが、いまこうして読み直してみると、議論の基本線はきわめてすっきりと仕上がっているように思う。これもひとえに、本づくりを支えてくださった、落合美砂さん、柴山浩紀さんのおかげである。心よりお礼申し上げたい。

與那覇潤さんにはじめてお会いしたのは、もう一〇年以上も前のこと、東大駒場キャンパスで開催された公論形成研究会（三谷博編『東アジアの公論形成』東京大学出版会、二〇〇四年に結実）の席上であった。たまたま與那覇さんと懇親会の席が隣になり、その際、私が資料とした雑誌『江湖』第一号の目次に、人類学者坪井正五郎の「事物変遷の『尻取り』的径路」なる論文が掲載されていることに興味を示された。その後、與那覇さんの博士論文が『翻訳の政治学――近代東アジア世界の形成と日琉関係の変容』（岩波書店、二〇〇九年）として上梓されるや、ああ、あのときのご関心はこれだったか、と納得した次第だ。

その本が出た少し前ぐらいからであろうか、雑誌論文を通じて與那覇さんの「中国化論」や「無縁論」に触れていた私は、同僚や編集者から「誰かおもしろい人いない？」と聞かれると、決まって與那覇さんの名前を挙げ、「私よりも風呂敷の大きい論者です」と付け加えたものである。そうこうするうちに『中国化する日本』が世に出て、與那覇さんは一躍時の人になった。

こう語ると旧知の仲のように思われるかもしれないが、じつはそうではない。與那覇さんに直接会ってお話ししたのは、一〇年前の研究会、雑誌『atプラス』一二号の対談、本書の対談、とわずかに三度だけだ。つねにいっしょに議論しているような「なあなあ」感がないのはそのためだが、学問上の信頼感があればこそ、本書は成った。スリリングなライブ感のなかで議論できたことは、私にとってこの上ない幸せであった。與那覇さん、ありがとう。そしてお疲れさま。

最後に、本書をひもとかれる方のために――。歴史は観点や立場によって描き方が変わる。これは真実です。逆に言えば、不偏不党や中立性を謳う歴史叙述ほど、胡散臭《うさんくさ》いものはありません。「〇〇の歴史観は偏っている」などという言い方をする人は、その時点で充分に偏った歴史観の持ち主なのです。社会科学の巨人マックス・ヴェーバーは、二〇世紀初頭に「価値自由」という言葉を提唱しました。しかしそれは、決して中立であれと言っているのではありません。まずは自分の価値観が偏っていることを自覚できて、初めて「自分の価値から自由」な人なのです。そしてその自覚こそが、「他の価値への自由」を認め、他者との対話を可能にする、最低条件となるはずです。本書はそのような意味で、「価値自由」に議論を展開してきました。どうぞみなさまも自由に、否、「価値自由」にご意見をお寄せくださいますよう、お願いいたします。

二〇一三年六月

東島　誠

注

第一章

1 嶋陸奥彦「親族制度からみた朝鮮社会の変動――族譜の検討を中心に」溝口雄三ほか編『アジアから考える6 長期社会変動』東京大学出版会、一九九四年。宮嶋博史『両班――李朝社会の特権階層』中公新書、一九九五年、ほか。

2 この間の学説史の流れとしては、法隆寺金堂薬師像光背銘を根拠に津田左右吉が唱えた推古朝説、津田説を否定し河内国野中寺弥勒像台座銘を根拠とする福山敏男の天智朝説などがあったが、現在は天智朝説も東野治之によって否定され、吉田孝をはじめとする多くの論者が、天武・持統朝説を採り、これが通説となっている。

3 大津透『古代の天皇制』岩波書店、一九九九年。『天皇の歴史01 神話から歴史へ』講談社、二〇一〇年。

4 義江明子「天寿国繡帳銘系譜の一考察」『日本史研究』三二五号、一九八九年。

5 こうした事情については、藤田覚「「天皇」号の再興」『近世天皇論――近世天皇研究の意義と課題』清文堂出版、二〇一一年を参照。

6 日本古代に皇統の断絶、王朝の更迭があったとする学説。水野祐『増訂日本古代王朝史論序説』小宮山書店、一九五四年（私家版初出一九五二年）の唱える「三王朝更迭論」は、その後、各論者に継承された。

7 井上光貞監訳『日本書紀Ⅱ』中公クラシックス、二〇〇三年。該当記事を載せる巻一六は、佐伯有清訳。

8 『日本書紀』所引『百済本記』によって継体の没年を五三一年とすると、五三四年まで空位が生じるが、いっぽう『上宮聖徳法王帝説』や『元興寺縁起』によれば欽明の即位は五三一年である。こうした状況から喜田は、継体没後に、二朝並立状態（欽明と安閑―宣化の王統の対立）を見た。

9 喜田説を承け、継体朝末年の磐井の乱とあわせ、対朝鮮半島政策をめぐる全国的内乱状況として説明した学説。

10 吉村武彦「古代の王位継承と群臣」『日本古代の社会と国家』岩波書店、一九九六年、論文初出一九八九年。佐藤長門「倭王権における合議制の機能と構造」『日本古代王権の構造と展開』吉川弘文館、二〇〇九年、論文初出一九九四年。

11 律令国家の地方統治は、中央から派遣される国司だけでは不可能であり、地方の豪族を郡司に任命して、国司による統治の末端を担わせようとした。
12 須原祥二「八世紀の郡司制度と在地」『古代地方制度形成過程の研究』吉川弘文館、二〇一一年、論文初出一九九六年。
13 村井章介「易姓革命の思想と天皇制」『中世の国家と在地社会』校倉書房、二〇〇五年、論文初出一九九五年。
14 吉田孝『歴史のなかの天皇』岩波新書、二〇〇六年。
15 田島公「外交と儀礼」岸俊男編『日本の古代7 まつりごとの展開』中央公論社、一九八六年。
16 村井章介『増補 中世日本の内と外』ちくま学芸文庫、二〇一三年、初出一九九九年。
17 上山安敏『神話と科学──ヨーロッパ知識社会 世紀末～20世紀』岩波現代文庫、二〇〇一年、初出一九八四年。
18 古代の女帝は、以下のとおり。推古（五九二－六二八）、皇極（六四二－六四五）＝斉明（六五五－六六一）、持統（称制を含め六八六－六九七）、元明（七〇七－七一五）、元正（七一五－七二四）、孝謙（七四九－七五八）＝称徳（七六四－七七〇）。
19 藤田、前掲注5書「江戸期女性天皇に見る皇位継承の論理」。黒田日出男『王の身体 王の肖像』ちくま学芸文庫、二〇〇九年、初出一九九三年。
20 田中貴子「帝という名の〈悪女〉」『「悪女」論』紀伊國屋書店、一九九二年。
21 青木和夫「天平文化論」『岩波講座日本通史4 古代3』岩波書店、一九九四年。
22 『日本紀略』宝亀元年（七七〇）八月条所引「藤原百川伝」。
23 瀧浪貞子『最後の女帝 孝謙天皇』吉川弘文館、一九九八年。
24 堀裕「平安初期の天皇権威と国忌」『史林』八七巻六号、二〇〇四年。
25 服藤早苗「父系確立の陰に──平安初期の同父兄弟姉妹結婚」『歴史のなかの皇女たち』小学館、二〇〇二年。
26 『日本後紀』延暦二四年（八〇五）一二月壬寅条。
27 『続日本紀』延暦九年（七九〇）一月甲午条。
28 笹山晴生「平安初期の政治改革」『平安の朝廷──その光と影』吉川弘文館、一九九三年、論文初出一九七六年。
29 石井正敏「いわゆる遣唐使の停止について──『日本紀略』停止記事の検討」『中央大学文学部紀要』一三

六号、一九九〇年。「寛平六年の遣唐使計画について」中央大学人文科学研究所編『情報の歴史学』中央大学出版部、二〇一一年。

30 関周一「中世後期における「唐人」をめぐる意識」田中健夫編『前近代の日本と東アジア』吉川弘文館、一九九五年。

31 神野志隆光『「日本」とは何か――国号の意味と歴史』講談社現代新書、二〇〇五年。

32 吉田孝『日本の誕生』岩波新書、一九九七年。

33 ハンナ・アーレント『精神の生活　下』、佐藤和夫訳、岩波書店、一九九四年、原著一九七八年。東島誠「学位論文へのあとがき」『公共圏の歴史的創造――江湖の思想へ』東京大学出版会、二〇〇〇年、参照。

34 京楽真帆子「「寝殿造」はなかった」『朝日百科日本の歴史別冊　歴史を読みなおす12　洛中洛外――京は〝花の都〟か』朝日新聞社、一九九四年。

35 藤田勝也「「寝殿造」とはなにか」西山良平・藤田勝也編著『平安京と貴族の住まい』京都大学学術出版会、二〇一二年。

36 桜井英治「日本中世における貨幣と信用について」『歴史学研究』七〇三号、一九九七年。

37 『続日本紀』神亀元年（七二四）一一月甲子条。

38 儀制令一一、遇本国司条。

39 大津透「受領功過定覚書」『律令国家支配構造の研究』岩波書店、一九九三年。

40 佐々木恵介「院政の時代」佐藤信編『古代日本の歴史』放送大学教育振興会、二〇〇一年。

41 ロラン・バルト『表徴の帝国』宗左近訳、ちくま学芸文庫、一九九六年、原書一九七〇年。

42 河内祥輔「後三条・白河「院政」の一考察」『日本中世の朝廷・幕府体制』吉川弘文館、二〇〇七年、論文初出一九九二年。

43 桜井英治「中世の経済思想――非近代社会における商業と流通」『日本中世の経済構造』岩波書店、一九九六年、論文初出一九九三年。「日本中世の贈与について」『思想』八八七号、一九九八年。『贈与の歴史学　儀礼と経済のあいだ』中公新書、二〇一一年。

44 東島誠「非人格的なるものの位相――石母田正『日本の古代国家』で再構成されたもの」『歴史学研究』七八二号、二〇〇三年。

45 古尾谷知浩『律令国家と天皇家産機構』塙書房、二〇〇六年、「天皇家産制研究の課題」『日本史研究』五五八号、二〇〇九年、「家産制的手工業の歴史的展開」『文献史料・物質資料と古代史研究』塙書房、二〇一〇年。

46 佐藤全敏『平安時代の天皇と官僚制』東京大学出版会、二〇〇八年。

47 首藤明和『中国の人治社会――もうひとつの文明として』日本経済評論社、二〇〇三年。

48 東野治之「日記にみる藤原頼長の男色関係――王朝貴族のウィタ・セクスアリス」『ヒストリア』八四号、一九七九年、五味文彦『院政期社会の研究』山川出版社、一九八四年。

49 高群逸枝『招請婚の研究』(大日本雄辯會講談社、一九五三年)は、婿取婚を①前婿取婚(飛鳥・奈良・平安初期)、②純婿取婚(平安中期)、③経営所婿取婚(平安末期)、④擬制婿取婚(鎌倉・南北朝)の四段階に分けた。

50 本郷和人『武力による政治の誕生』講談社選書メチエ、二〇一〇年、本郷恵子『将軍権力の発見』同、二〇一〇年。

51 ジャン=ジャック・ルソー『社会契約論』桑原武夫・前川貞次郎訳、岩波文庫、一九五四年。

52 佐藤信「木簡にみる古代の漢字文化受容」『国語と国文学』七八巻一一号、二〇〇一年。

53 宮嶋博史「東アジア小農社会の形成」前掲注1書『アジアから考える6　長期社会変動』。

54 東島誠「中世の災害」北原糸子ほか編『日本歴史災害事典』吉川弘文館、二〇一二年。

55 内藤湖南が一九二一年の講演「応仁の乱に就て」で示した見解で、戦国時代を中世からの転換、近世社会の起源とみる視角の原点となった。筑摩書房版の『内藤湖南全集』では九巻に収められているほか、内藤湖南『日本文化史研究　下』講談社学術文庫、一九七六年、初出一九二四年、同『東洋文化史』中公クラシックス、二〇〇四年、などでも読むことができる。

56 久野俊彦・時枝務編『偽文書学入門』柏書房、二〇〇四年もまた、冒頭に網野による偽文書論三点を収める。

57 桜井、前掲注43書「中世の経済思想」。菅野文夫「本券と手継――中世前期における土地証文の性格」『日本史研究』二八四号、一九八六年。

第二章

1 今谷明『象徴天皇の発見』文春新書、一九九九年。

2 東島誠「主体なき十四世紀と天皇」『自由にしてケシカラン人々の世紀』講談社選書メチエ、二〇一〇年。

3 三鬼清一郎「太閤検地と朝鮮出兵」『豊臣政権の法と朝鮮出兵』青史出版、二〇一二年、論文初出一九七五年。

4 河内祥輔「後三条・白河「院政」の一考察」『日本中世の朝廷・幕府体制』吉川弘文館、二〇〇七年、論文初出一九九二年。

5 柳田國男『明治大正史世相篇』講談社学術文庫、一九九三年、初出一九三一年。

6 東島、前掲注2書「妄想と打算——双面の後醍醐天皇」。

7 二〇一二年放映のＮＨＫ大河ドラマ『平清盛』で、天皇家を「王家」と呼んだことに、ネット右翼や保守系国会議員らが反発して無知を露呈した、いわゆる「王家問題」。もし「王」が皇室に対し失礼な表現なら、尊王派、勤王の志士たちがあの世で仰天するだろう。なお「王家之恥」の出典は、『花園院宸記』（巻子本）巻三三の巻頭、元弘元年（一三三一）一〇月一日条。

8 『玉葉』寿永二年（一一八三）八月一二日条。

9 前注ならびに『玉葉』寿永二年九月三日条・閏一〇月一八日条。なお「閏十月宣旨」とは、前月の「十月宣旨」で朝廷が頼朝に与えた東海・東山・北陸道の支配権のうち、源義仲のクレームによって北陸道を除外したものをいう。田中克行遺稿集『虹の記憶』東京大学史料編纂所内田中克行遺稿集編集委員会、一九九七年、参照。

10 東島誠「「義経沙汰」没官領について——鎌倉幕府荘郷地頭職の制度的確立に関する一試論」『遥かなる中世』一一号、一九九一年。

11 丹生谷哲一「多田神社蔵『頼朝文書』をめぐって」『身分・差別と中世社会』塙書房、二〇〇五年、論文初出二〇〇〇年。

12 水原一によって唱えられた学説を批判的に継承した細川涼一「巴小論」『女の中世——小野小町・巴・その他』日本エディタースクール出版部、一九八九年を参照。

13 東島誠「義経の結婚」『創文』四六八号、二〇〇四年。

14 『吾妻鏡』元暦元年一一月一四日条。東島誠「都市王権と中世国家——畿外と自己像」『公共圏の歴史的創造——江湖の思想へ』東京大学出版会、二〇〇〇年、論文初出一九九八年、を参照。

15 東島、前掲注2書「一三六七年、二人の公方の死」。

16 足立啓二『専制国家史論——中国史から世界史へ』柏書房、一九九八年。

17 大津透『律令国家支配構造の研究』岩波書店、一九九三年。

18 三条公忠の日記『後愚昧記《ごぐまいき》』貞治六年（一三六七）五月二三日条。

19　東島、前掲注2書「埋め立てられる〈間隙〉――徳川政治の起源」。

20　いっぽうの「権門体制論」については、第六章（二七七頁）を参照。

21　東島、前掲注14論文。

22　元暦二年六月十五日源頼朝袖判下文。同日付で二四通あったと考えられるうち、二通が島津家文書に現存。

23　従来の研究では、一一八〇年（石井進）、一一八三年（佐藤進一）に画期を置く学説が有力である。

24　田中明彦『新しい「中世」――相互依存深まる世界システム』日経ビジネス文庫、二〇〇三年、初出一九九六年、ほか。

25　東島、前掲注2書「中世に向かう現代――あなたも君も十四世紀人」。

26　研究史の整理としては、新田一郎「統治権的支配」『日本歴史』七〇〇号、二〇〇六年、吉田賢司「「主従制的支配権」と室町幕府軍制研究」『鎌倉遺文研究』二六号、二〇一〇年があるが、吉田の整理では「直接的・人格的な主従関係」に対して「間接的・非人格的な主従関係」とするなど、そもそも「非人格的」とは何かを理解した上での概念構成とは言い難い。その原因の一端は新田にあり、新田は一九九二年の旧稿で「主従制的支配権」を「個別的な様態で機能する権能」、「統治権的支配権」を「一般的な様態で機能する権能」と読み換え、もはや理念型としての体をなしえないほどに、なんとでも言える状況を創り出していた。新田の新論文は、この混迷から幾分軌道修正したものとなっているが、吉田論文を見るに、研究史はなお混迷のなかにある、と言わざるをえない。以上の点は、東島誠「歴史学におけるヴェーバー受容の可能性――石母田正・佐藤進一以後の古代・中世史研究を中心に」（ヴェーバー法理論・比較法文化研究会報告、二〇一一年、於・一橋大学）で指摘した。

27　東島誠「非人格的なるものの位相――石母田正『日本の古代国家』で再構成されたもの」『歴史学研究』七八二号、二〇〇三年。

28　東島誠「ある国境の別れ」『緑聖文化』二号、二〇〇四年。

29　『帝王編年記』巻二六、「将軍執権次第」（『群書類従』巻四八）ほか。

30　佐藤進一・網野善彦・笠松宏至「得宗専制から後醍醐専制へ」『日本中世史を見直す』平凡社ライブラリー、一九九九年、初出一九九四年。

31　五味文彦「執事・執権・得宗――安堵と理非」『増補

吾妻鏡の方法――事実と神話にみる中世』吉川弘文館、二〇〇〇年、論文初出一九八八年。

32 細川重男『北条氏と鎌倉幕府』講談社選書メチエ、二〇一一年。

33 佐藤進一「室町幕府開創期の官制体系」『日本中世史論集』岩波書店、一九九〇年、論文初出一九六〇年。

34 「これは当人のみが主張する個人的な価値判断ではなく、全員が納得するべき普遍性を備えた基準だ」とみなされることで、人間社会を成り立たせている装置や思考の地平を指して、社会学者の大澤真幸がその著書で用いる概念。『ナショナリズムの由来』講談社、二〇〇七年、などを参照。

35 東島、前掲注2書「一三六七年、二人の公方の死」。

36 古澤直人『鎌倉幕府と中世国家』校倉書房、一九九一年。

37 池田信夫・與那覇潤『「日本史」の終わり――変わる世界、変われない日本人』PHP研究所、二〇一二年。山本の貞永式目論は『日本的革命の哲学――日本人を動かす原理』祥伝社、二〇〇八年、初出一九八二年。

38 笠松宏至『日本中世法史論』東京大学出版会、一九七九年。

39 新田一郎『日本中世の社会と法――国制史的変容』東京大学出版会、一九九五年。

40 保立道久「『資本論』は江戸時代を「封建制」と捉えたか――新渡戸稲造と安良城理論」『歴史学をみつめ直す――封建制概念の放棄』校倉書房、二〇〇四年、論文初出一九九九年。水谷三公『江戸は夢か』ちくま学芸文庫、二〇〇四年、初出一九九二年。

41 近藤成一「本領安堵と当知行安堵」石井進編『都と鄙の中世史』吉川弘文館、一九九二年。

42 本郷和人『中世朝廷訴訟の研究』東京大学出版会、一九九五年。

43 新田一郎『中世に国家はあったか』山川出版社、二〇〇四年。

44 與那覇潤『翻訳の政治学――近代東アジア世界の形成と日琉関係の変容』岩波書店、二〇〇九年。

45 渡辺浩「いつから「国民」はいるのか――「日本」の場合」『UP』四四八号、二〇一〇年。

46 小川和也『牧民の思想――江戸の治者意識』平凡社、二〇〇八年。

47 網野善彦・小熊英二「人類史的転換期における歴史学と日本」『網野善彦対談集「日本」をめぐって』洋泉社MC新書、二〇〇八年、対談初出二〇〇一年。

48 阿部謹也『ハーメルンの笛吹き男――伝説とその世

界』ちくま文庫、一九八八年、初出一九七四年。二宮宏之『全体を見る眼と歴史家たち』平凡社ライブラリー、一九九五年、初出一九八六年、など。なお、網野とこれら社会史ブームとの距離については、與那覇潤「無縁論の空転――網野善彦はいかに誤読されたか」『東洋文化』八九号、二〇〇九年、を参照。

49 東島、前掲注14書「公共性問題の輻輳構造」論文初出一九九五年。

50 小島毅『海からみた歴史と伝統――遣唐使・倭寇・儒教』勉誠出版、二〇〇六年。

51 勝俣鎮夫「天下と国家――クニとイエと支配の論理」『週刊朝日百科 日本の歴史23 戦国大名』朝日新聞社、一九八六年。

52 図版の初出は、東島誠「いわゆる「中国化」論と「中世に向かう現代」」『世界史における中国』日韓文化交流基金、二〇一二年。

53 宮地正人・河内祥輔・藤井讓治・栄沢幸二編『新体系日本史4 政治社会思想史』山川出版社、二〇一〇年、とくに宮地の序文を参照。

54 東島、前掲注2書「主体なき十四世紀と天皇」。

55 清水克行『日本神判史――盟神探湯・湯起請・鉄火起請』中公新書、二〇一〇年。

56 勝俣鎮夫「「落ス」考」『戦国時代論』岩波書店、一九九六年、論文初出一九八八年。

57 橋本雄『中華幻想――唐物と外交の室町時代史』勉誠出版、二〇一一年。

58 李泰鎮「韓国併合は成立していない――日本の大韓帝国国権侵奪と条約強制」『世界』六五〇〜六五一号、一九九八年。以降、同誌上でほぼ二年間にわたって断続的に、坂元茂樹（国際法）や海野福寿（朝鮮近代史）らとの論争が展開された。

59 山中（山室）恭子「文書と真実・その懸隔への挑戦」『史学雑誌』九〇編一〇号、一九八一年。

60 東島誠「甲相一和から戸倉合戦へ」『清水町史 通史編 上巻』静岡県清水町、二〇〇三年。

61 鴨川達夫『武田信玄と勝頼』岩波新書、二〇〇七年。

62 服部英雄『河原ノ者・非人・秀吉』山川出版社、二〇一二年。

63 朝尾直弘「織田信長の神格化」『将軍権力の創出』岩波書店、一九九四年、論文初出一九七二年。

64 平井良直「安土城天主五階の空間構成に関する一試論」『日本歴史』五七〇号、一九九五年。

65 東島、前掲注2書「豊臣秀吉が壊し、作り変えたもの」。

66 Jameson, Fredric, "The Vanishing Mediator; or, Max

Weber as Storyteller" in *The Ideologies of Theory-Essays 1971-1986, vol.2: The Syntax of History*, London: Routledge, 1988 (originally published in 1973 as an article).

第三章

1　岸本美緒「東アジア・東南アジア伝統社会の形成」『岩波講座世界歴史13　東アジア・東南アジア伝統社会の形成』岩波書店、一九九八年。『東アジアの「近世」』山川出版社、同年。『明清交替と江南社会——一七世紀中国の秩序問題』東京大学出版会、一九九九年。

2　ロナルド・トビ『近世日本の国家形成と外交』速水融・永積洋子・川勝平太訳、創文社、一九九〇年、初出一九八四年。

3　一九五〇年代前半、日本共産党の革命路線に関与。両者の関係については、東島誠・與那覇潤「歴史学に何が可能か——「中国化」と「江湖」の交点」『atプラス』一二号、二〇一二年参照。

4　酒井直樹『死産される日本語・日本人——「日本」の歴史‐地政的配置』新曜社、一九九六年、『日本思想という問題——翻訳と主体』岩波モダンクラシックス、二〇〇七年、初出一九九七年。

5　藤木久志『豊臣平和令と戦国社会』東京大学出版会、一九八五年。

6　東島誠「〈無縁〉死」『〈つながり〉の精神史』講談社現代新書、二〇一二年。

7　伊川健二『大航海時代の東アジア——日欧通交の歴史的前提』吉川弘文館、二〇〇七年。

8　荒野泰典「近世の対外観」『岩波講座日本通史第14巻　近世3』岩波書店、一九九四年。

9　溝口雄三・小島毅・池田知久『中国思想史』東京大学出版会、二〇〇七年。

10　藤田覚『天皇の歴史06　江戸時代の天皇』講談社、二〇一一年。

11　笠原綾「伊勢御代参の年頭恒例化と将軍権威」今谷明・高埜利彦編『中近世の宗教と国家』岩田書院、一九九八年。

12　高木昭作「敵討ちの論理——四十六士における義理と人情」『歴史評論』六一七号、二〇〇一年。谷口眞子「赤穂浪士にみる武士道と『家』の名誉」『日本歴史』六五〇号、二〇〇二年、同『赤穂浪士の実像』吉川弘文館、二〇〇六年。

13　源了圓『義理と人情——日本的心情の一考案』中公新書、一九六九年。

14 『大日本古文書』伊達家文書、一二四三号。

15 鬼頭宏『人口から読む日本の歴史』講談社学術文庫、二〇〇〇年、初出一九八三年。湯沢雍彦・宮本みち子『新版 データで読む家族問題』NHKブックス、二〇〇八年、初出二〇〇三年など。

16 笠谷和比古『主君「押込」の構造——近世大名と家臣団』講談社学術文庫、二〇〇六年、初出一九八八年。『近世武家社会の政治構造』吉川弘文館、一九九三年。『武士道と日本型能力主義』新潮選書、二〇〇五年。

17 山本博文『殉死の構造』講談社学術文庫、二〇〇八年、初出一九九四年。

18 山本七平『山本七平の日本の歴史』ビジネス社、二〇〇五年。初出は一九七三年〜七五年に『諸君!』誌上で連載された「ベンダサン氏の日本歴史」。

19 その後、政府は復興予算を被災地以外に使えないことを原則としたが、一・二兆円もの巨額が、「基金」化という抜け道によって、被災地以外でも使用できる状態になっており、林道整備などに使われたことが報道されている。また復興予算の雇用対策事業費の約半分にあたる一〇〇〇億円が、「ご当地アイドルのイベント」など、被災地以外で使用されていることも発覚し、大きく報道された。

20 永原慶二『富士山宝永大爆発』集英社新書、二〇〇二年、東島、前掲注6書「公共、そのさきへ」。

21 東島誠「中世後期〜近世都市にみる弱者と生存——合力の論理と排除の論理の関係性について」『人民の歴史学』一九一・一九三号、二〇一二年。同年四月に東京歴史科学研究会で報告したもの。

22 三輪希賢(執斎)『救餓大意』。

23 北田暁大『責任と正義——リベラリズムの居場所』勁草書房、二〇〇三年。同『嗤う日本の「ナショナリズム」』NHKブックス、二〇〇五年。

24 東島、前掲注6書「合力から義捐へ」。

25 吉田伸之『近世巨大都市の社会構造』東京大学出版会、一九九一年。

26 この着想は、小島毅『靖国史観——幕末維新という深淵』ちくま新書、二〇〇七年、による。

27 花田達朗『メディアと公共圏のポリティクス』東京大学出版会、一九九九年。

28 たとえば『御触書天保集成』六四五八号。東島、前掲注6書「合力から義捐へ」参照。

29 ルーク・ロバーツ「近世における経済道徳と慈善事業との関係——一つの試論」陶徳民ほか編『東アジアにおける公益思想の変容』日本経済評論社、二〇〇九年。

30 東島、前掲注21論文。川浪氏の発言に言及した部分（一九一号）は、予告編として http://www.torekiken.org/trk/blog/taikai/46kikaku.html にも全文掲載。

31 ジル・ドゥルーズ「追伸——管理社会について」『記号と事件——１９７２‐１９９０年の対話』宮林寛訳、河出文庫、二〇〇七年、初出一九九〇年。ジョック・ヤング『排除型社会——後期近代における犯罪・雇用・差異』青木秀男ほか訳、洛北出版、二〇〇七年、初出一九九九年。

32 イザヤ・ベンダサン『日本人とユダヤ人』角川文庫、一九七一年、初出一九七〇年。ベンダサンという人物は実在せず、実際にはユダヤ人の知人二名からの聞き取りを素材に、山本七平が執筆したもの。

33 網野善彦『歴史を考えるヒント』新潮文庫、二〇一二年、初出二〇〇一年。なお、文庫版は解説を與那覇が執筆している。

34 保坂智『百姓一揆とその作法』吉川弘文館、二〇〇二年。

35 正しくは、「武士・百姓・町人」の三大身分制であり、後二者には優劣関係はなかったとみられる。山口啓二『鎖国と開国』岩波現代文庫、二〇〇六年、初出一九九三年。三谷博・並木頼寿・月脚達彦編『大人のための近現代史　十九世紀編』東京大学出版会、二〇〇九年、など。

36 深谷克己『江戸時代の身分願望——身上りと上下無し』吉川弘文館、二〇〇六年。

37 たとえば本多利明の『経世秘策』には「士農工商遊民ト次第階級立テ」という表現があり、また幕末の傾城物『傾城玉菊』には「士農工商というて侍の次は百姓」という台詞もある。

38 橋本健二『「格差」の戦後史——階級社会 日本の履歴書』河出ブックス、二〇〇九年、ほか。

39 小熊英二『単一民族神話の起源——〈日本人〉の自画像の系譜』新曜社、一九九五年。

第四章

1 義江彰夫『歴史の曙から伝統社会の成熟へ』山川出版社、一九八六年。

2 石井孝『日本開国史』吉川弘文館、一九七二年。

3 三谷博『危機が生んだ挙国一致』ＮＨＫ出版、二〇一一年。同『明治維新とナショナリズム——幕末の外交と政治変動』山川出版社、一九九七年、『ペリー来航』吉川弘文館、二〇〇三年、も参照。

4 井上勝生「幕末政治史のなかの天皇——安政期の天

皇・朝廷の浮上について」高埜利彦ほか編『講座前近代の天皇2　天皇権力の構造と展開　その二』青木書店、一九九三年。

5　塩出浩之「議会政治の形成過程における「民」と「国家」」三谷博編『東アジアの公論形成』東京大学出版会、二〇〇四年。

6　丸山は一九四七年発表の「福沢諭吉の哲学」で、福沢の「わざわざ時代的風潮と逆の面を強調する様な「天邪鬼」的態度」を、「社会意識の凝集化傾向に対する彼の殆ど本能的な警戒と反発」によるものとして高く評価した。松沢弘陽編『福沢諭吉の哲学　他六篇』岩波文庫、二〇〇一年、参照。

7　苅部直「『利欲世界』と『公共之政』――横井小楠・元田永孚」『歴史という皮膚』岩波書店、二〇一一年、論文初出一九九一年。松浦玲『横井小楠』ちくま学芸文庫、二〇一〇年、初出一九七六年（増補二〇〇〇年）。源了圓編『横井小楠　一八〇九～一八六九――「公共」の先駆者』藤原書店（別冊『環』一七号）、二〇〇九年。平石直昭・金泰昌編『公共する人間3　横井小楠――公共の政を首唱した開国の志士』東京大学出版会、二〇一〇年、など。

8　東島誠「交通の自由」『〈つながり〉の精神史』講談社現代新書、二〇一二年。

9　藤田雄二「近世日本における自民族中心的思考――「選民」意識としての日本中心主義」『思想』八三二号、一九九三年。

10　渡辺浩『日本政治思想史　十七～十九世紀』東京大学出版会、二〇一〇年。苅部直「「公議」「公論」の光と影」三谷博・並木頼寿・月脚達彦編『大人のための近現代史　十九世紀編』同、二〇〇九年。

11　兆民は自由民権運動を指導し衆議院議員も務めたが、一八八八年の「政党論」（『中江兆民全集』十一巻所収）では「日本党」という一大政党による統治を理想視する文言を残した点を、渡辺浩氏（前掲注10書）が指摘している。

12　宮崎市定『科挙――中国の試験地獄』中公新書、一九六三年。

13　三谷博『明治維新を考える』岩波現代文庫、二〇一二年、初出二〇〇六年。

14　安富歩『原発危機と「東大話法」――傍観者の論理・欺瞞の言語』明石書店、二〇一二年。

15　久野収・鶴見俊輔『現代日本の思想――その五つの渦』岩波新書、一九五六年。

16　元来は、戦後民主主義が「占領民主主義に過ぎない」

という批判に対して、大日本帝国の「実在」よりも戦後民主主義の「虚妄」に賭ける、と述べたもので、丸山の政治的な立場を代表する台詞とされる。「増補版の後記」『現代政治の思想と行動　増補版』未來社、一九六四年（現在は新装版、二〇〇六年）。

17 いずれも丸山眞男『忠誠と反逆――転形期日本の精神史的位相』ちくま学芸文庫、一九九八年、初版一九九二年に収録されているが、初発表稿にかなりの加筆修正を行なっている。東島誠「著作解題・丸山眞男『忠誠と反逆――転形期日本の精神史的位相』」『KAWADE道の手帖　丸山眞男』河出書房新社、二〇〇六年参照。

18 ユルゲン・ハーバーマス『第二版　公共性の構造転換――市民社会の一カテゴリーについての探究』細谷貞夫・山田正行訳、未來社、一九九四年、原著一九六二年、新版序文一九九〇年。「公共性」は、社会学分野では「公共圏」と訳される。また「構造転換」はむしろ「構造変動」ぐらいが適訳。ハーバーマスは一七世紀的な国家の公共性とは異なるレベルで、一八世紀にブルジョア公共圏が生成するメカニズムを、次のように説明する。すなわち、精神的・経済的自由を獲得した諸個人が、まずは劇場やコーヒーハウスといった文化の市場に立ち現れ（文芸的公共圏）、やがて新聞や演説会等の言説の市場に参入することで、次第に政治的エネルギーが蓄積され（政治的公共圏）、ついに市民革命を起こして王政を倒し、議会政を樹立する。なお、読書の世俗化など、革命の文化的起源を論じる議論としては、ロジェ・シャルチエ『フランス革命の文化的起源』松浦義弘訳、岩波書店、一九九四年、原著一九九〇年もある。

19 竹内洋『丸山眞男の時代――大学・知識人・ジャーナリズム』中公新書、二〇〇五年。

20 ルソーがジャン・ボダンを批判しつつ念押ししたように、ここでの「市民」とは単なる「都市住民」の意ではない。フランス人権宣言における「人（オム）」と市民（シトワイエン）」とは、前者が人権主体、後者が主権主体である。

21 色川大吉『明治の文化』岩波現代文庫、二〇〇七年、初出一九七〇年。安丸良夫『出口なお――女性教祖と救済思想』同、二〇一三年、初出一九七七年、など。

22 牧原憲夫『客分と国民のあいだ――近代民衆の政治意識』吉川弘文館、一九九八年。

23 宮台真司『日本の難点』幻冬舎新書、二〇〇九年。宇野常寛・濱野智史『希望論――二〇一〇年代の文化と社会』ＮＨＫブックス、二〇一二年。
24 この点を指摘した議論に、谷口功一「共同体と徳」中野剛志編『成長なき時代の「国家」を構想する——経済政策のオルタナティヴ・ヴィジョン』ナカニシヤ出版、二〇一〇年。
25 上安祥子『経世論の近世』青木書店、二〇〇五年。
26 東島誠「近代的読書公衆と女性——「君子」から「読者」へ」三谷博編、前掲注5書。
27 濱野智史『アーキテクチャの生態系——情報環境はいかに設計されてきたか』ＮＴＴ出版、二〇〇八年。
28 『西原亀三日記』一九三一年一二月一六日条。
29 北村敬直編『夢の七十余年——西原亀三自伝』平凡社東洋文庫、一九六五年、二七五頁。
30 東島誠「公はパブリックか」佐々木毅ほか編『公共哲学3 日本における公と私』東京大学出版会、二〇〇二年。
31 坂野潤治『近代日本政治史』岩波書店、二〇〇六年。『日本近代史』ちくま新書、二〇一二年、ほか。
32 與那覇潤「橋下徹——淋しき「戦後民主主義」の自画像」『マグナカルタ』二号、二〇一三年。
33 安田浩一『ネットと愛国——在特会の「闇」を追いかけて』講談社、二〇一二年、など。
34 最良の事例として、筒井清忠『昭和戦前期の政党政治——二大政党制はなぜ挫折したのか』ちくま新書、二〇一二年。
35 吉田徹『二大政党制批判論——もうひとつのデモクラシーへ』光文社新書、二〇〇九年。
36 安倍晋三『新しい国へ』文春新書、二〇一三年。第一次組閣前の二〇〇六年に出た『美しい国へ』の改版で、棚田と「瑞穂の国」の話は増補部分に収録。
37 佐藤進一「時宜㈠」網野善彦ほか編『ことばの文化史［中世1］』平凡社、一九八八年。
38 東島誠「戦国時代は人々を自由にしたか」『自由にしてケシカラン人々の世紀』講談社選書メチエ、二〇一〇年。
39 ウルリッヒ・ベック『世界リスク社会論——テロ・戦争・自然破壊』島村賢一訳、ちくま学芸文庫、二〇一〇年、初出一九九七／二〇〇二年。なお、ベック自身の福島第一原発事故論は、鈴木宗徳・伊藤美登里編『リスク化する日本社会——ウルリッヒ・ベックとの対話』岩波書店、二〇一一年、に収録。
40 前掲注17書『忠誠と反逆』所収。
41 酒井直樹『日本思想という問題——翻訳と主体』岩波モダンクラシックス、二〇〇七年、初出一九九七年。

42　東島誠「日本型「オオヤケ」の超え方――〈市民〉が〈国民〉へと回収されないために」『RATIO』一号、二〇〇六年。
43　丸山真男「闇斎学と闇斎学派」西順蔵・阿部隆一・丸山真男編『日本思想大系31　山崎闇斎学派』岩波書店、一九八〇年。
44　ルース・ベネディクト『菊と刀』長谷川松治訳、講談社学術文庫、二〇〇五年、初出一九四六年。
45　山本七平『「空気」の研究』文春文庫、一九八三年、初出一九七七年。
46　中根千枝『タテ社会の人間関係――単一社会の理論』講談社現代新書、一九六七年。
47　土居健郎『増補普及版「甘え」の構造』弘文堂、二〇〇七年、初出一九七一年。
48　河合隼雄『母性社会日本の病理』講談社プラスアルファ文庫、一九九七年、初出一九七六年。
49　阿部謹也『「世間」とは何か』講談社現代新書、一九九五年。

第五章

1　筒井清忠『二・二六事件とその時代――昭和期日本の構造』ちくま学芸文庫、二〇〇六年、初出一九八四年。
2　『宇垣一成日記』一九三一年一二月三〇日条。
3　『宇垣一成日記』一九三二年七月上旬条。
4　山室信一『複合戦争と総力戦の断層――日本にとっての第一次世界大戦』人文書院、二〇一一年。
5　飯田哲也・今井一・杉田敦・マエキタミヤコ・宮台真司『原発をどうするか、みんなで決める――国民投票へ向けて』岩波ブックレット、二〇一一年、ほか。
6　小熊英二『社会を変えるには』講談社現代新書、二〇一二年。
7　五野井郁夫『「デモ」とは何か――変貌する直接民主主義』NHKブックス、二〇一二年。
8　坂野潤治『昭和史の決定的瞬間』ちくま新書、二〇〇四年。
9　樋口陽一『近代国民国家の憲法構造』東京大学出版会、一九九四年。
10　和田春樹『歴史としての野坂参三』平凡社、一九九六年。
11　福家崇洋『戦間期日本の社会思想――「超国家」へのフロンティア』人文書院、二〇一〇年。
12　福嶋亮大「本：東浩紀『一般意志2・0――ルソー、フロイト、グーグル』」『新潮』二〇一二年二月号。
13　與那覇潤「〈東洋的民主政〉の概念のために――その

思想と小史」大賀哲編『北東アジアの市民社会――投企と紐帯』国際書院、二〇一三年。

14　ポール・ヴィリリオ「感情民主主義」『パニック都市――メトロポリティクスとテロリズム』竹内孝宏訳、平凡社、二〇〇七年、原著二〇〇四年。同「公共的情動」『アクシデント――事故と文明』小林正巳訳、青土社、二〇〇六年、原著二〇〇五年。

15　リチャード・ローティ『アメリカ　未完のプロジェクト――二〇世紀アメリカにおける左翼思想』小澤照彦訳、晃洋書房、二〇〇〇年、初出一九九八年。

16　米谷匡史「戦時期日本の社会思想――現代化と戦時変革」『思想』八八二号、一九九七年。「三木清の「世界史の哲学」――日中戦争と「世界」」『批評空間』第二期一九号、一九九八年、など。

17　代表的な論考は、竹内好『日本とアジア』ちくま学芸文庫、一九九三年、初出一九六六年、にまとめられている。

18　死去の目前の一九九四年三月一六日、『朝日新聞』夕刊に「東北アジアが歴史の主役に――日中を軸に「東亜」の新体制を」を寄せた。『廣松渉著作集　14』岩波書店、一九九七年に再録。

19　宮台真司『亜細亜主義の顚末に学べ――宮台真司の反グローバライゼーション・ガイダンス』実践社、二〇〇四年。

20　東島誠『公共圏の歴史的創造――江湖の思想へ』序章注二六―二七、東京大学出版会、二〇〇〇年。

21　丸山眞男「思想史の考え方について――類型・範囲・対象」『忠誠と反逆――転形期日本の精神史的位相』ちくま学芸文庫、一九九八年、論文初出一九六一年。

22　桑子敏雄『エネルゲイア――アリストテレス哲学の創造』東京大学出版会、一九九三年。

23　東島、前掲注20書「公共負担構造の転換――解体と再組織化」論文初出一九九三年。

24　清水克行「戦国期における禁裏空間と都市民衆」『室町社会の騒擾と秩序』吉川弘文館、二〇〇四年、論文初出一九九八年。

25　東島、前掲注20書「隔壁の誕生――中世神泉苑と不可視のシステム」論文初出一九九五年。

26　藤田覚「天明の大飢饉と光格天皇」『幕末の天皇』講談社選書メチエ、一九九四年。より詳細には、同「御所千度参りと朝廷」『近世政治史と天皇』吉川弘文館、一九九九年。

27　保坂智『百姓一揆と義民の研究』吉川弘文館、二〇〇六年。東島誠「合力から義捐へ」『〈つながり〉の精神史』講談社現代新書、二〇一二年。

28 東島、前掲注27書「江湖と理想」。

29 柄谷行人「足尾鉱毒事件とフクシマ」『政治と思想――一九六〇-二〇一一』平凡社ライブラリー、二〇一二年。

30 東島、前掲注27書「交通の自由」。

31 與那覇なりの既存の植民地研究の総括は、「荒れ野の六十年――植民地統治の思想とアイデンティティ再定義の様相」苅部直編『日本思想史講座4　近代』ぺりかん社、二〇一三年、参照。

32 宮嶋博史「日本史認識のパラダイム転換のために――「韓国併合」一〇〇年にあたって」『思想』一〇二九号、二〇一〇年。

33 『学問のすゝめ』第三編（一八七三年）にある著名な一節。福沢のみならず、明治初期の社会の雰囲気を代表する言葉として知られる。

34 坂本多加雄「「独立」と「情愛」――福沢諭吉と市場社会」『市場・道徳・秩序』ちくま学芸文庫、二〇〇七年、論文初出一九八六年。『新しい福沢諭吉』講談社現代新書、一九九七年。近年にこの動向を受け継いだ明治思想史の叙述としては、河野有理『田口卯吉の夢』慶應義塾大学出版会、二〇一三年、がある。

35 宮嶋博史「日本における「国史」の成立と韓国史認識――封建制論を中心に」宮嶋博史・金容徳編『日韓共同研究叢書2　近代交流史と相互認識Ⅰ』慶應義塾大学出版会、二〇〇一年。今谷明『封建制の文明史観――近代化をもたらした歴史の遺産』ＰＨＰ新書、二〇〇八年。

36 尾原宏之『大正大震災――忘却された断層』白水社、二〇一二年。

37 『内村鑑三全集34　日記二』岩波書店、一九八三年（一九二三年一二月一〇日条）。

38 駒込武『植民地帝国日本の文化統合』岩波書店、一九九六年。

39 見城悌治「近代日本の「義士／義民」表象と朝鮮観」『朝鮮史研究会論文集』四五号、二〇〇七年。「韓国併合期日本社会における「義」的行為をめぐる眼差しとその変容」国立歴史民俗博物館編『「韓国併合」一〇〇年を問う――二〇一〇年国際シンポジウム』岩波書店、二〇一一年。

40 原彬久『戦後史のなかの日本社会党――その理想主義とは何であったのか』中公新書、二〇〇〇年。

41 野口悠紀雄『増補版　一九四〇年体制――さらば戦時経済』東洋経済新報社、二〇一〇年、初出一九九五年。

より学術的には、岡崎哲二・奥野正寛編『現代日本経済システムの源流』日本経済新聞社、一九九三年。

42 東島誠「妄想と打算——双面の後醍醐天皇」『自由にしてケシカラン人々の世紀』講談社選書メチエ、二〇一〇年。

43 藤木久志説を批判的に検証した、東島、前掲注42書「足利義政と寛正飢饉」を参照。

44 野田公夫「日本小農論のアポリア——小農の土地所有権要求をどう評価するか」今西一編『世界システムと東アジア——小経営・国内植民地・「植民地近代」』日本経済評論社、二〇〇八年。

45 白川部達夫「東アジア小農社会と農民の土地所有」『近世質地請戻し慣行の研究』塙書房、二〇一二年、初出二〇〇九年。岸本美緒「土地を売ること、人を売ること——「所有」をめぐる比較の試み」三浦徹・岸本美緒・関本照夫編『比較史のアジア——所有・契約・市場・公正』東京大学出版会、二〇〇四年。

46 川田稔『昭和陸軍の軌跡——永田鉄山の構想とその分岐』中公新書、二〇一一年。

47 福間良明『二・二六事件の幻影——戦後大衆文化とファシズムへの欲望』筑摩書房、二〇一三年。ほか戦争映画の分析は、『「反戦」のメディア史——戦後日本における世論と輿論の拮抗』世界思想社、二〇〇六年。

48 須田努『「悪党」の一九世紀——民衆運動の変質と「近代移行期」』青木書店、二〇〇二年。同『幕末の世直し——万人の戦争状態』吉川弘文館、二〇一〇年。

49 長谷川昇『博徒と自由民権——名古屋事件始末記』平凡社ライブラリー、一九九五年、初出一九七七年。

50 福間良明『殉国と反逆——「特攻」の語りの戦後史』青弓社、二〇〇七年。

51 森山優『日本はなぜ開戦に踏み切ったか——「両論併記」と「非決定」』新潮選書、二〇一二年。

52 仁寿二年（八五二）四月二日太政官符（『貞観交替式』所見の逸文）では、「責」が「使をうけたまわるの小吏」にあったとしても、「罪」は「執事の官長」に帰すべきだとしている。

53 岩井茂樹『中国近世財政史の研究』京都大学学術出版会、二〇〇四年、など。

第六章

1 初出は『世界』一九四六年五月号で、丸山の論壇デビューとなった作品。今日では、杉田敦編『丸山眞男セレクション』平凡社ライブラリー、二〇一〇年、がもっとも入手しやすい。

2 伊藤之雄・古川隆久、御厨貴（司会）「昭和天皇の決断と責任」『中央公論』二〇一二年九月号。それぞれの昭和天皇論は、伊藤之雄『昭和天皇伝』文藝春秋、二〇一一年。古川隆久『昭和天皇――「理性の君主」の孤独』中公新書、同年。

3 河内将芳『秀吉の大仏造立』法藏館、二〇〇八年。東島誠「豊臣秀吉が壊し、作り変えたもの」『自由にしてケシカラン人々の世紀』講談社選書メチエ、二〇一〇年。三鬼清一郎『鉄砲とその時代』吉川弘文館、二〇一二年、原本一九八一年のように、朝鮮再征を前にした心理操作と解する見解もある。

4 倉橋克人「戦後キリスト教の道標――賀川豊彦と戦後天皇制」『キリスト教社会問題研究』四四号、一九九五年、苅部直「平和への目覚め――南原繁の恒久平和論」『歴史という皮膚』岩波書店、二〇一一年、論文初出二〇〇三年、千葉眞「非戦論と天皇制をめぐる一試論――戦時下無教会陣営の対応」『内村鑑三研究』四〇号、二〇〇七年、菊川美代子「天皇観と戦争批判の相関関係――矢内原忠雄を中心にして」『アジア・キリスト教・多元性』七号、二〇〇九年、ほか。

5 橋本和也『キリスト教と植民地経験――フィジーにおける多元的世界観』人文書院、一九九六年、など。

6 原武史『昭和天皇』岩波新書、二〇〇八年。

7 延暦二〇年（八〇一）一一月三日多度神宮寺伽藍縁起資財帳、『平安遺文』二〇号。

8 義江彰夫『神仏習合』岩波新書、一九九六年。

9 米谷匡史「丸山真男と戦後日本――戦後民主主義の〈始まり〉をめぐって」情況出版編集部編『丸山真男を読む』情況出版、一九九七年（論文初出同年）。「丸山真男の日本批判」『現代思想』二二巻一号、一九九四年。

10 六〇年安保の最中、戦後民主主義の〈起源〉としての八月一五日に立ち返ることを説いた丸山の講演。『丸山眞男集　8』岩波書店、二〇〇三年に所収。丸山の没後、これにしたがって毎年同日に開かれてきた関係者の集まりが「復初の集い」。

11 東島誠「音楽と公共世界、否定と継承」宮本久雄ほか編『公共哲学15　文化と芸能から考える公共性』東京大学出版会、二〇〇四年。

12 タカシ・フジタニ「ライシャワー元米国大使の傀儡天皇制構想」『世界』六七二号、二〇〇〇年。

13 東島、前掲注3書「主体なき十四世紀と天皇」。

14 豊下楢彦『安保条約の成立――吉田外交と天皇外交』岩波新書、一九九六年。『昭和天皇・マッカーサー会見』岩波現代文庫、二〇〇八年。

15 五百旗頭真『占領期――首相たちの新日本』講談社学術文庫、二〇〇七年、初出一九九七年。

16 鈴木透『実験国家アメリカの履歴書――社会・文化・歴史にみる統合と多元化の軌跡』慶応義塾大学出版会、二〇〇三年。

17 若尾政希『「太平記読み」の時代――近世政治思想史の構想』平凡社ライブラリー、二〇一二年、初出一九九九年。兵藤裕己『太平記〈よみ〉の可能性』講談社学術文庫、二〇〇五年、初出一九九五年。

18 前田勉『兵学と朱子学・蘭学・国学――近世日本思想史の構図』平凡社、二〇〇六年。

19 酒井直樹「歴史という語りの政治的機能――天皇制と近代」『死産される日本語・日本人――「日本」の歴史‐地政的配置』新曜社、一九九六年、論文初出一九九二年。

20 樋口陽一『自由と国家――いま「憲法」のもつ意味』岩波新書、一九八九年。立憲主義の展開史の節目を、「権利章典」(一六八九年)、「人権宣言」(一七八九年)、「大日本帝国憲法」(一八八九年)、「ベルリンの壁崩壊」(一九八九年)の「四つの八九年」であるとした。『近代国民国家の憲法構造』東京大学出版会、一九九四年も参照。

21 ユルゲン・ハーバーマス『遅ればせの革命』三島憲一ほかによる抄訳、岩波書店、一九九二年、原著一九〇〇年。一九八九年の東欧革命について、当時行なわれた六つの解釈パターンとして、社会主義の理念に肯定的な三解釈と批判的な三解釈を挙げて論じた。

22 吉川洋『高度成長――日本を変えた六〇〇〇日』中公文庫、二〇一二年、初出一九九七年。

23 ゴードンの著書は初出一九八五年の古典だが、最新の菅山真次『「就社」社会の誕生――ホワイトカラーからブルーカラーへ』名古屋大学出版会、二〇一一年も、類似の歴史像を共有している。

24 原武史『レッドアローとスターハウス――もうひとつの戦後思想史』新潮社、二〇一二年。『団地の空間政治学』NHKブックス、同年。

25 より正確に言うと、実際には木賃アパートのような単身住まいを経たのちに、核家族を単位とする2LDKモデルの団地に入って、ムラ的なコミュニティを「取り戻す」上京者が多かった。原武史・與那覇潤「鉄道・団地・自動車から「戦後日本」が見える」『新潮45』二〇一三年三月号。

26 絓秀実『1968年』ちくま新書、二〇〇六年。

27 東島、前掲注3書「中世に向かう現代――あなたも君も十四世紀人？」。
28 網野善彦「飛礫覚書」「中世の飛礫について」『異形の王権』平凡社ライブラリー、一九九三年、初出一九八六年。
29 三島由紀夫『文化防衛論』ちくま文庫、二〇〇六年、初出一九六九年。
30 宮台真司・石原英樹・大塚明子『増補　サブカルチャー神話解体――少女・音楽・マンガ・性の変容と現在』ちくま文庫、二〇〇七年、初出一九九三年。
31 『文藝春秋』一九七三年一月号。
32 White, Hayden, *Metahistory: The Historical Imagination in Nineteenth-Century Europe*, Baltimore & London, The Johns Hopkins University Press, 1973. 多木浩二・上村忠男「歴史の詩学と精神分析」『現代思想』二四巻一二号、一九九六年、上村忠男『ヘテロトピア通信』みすず書房、二〇一二年、も参照。
33 ウィリアム・スティール編『季刊日本思想史77　近代とノスタルジア』ぺりかん社、二〇一〇年。平岡敏夫『佐幕派の文学史――福沢諭吉から夏目漱石まで』おうふう、二〇一二年、など。
34 與那覇潤『帝国の残影――兵士・小津安二郎の昭和史』NTT出版、二〇一一年。
35 輪島裕介『創られた「日本の心」神話――「演歌」をめぐる戦後大衆音楽史』光文社新書、二〇一〇年。
36 宇野常寛『リトル・ピープルの時代』幻冬舎、二〇一一年。
37 松本健一『三島由紀夫と司馬遼太郎――「美しい日本」をめぐる激突』新潮選書、二〇一〇年。
38 小谷野敦『改訂新版　江戸幻想批判――「江戸の性愛」礼賛論を撃つ』新曜社、二〇〇八年、初出一九九九年。
39 新雅史『商店街はなぜ滅びるのか――社会・政治・経済史から探る再生の道』光文社新書、二〇一二年。
40 玉野和志『創価学会の研究』講談社現代新書、二〇〇八年。
41 山本昭宏『核エネルギー言説の戦後史　一九四五―一九六〇――「被爆の記憶」と「原子力の夢」』人文書院、二〇一二年。吉見俊哉『夢の原子力――Atoms for Dream』ちくま新書、二〇一二年。
42 開沼博『フクシマの正義――「日本の変わらなさ」との闘い』幻冬舎、二〇一二年。
43 本田宏『脱原子力の運動と政治――日本のエネルギー政策の転換は可能か』北海道大学図書刊行会、二〇〇五年。

44 この点では、大塚英志・宮台真司『愚民社会』太田出版、二〇一一年、における震災後の二人の対話（というか対立）が参考になる。

45 東浩紀『存在論的、郵便的――ジャック・デリダについて』新潮社、一九九八年。

46 大澤真幸『増補　虚構の時代の果て』ちくま学芸文庫、二〇〇九年、初出一九九六年。

47 宇野常寛『ゼロ年代の想像力』ハヤカワ文庫、二〇一一年、初出二〇〇八年。

48 中沢新一『日本の大転換』集英社新書、二〇一一年。見田宗介・大澤真幸『二千年紀の社会と思想』太田出版、二〇一二年。

49 東浩紀編『思想地図β 3　日本2・0』ゲンロン、二〇一二年。

50 濱野智史『前田敦子はキリストを超えた――〈宗教〉としてのAKB48』ちくま新書、二〇一二年。宇野常寛『日本文化の論点』同、二〇一三年。

51 湊正雄・井尻正二『日本列島』岩波新書、一九五八年をヒントに、網野善彦が『日本社会の歴史　上』岩波新書、一九九七年で用いた語。

52 『福永武彦全集　19』新潮社、一九八八年、雑誌初出一九六九年。

53 近年の注目すべき成果である、岩津航『死の島からの旅――福永武彦と神話・芸術・文学』世界思想社、二〇一二年でさえも、『交響曲第7番』ではなく、依然『レンミンカイネン組曲』との関連で議論されている。

54 東島、前掲注11書「音楽と公共世界、否定と継承」。

55 なお、同じキェシロフスキのTV連作『デカローグ』（一九八八年）の場合は、一〇作品が時系列ではなく同時進行の形式をとっており、ほとんどの作品に、ストーリーに関与しない一人の青年が登場する。この「第三者」の視線については、第八話「ある過去に関する物語」に、「神という言葉を使わないのね」という印象的な台詞がある。これに対して『ふたりのベロニカ』（一九九一年）では、同時進行と時系列が組み合わされ、フランスのヴェロニクとポーランドのヴェロニカが、ともに一九六八年革命の年に生まれ、それぞれに一九八九年革命を迎える、という設定をとりつつ、ヴェロニカは死に、ヴェロニクの霊感のなかに生き続ける。キェシロフスキ映画自体も、ヴェロニカ同様、この一九九一年をもって死を迎えた、というべきであろう。

人名索引

あ行

か行

さ行

た行

な行

は行

ま行

や行

ら行

わ行

事項索引

あ行

さ行

た行

な行

や行

ら行

わ行

アルファベット

at プラス 叢書 05

日本の起源

二〇一三年九月二〇日 初版発行
二〇一五年一月一五日 第六刷発行

著者 東島 誠
與那覇 潤

ブックデザイン 鈴木成一デザイン室
編集 柴山浩紀
発行人 落合美砂
発行所 株式会社太田出版
〒一六〇-八五七一 東京都新宿区愛住町二二 第三山田ビル四階
電話〇三-三三五九-六二六二 FAX〇三-三三五九-〇〇四〇
振替〇〇一二〇-六-一六二一六六
WEBページ http://www.ohtabooks.com/

印刷・製本 中央精版印刷株式会社

ISBN978-4-7783-1378-4 C0095

定価はカバーに表示してあります。